Reuven Doron
GOTTES NEUER MENSCH

D1672349

Reuven Doron

Gottes
neuer Mensch

Schleife Verlag, CH-Winterthur

Titel der Originalausgabe:
One new man

© 1993–1999 Embrace Israel Ministries

REUVEN DORON
Embrace Israel Ministries
P.O. Box 10077
Cedar Rapids, IA 52410-0077
Phone: (319) 393-1096 / Fax: (319) 393-2912
E-Mail: mailbox@embraceisrael.org
Internet: www.embraceisrael.org

Third printing, January 1999

1. Auflage Juli 1999
© Schleife Verlag, Pflanzschulstr. 17, CH-Winterthur
ISBN 3-907827-01-5

Vertriebspartner Deutschland und Österreich: Projektion J
ISBN 3-89490-x

Die Bibelstellen wurden der Einheitsübersetzung entnommen.

Übersetzung: Hans-Jörg Denzler
Lektorat: Annette Herwig
Umschlagsgestaltung: Atelier Pia Maurer
Satz und Druck: Jordi AG, CH-3123 Belp

INHALT

Bei der Abkürzung der biblischen Bücher nach
der Einheitsübersetzung entsprechen:
Gen. = 1. Mose, Ex. = 2. Mose, Lev. = 3. Mose,
Num. = 4. Mose, Deut. = 5. Mose.

VORWORT

Es gibt Menschen, die die Zukunft schon in ihrem Herzen tragen. Dies sind die geistlichen Leiter, die uns in die Welt von morgen hineinführen werden. Was die Beziehung zwischen Israel und der Gemeinde betrifft, so kenne ich niemanden, der uns besser darin einführen könnte, als mein Freund Reuven Doron. Wenn Reuvens Worte wie Wegweiser sind, so ist sein Leben und Wirken wie eine breite Strasse, die uns zu der herrlichen Gnade führt, welche der Gemeinde und ihrem alten Freund Israel verheissen ist.

In all den Jahren, die ich Reuven persönlich kenne, hat er das Wesen von «Gottes neuem Menschen», über den er schreibt, selber vorgelebt. Seine Worte sind nicht einfach blosse Theorie oder theologische Wahrheiten, die mit seinem Charakter und seinem Leben nichts zu tun hätten. Reuven ist der Mann, den Christus von Israel zu der Gemeinde gesandt hat, und wenn er in sein Vaterland Israel zurückkehrt, ist er der Mann, den Christus von der Gemeinde nach Israel sendet.

In diesem Buch werden Sie viele Antworten in Bezug auf Israel entdecken und einen Zugang zu «geistlichen Orten» finden, an die Sie vorher vielleicht nie gedacht haben. Eine Vielzahl kultureller Beschränkungen, die uns bisher im Weg gestanden haben, werden beseitigt, und Sie werden erleben, wie Sie auf ganz neue Weise mit Israel «wiedervereinigt» werden.

Heutzutage findet überall auf der Welt ein grausamer, gewalttätiger Prozess statt, den man «ethnische Säuberung» nennt. Dieser

Prozess ist nicht neu. Durch die ganze Geschichte hindurch haben siegreiche Nationen ihre besiegten Feinde auf diese Art und Weise unter ihre Kontrolle gebracht. In unserem Jahrhundert geschah dies im nationalsozialistischen Deutschland gegenüber den Juden und den Zigeunern; es passierte auch in Kambodscha, und – während ich diese Zeilen schreibe – findet es auch in Jugoslawien statt.

Im Gegensatz zu diesem teuflischen Völkermord hat Gott eine ganz andere «Reinigung» mit uns vor: Durch die Gnade Gottes werden unsere Völker von den Sünden unserer Vorfahren – und von unseren falschen Reaktionen auf die Sünden anderer – gereinigt. Wir werden von dem befreit, was uns von anderen Völkern getrennt hat. Unser nationaler Stolz wird durch eine nationale Umkehr ersetzt. Für unsere Sünden ist bezahlt worden, und sie sind gesühnt.

Reuven ist jemand, der die Gnade Gottes in sich trägt, um sowohl Israel als auch der Gemeinde Reinigung von ihrer alten Feindschaft zu bringen. Die Frucht dieser heiligen Reinigung wird *Gottes neuer Mensch* sein.

Francis Frangipane
Cedar Rapids, Iowa

EMPFEHLUNGEN ZUR DEUTSCHEN AUSGABE

Die geheimnisvolle Verbindung zwischen der Gemeinde und Israel zu kennen, ist für jeden von uns von Bedeutung. Denn wir leben in einer Zeit, in der Gott Seine Verheissungen für beide erfüllt.

Paulus riet den Christen in Rom dringend, auf diesem Gebiet nicht in Unwissenheit zu bleiben, damit sie nicht hochmütig würden. Aus der Geschichte können wir sehen, dass die Gemeinde dann, wenn sie über Gottes Handeln mit Israel und dem jüdischen Volk in Unkenntnis war, eine Arroganz an den Tag legte, die zu allem Möglichen geführt hat – angefangen von falschen Theologien bis hin zu Pogromen. In der Tat, als die frühe Gemeinde um 300 n.Chr. den Bezug zu ihren jüdischen Wurzeln verlor, begann sie, unter heidnischen Einfluss zu kommen, wodurch sie an Licht und Kraft verlor.

Meines Erachtens setzt sich das vorliegende Buch ausgezeichnet mit dieser Thematik auseinander. Mehrfach wurden in der Vergangenheit schon Betrachtungen über das jüdische Volk herausgebracht, in denen dieses Volk in einer fast romantischen Sichtweise dargestellt wurde – Reuven Dorons Buch ist anders! Ich glaube, dass der Leser dieses Buches einen sehr ausgewogenen Zugang zum Thema des «einen neuen Menschen» findet.

In Reuvens Leben ist dies sehr deutlich zu sehen. Seit etwa vier Jahren kenne ich ihn jetzt persönlich – wir hatten ihn bereits mehrfach als Gastredner an unserer Bibelschule –, und ich zähle ihn zu meinen guten Freunden. Auch führen wir seit einigen Jahren unter seiner Leitung Reisen nach Israel durch, und ich bin jedesmal beeindruckt über seine Freundschaften, die er sowohl mit jüdischen als auch arabischen Gläubigen pflegt. Obwohl Reuven ein «Sabra» ist, ein in Israel geborener und aufgewachsener Jude, und er sich daher aller Spannungen und des Druckes bewusst ist, unter welchem Juden und Araber stehen, besitzt er für beide Völker eine Liebe und einen Respekt, welche die «Mauern der Trennung» abbrechen und eine der ältesten Spaltungen der Kirchengeschichte beseitigen – die Spaltung zwischen Juden und den Nationen.

Ich kann sowohl Reuven Doron als auch dieses Buch bestens empfehlen, weil ich glaube, dass beide einen wertvollen Beitrag für das deutschsprachige Europa leisten.

Mike Chance
Glaubenszentrum
Bad Gandersheim

W er die Glaubenserkenntnis, die in diesem Buch vermittelt wird, in seinem Geist und Herzen aufnimmt, wird einen gewaltigen Sprung tun. Reuven Doron entfaltet hier eine geistliche Sicht von Gottes Wegen in der Geschichte, die uns verstehen lässt, wie alles zusammengehört, Israel und die Gemeinde Jesu, Altes und Neues Testament, und welches Gottes Ziele sind. Es ist ein geistliches Buch bester Art und kommt zu einer Zeit, in der wir eine solche Hilfe dringend nötig haben.

Viele Christen ahnen zwar etwas von der tiefen Bedeutung Israels für uns und die ganze Welt, verstehen sie aber nicht; denn das, was wir gegenwärtig mit dem jüdischen Volk erleben, ist erstaunlich und verwirrend zugleich. Zudem bewegt der Geist Gottes auch sehr viel in der weltweiten Gemeinde Jesu Christi. Wir möchten wissen, in welcher Beziehung alle diese Ereignisse zueinander stehen und welches Gottes Absichten darin sind. Die Darlegungen von Reuven Doron bringen Klarheit in viele Fragen, und diese Klarheit schafft Freude.

Beim Lesen spürt man: hier steht persönliches Erleben dahinter, hier liegen Einsichten vor, die einem beharrlichen Suchen und einer innersten Auseinandersetzung entsprungen sind. Ich bin überzeugt, dass durch dieses Buch von Reuven Doron beide Seiten, Juden und Christen, gleichermassen gesegnet sein werden. Messianische

Juden sind in ihrem Wesen das, was sie in ihrem Dienst bewirken: eine wunderbare, höchst organische Verbindung zwischen Israel und der Gemeinde Christi. Sie sind Wegbereiter für Gottes Ziel, den einen Menschen aus Juden und Nichtjuden.

Pfr. lic. theol.
Robert Währer
Hombrechtikon, ZH

In Erinnerung an Rahel

Dieses Buch ist der Ehre Gottes gewidmet – in Erinnerung an unsere Tochter Rahel. Dieser kostbare kleine Same wurde am 15. Februar 1991 geboren und fiel wieder in die Erde und starb am 22. März 1991 im Alter von fünf Wochen. Ihre Geburt, ihr Tod und die Umstände ihres kurzen Lebens werden für immer ein Zeugnis sein von der Souveränität Gottes und der eindrücklichen Art und Weise, wie Er sein prophetisches Wort entfaltet und alle seine Verheissungen sowohl gegenüber Juden als auch Nichtjuden erfüllt.

Rahel ist als ein Soldat im Kampf gefallen. Für alle Zeit ist ihr kleines Leben vollständig in den reichen Erdboden von Gottes prophetischem Wirken hineingesät. Dies schenkt uns die Gewissheit und den Trost, dass sie nicht nur am Tag der letzten Posaune auferstehen wird, sondern dass der Duft ihres Lebens auch heute in den Herzen von Gottes Volk gegenwärtig ist.

AM ANFANG

Wir leben in einer noch nie dagewesenen Zeit. Die Geschichte in unserem Jahrhundert hat sich so aussergewöhnlich schnell entwickelt, dass es zum Teil erschreckend ist, wie ganze Gesellschaften, Staaten und Kulturen innerhalb einer einzigen Generation erst aufgebaut und dann wieder umgestaltet wurden.

Wir haben nicht nur den Aufstieg und Fall grosser ideologischer und politischer Reiche miterlebt, sondern auch die Entstehung von fast hundert eigenständigen Staaten seit dem Zweiten Weltkrieg. Zugleich sehen sich die Welt und die Gemeinde Jesu zum ersten Mal seit nahezu neunzehnhundert Jahren mit dem Phänomen eines wiederhergestellten Israel konfrontiert. Die sozialen, politischen und strategischen Probleme in Israel erscheinen zwar enorm gross, sind aber im Vergleich zu den geistlichen Herausforderungen von Israels Auferstehung und seinem Überleben durchaus klein.

Die meisten lehrmässigen Irrtümer entstehen, wenn ein Teil der Wahrheit gegenüber der gesamten Wahrheit überbetont wird. Es ist so, als ob man ein Puzzle zusammensetzen will und dabei versucht, das Gesamtbild herauszufinden, indem man die vielen verschiedenen Teile betrachtet, anstatt sich das Bild auf der Packung anzuschauen, auf der allein das vollständige Bild zu sehen ist. Genauso bekommen wir nur dann Einsicht in das Geheimnis von Israel und der Gemeinde, wenn wir das «vollständige Bild» betrachten. Nur so verstehen wir Gottes Plan.

Es gibt kein grossartigeres «Bild» als dies, *«dass in Christus alles vereint ist, was im Himmel und auf Erden ist»* (Eph.1,10). Alle Dinge, alle Zeitalter und alle Wirklichkeiten finden ihren eigentlichen Sinn nur in Christus und kommen auch nur in Ihm zur Erfüllung. Jesus ist der Anfang und das Ende aller Dinge. Er ist die Ursache, die Grundlage und das Ziel der ganzen Schöpfung. Was nicht *«aus Ihm und durch Ihn und auf Ihn hin»* (Röm.11,36) ist, existiert nicht wirklich, sondern ist nur eine vergängliche Illusion. Auch Israel, die Gemeinde und das Schicksal der Völker haben ausserhalb von Christus keine Realität.

Die Auferstehung des Volkes Israel in unserem Jahrhundert ist kein Zufall. Das Geheimnis Gottes in Christus wird in diesen letzten Tagen entfaltet. Es umfasst zum einen das dramatische Geschehen, wie Seine Braut aus den verschiedenen Nationen herausgerufen wird, und zum anderen die nationale und geistliche Auferstehung Israels innerhalb seines Landes.

So wie der Vater in Seinem Sohn alle Dinge zusammenfasst, liegt es Ihm am Ende dieses Zeitalters am Herzen, in Ihm auch Seine wunderbare neue Schöpfung, *«den einen neuen Menschen»* (Eph. 2,15), anschaulich zu machen.

Diese Schöpfung, die «weder Jude noch Nichtjude» ist, aus beiden aber hervorkommt, nimmt ganz das Wesen und das Leben des Sohnes Gottes an. Sie ist die einzigartige Veranschaulichung von Demut und Einheit. In Ihr findet der volle Segen eines Lebens, das bis in die Ewigkeit hinein reicht, seinen wunderbarsten Ausdruck (Psalm 133).

Gemäss der Bibel hat der Herr für die letzte Generation unseres Zeitalters einen reichen Vorrat an Offenbarung, Weisheit, Vision und Mut aufgehoben. Daher ist es unser Vorrecht und unsere Verantwortung, tief zu graben, ernsthaft zu suchen und jede Gnade, die uns geschenkt wird, in Anspruch zu nehmen, um diese Schätze zu ergreifen.

I

Der Anfang der Versöhnung

KAPITEL 1
BITTE UM VERGEBUNG

Bevor die Gemeinde vollständig verstehen und wertschätzen kann, wer das Volk Israel wirklich ist, und bevor Israel in die volle Umarmung von Christus hineinkommen kann, muss erst noch tiefe Versöhnung zwischen diesen beiden geschehen.

Tatsache ist, dass beide Seiten vor Gott und aneinander versagt haben; sie brauchen Heilung und Wiederherstellung und müssen einander vergeben, damit ihnen vergeben werden kann. Laut der Bibel hat das jüdische Volk sowohl sich selbst als auch sein Land mit Unreinheit und Unglauben besudelt; ebenso hat die Gemeinde ihre grundlegende Hingabe an Christus verlassen und für Jahrhunderte auf den Feldern von weltlichem Humanismus und pharisäischer Lehre gegrast.

Die unbedingte Notwendigkeit einer Wiedergutmachung und Umkehr von seiten Israels wird in keiner Schriftstelle deutlicher ausgedrückt als in der des Propheten Hesekiel, in der er über das dramatische Geschehen von Israels Versagen und seiner Wiederherstellung prophezeit:

«Das Wort des Herrn erging an mich: Hör zu, Menschensohn! Als Israel in seinem Land wohnte, machten sie das Land durch ihr Verhalten und ihre Taten unrein. Wie die monatliche Unreinheit der Frau war ihr Verhalten in Meinen Augen. Da goss Ich Meinen Zorn über sie aus, weil sie Blut vergossen im Land und das Land mit

ihren Götzen befleckten. Ich zerstreute sie unter die Völker; in alle Länder wurden sie vertrieben. Nach ihrem Verhalten und nach ihren Taten habe Ich sie gerichtet. Als sie aber zu den Völkern kamen, entweihten sie überall, wohin sie kamen, Meinen heiligen Namen; denn man sagte von ihnen: Das ist das Volk Jahwes, und doch mussten sie Sein Land verlassen. Da tat Mir Mein heiliger Name leid, den das Haus Israel bei den Völkern entweihte, wohin es auch kam. Darum sag zum Haus Israel: So spricht Gott, der Herr: Nicht euretwegen handle Ich, Haus Israel, sondern um Meines heiligen Namens willen, den ihr bei den Völkern entweiht habt, wohin ihr auch gekommen seid. Meinen grossen, bei den Völkern entweihten Namen, den ihr mitten unter ihnen entweiht habt, werde Ich wieder heiligen. Und die Völker – Spruch Gottes, des Herrn – werden erkennen, dass Ich der Herr bin, wenn Ich Mich an euch vor ihren Augen als heilig erweise.» (Hes. 36,16–23).

Die Worte dieser Prophetie von Hesekiel sind ein göttliches Urteil, das gegen mein Volk Israel ausgesprochen wurde. Wir haben das Land beschmutzt, das Gott uns gegeben hat, und sind selber unrein geworden. Gottes Zorn hat uns gerechterweise getroffen. Als Er uns dann unter die verschiedenen Länder zerstreut hat, haben wir auch dort oftmals Seinen heiligen Namen entweiht.

Dass wir so überallhin zerstreut sind, ist ein ständiger Beweis dieses Urteils Gottes gegen uns. Die Tatsache, dass Juden heutzutage in San Francisco, London und Rio de Janeiro geboren werden, anstatt im verheissenen Land, macht nur eines deutlich: die von Gott vorausgesagte und von uns wohlverdiente Züchtigung!

Wir haben Seinen Bund verlassen, Seine Propheten zum Schweigen gebracht und Sein Wort durch humanistische Lehren erstickt. Wirklich, wir haben unserem Gott keine Ehre gemacht in all diesen Jahren der Zerstreuung, und doch hat Er uns in Seiner Treue erhalten und das Zeugnis von Israel durch Jahrtausende von Leiden und Schande hindurch aufrechterhalten.

Israel, das als Nation auserwählt wurde, um Gott in der Welt zu repräsentieren, hat das Ziel verfehlt. Wir haben versagt, und das einzige biblische Heilmittel, um wieder in die vielfältigen Gnaden Gottes und in die Gemeinschaft mit Seinen Heiligen einzutreten, ist Busse.

Deshalb bitte ich als einer, der selber zum Volk Israels gehört, von Geburt jüdisch ist und in Israel lebt, das Volk Gottes für unser Versagen um Vergebung.

Es ist meine Überzeugung, dass Gott dabei ist, Israel und die Gemeinde in diese kostbarste und herrlichste Einheit des einen neuen Menschen hineinzuführen, von der in der Bibel gesprochen wird. Damit jedoch die Versöhnung ihre volle erlösende Kraft entfalten kann, müssen beide, das Volk Israel und das Volk Gottes, sich selber demütigen und die Vergebung voneinander und von Gott empfangen!

KAPITEL 2
DER EINE NEUE MENSCH

Schon in den Worten des Herrn und in den apostolischen Schriften kommt die Offenbarung der vereinigten und vollkommenen Gemeinschaft der Heiligen, nämlich die Offenbarung des *«einen neuen Menschen»*, deutlich zum Ausdruck. Trotzdem wurde sie noch zurückgehalten, um erst am Ende dieses Zeitalters erfüllt zu werden. In der Tat schrie Jesus am Kreuz: *«Es ist vollbracht!»* (Joh. 19,30). Dennoch sollte die letzte Vollendung seines vollbrachten Werkes die ganze christliche Ära überspannen – um sich am Ende der Zeiten auf die prophetische Erfüllung hin zu konzentrieren. Daher drängt sich uns heute die Realität des *einen neuen Menschen* auf.

In seinem Aufruf an die Jünger in Ephesus, ihren herrlichen Stand in Jesus Christus und ihren Platz im Leib Christi richtig wahrzunehmen, hat Paulus eine besondere Betonung auf den Ausdruck *ein neuer Mensch* gelegt. In Epheser 2 erinnert der Apostel die nichtjüdischen Jünger an ihr heidnisches Erbe, indem er betont, *«dass ihr damals von Christus getrennt wart, der Gemeinde Israels fremd und von dem Bund der Verheissung ausgeschlossen; ihr hattet keine Hoffnung und lebtet ohne Gott in der Welt.»* (Eph. 2,12).

Obwohl diese Jünger wirklich aus einem hoffnungslosen Hintergrund kamen, tröstet sie der Apostel mit der Wahrheit: *«Jetzt aber seid ihr, die ihr einst in der Ferne wart, durch Christus Jesus, nämlich durch sein Blut, in die Nähe gekommen.»* (Eph. 2,13). Weiter

23

erklärt Paulus, dass Gott durch Christus die Feindschaft zwischen Juden und Nichtjuden abgeschafft, die trennenden Mauern niedergerissen und beide Gruppen zu einer vereinigt hat! Tatsächlich führt Paulus im Blick auf die Menschheitspläne Gottes eine völlig neue Terminologie ein, indem er dieses neue Volk Gottes als *«den einen neuen Menschen»* bezeichnet (Eph. 2,15).

Nur durch das Kreuz des Erlösers werden diese beiden unversöhnlichen Gruppen, die in tödlicher Feindseligkeit und Streit gefangen lagen, zu einem Leib zusammengefügt. Die Einheit dieses einen neuen Leibes aus erlösten Menschen ist so stark, dass die Bibel bezeugt: *«Durch Ihn haben wir beide* (Juden und Nichtjuden) *in dem einem Geist Zugang zum Vater.»* (Eph. 2,18). Diese Einheit ist somit ihrem Wesen nach geistlicher Natur.

Dieses Wunder ist geschehen, damit ein ganz besonderer Wunsch erfüllt wird, den der Vater in Seinem Herzen trägt: Es verlangt unseren Gott nicht nur danach, möglichst viele Seelen vor der ewigen Verdammnis zu retten, sondern Er möchte sich für ewig mit Menschen umgeben, die voller Glaube, Vision und Leidenschaft sind. Tatsächlich hat der neu erworbene Zugang zum Vater durch den einen Geist, der nur dem Volk Gottes als *«dem einen neuen Menschen»* zusteht, biblisch gesehen genau diesen Zielpunkt: das Zuhause Gottes, Seine Familie und Seine ewige Wohnung.

Die Heilige Schrift entfaltet diese wunderbare Offenbarung immer weiter. Dabei gebraucht Paulus zunehmend Worte, die einer «Bauanleitung» entsprechen. Dieser «Meisterkonstrukteur» beschreibt das neu geschaffene Volk (das aus jüdischem und heidnischem Erbe hervorgegangen ist und Christus selber immer ähnlicher wird) als «Baumaterial». Und so liess er dieselben Jünger wissen, dass durch Jesus Christus *«der ganze Bau zusammengehalten wird und zu einem heiligen Tempel im Herrn wächst.»* (Eph. 2,21).

Das Ziel des Ganzen ist, sagt Paulus, dass *«auch ihr durch ihn* (Jesus) *im Geist zu einer Wohnung Gottes erbaut werdet»* (Eph. 2,22). Unser Herr sehnt Sich nicht nur danach, Sein Volk vorübergehend zu besuchen, sondern Er sehnt Sich auch danach, am Ende dieses Zeitalters immerwährend bei uns zu wohnen und mit uns vereint zu sein. Er bereitet Sich also eine dauerhafte Wohnung unter Seinen menschlichen Söhnen und Töchtern.

Das Zusammenwachsen von Juden und Nichtjuden zu diesem einen Volk des *einen neuen Menschen* ist der Vorbote jenes Zeitalters, das noch vor uns liegt. Es kündigt die Vollendung von Gottes Absichten an, als Er Abraham sowohl natürlichen als auch geistlichen Samen versprach (Gen. 13,16; 15,5). So wie sich der geistliche und der natürliche Same dieses Erwählten Gottes in Christus vereinen, so sollen sich auch die geistliche und natürliche Welt in einem ungehinderten Fluss göttlichen Lebens miteinander verbinden. Es wird ein freier Austausch himmlischer Substanz zwischen der himmlischen und der irdischen Welt stattfinden, wenn sich eines Tages die Tore zwischen diesen beiden Dimensionen weit öffnen werden!

Wenn sich Juden und Nichtjuden einander in äusserster Demut begegnen und alle trennenden Dinge beiseite legen, um in Gottes neue Form gegossen zu werden, dann wird daraus die grösste Herrlichkeit entstehen, die uns als Merkmal des vervollständigten Hauses Gottes versprochen ist!

Wie gross und wunderbar ist unser Gott, der das Beste bis zum Schluss aufhebt! Für dieses *Haus des Herrn, dieses Zuhause Gottes im Geist,* wird als Baumaterial Seine beste Schöpfung dienen – Seine neueste und Seine endgültige Schöpfung –, nämlich *der eine neue Mensch.* Vermittelt durch Christus verkörpert diese Schöpfung Sein ureigenstes Wesen und Sein Leben; Leben, das unzerstörbar, unverderblich und unfähig ist, zu versagen!

Das grösste Wunder dabei ist, dass jene Qualität und positiven Eigenschaften, die Gott in Seiner Schöpfung des *einen neuen Menschen* geschaffen hat, nun auch die Wesensstruktur beider, Juden und Nichtjuden, prägen – in völliger Einheit miteinander verwoben und einzig auf Christus hin ausgerichtet.

So wie damals Juden und Nichtjuden zusammenwirkten, um den Herrn zu kreuzigen, so müssen sich auch heute Juden und Nichtjuden wieder vereinen; diesmal aber, um in vollem Mass die Auferstehungskraft des Herrn zu demonstrieren. Denn es gilt: *«Wie gut*

und schön ist es, wenn Brüder miteinander in Eintracht wohnen. ...
Denn dort spendet der Herr Segen und Leben in Ewigkeit.» (Ps.
133,1.3).

Kapitel 3
Die Wurzel aller Spaltungen

Wenn wir betend die sich entfaltende Geschichte Israels, das Heranreifen der Gemeinde und die gegenseitige Annäherung der beiden betrachten, werden wir notwendigerweise mit der tiefgreifendsten und ältesten Spaltung in der Geschichte der Menschheit konfrontiert. Niemals hat es eine schwerwiegendere Trennung mit solch verheerenden Folgen gegeben als diese zwischen Juden und Nichtjuden.

Die Spaltung zwischen Israel und den übrigen Völkern begann in dem Moment, als Gott Abraham dazu berief, der Vater eines Volkes zu werden. Dieses Volk – so steht es im Wort Gottes – wird Ihm *«als ein Reich von Priestern und als ein heiliges Volk gehören»* (Ex.19,5–6). So wurde das Menschheitsgefüge in dem Moment in seinem Innersten zerrissen, als Gott der Herr sich selber ein Volk aussonderte, das anders sein sollte als die anderen, in gewisser Weise einzigartig und zu einem bestimmten Zweck beiseite genommen. Wie das oft der Fall ist, wenn eine Sache ausgewählt wird, bringt dies notwendigerweise eine Distanzierung den anderen gegenüber mit sich. Als Bileam durch den Geist Gottes über Israel prophezeite, sagte er: *«Dort, ein Volk, es wohnt für sich, es zählt sich nicht zu den Völkern.»* (Num. 23,9). Und tatsächlich muss das Volk Israel einen recht einsamen Weg gehen.

Wie wir aus der Schrift wissen, erfolgte die Berufung Abrahams unmittelbar nach dem Geschehen um den Turmbau zu Babel. Die

Erwählung Israels ist letztlich Gottes Heil- und Gegenmittel gegen die grosse Katastrophe und die folgenden Gerichte, die diese Rebellion in Babel nach sich zog. Bereits als die Menschheit sich einmütig zu dem gotteslästerlichen Vorhaben verband und beschloss: *«Auf, bauen wir uns eine Stadt und einen Turm mit einer Spitze bis zum Himmel, und machen wir uns damit einen Namen»* (Gen.11,4), bereitete Gott das Heilmittel dagegen vor. Mitten in der weltweiten Anarchie, als die Menschheit sich Gott widersetzte, seine Herrschaft leugnete und seinen Botschaftern Widerstand leistete, schuf Gott sich in seiner souveränen Art aus reiner Gnade eine Nation, um durch sie das Werk Seiner Gnade offenbar werden zu lassen.

Sobald Abraham von Gott den Befehl erhielt: *«Zieh weg aus deinem Land, von deiner Verwandtschaft und aus deinem Vaterhaus in das Land, das ich dir zeigen werde»* (Gen.12,1), entstand ein tiefer Riss in der Menschheit. Von Genesis 12 bis zum Ende das Alten Testamentes werden wir Zeugen von Gottes besonderem und ausschliesslichem Umgang mit einem einzigen Volk. Dieses Volk war der alleinige Empfänger der göttlichen Offenbarung – Seiner Gunst, Seines Segens und Seiner Erziehung. Alle anderen Nationen, ja die ganze übrige Menschheit, konnte mit Gott dem Schöpfer nur durch die Hilfe und Vermittlung Israels in Beziehung treten.

Die Spaltung weitet sich aus

Während das Alte Testament Gottes Umgang mit den Menschen anhand einer einzigen, auserwählten Nation beschreibt, zeigt das Neue Testament deutlich die Erweiterung des göttlichen Planes. Der heilige Same Gottes wurde in den irdischen Leib Israels eingepflanzt, und Christus wurde geboren. Als Er dann wiederum als Saat in die Erde fiel und auferstand, wurde die Kirche geboren. Es steht geschrieben: *«Viele Male und auf vielerlei Weise hat Gott einst zu den Vätern gesprochen und durch die Propheten; in dieser Endzeit aber hat Er zu uns gesprochen durch den Sohn.»* (Hebr. 1,1–2; L). Dasselbe Wort, das in der Vergangenheit durch Mose, die Propheten und die Seher des Alten Testamentes gekommen war, kam nun – in menschliches Fleisch gekleidet –, um die Versöhnung aller Menschen mit Gott zu schaffen.

In dieser Zeit diente Israel den Absichten Gottes, indem es den Messias zur Welt brachte. Aber so, wie sich ein erschöpfter und blutiger Leib nach einer Geburt ausruht, wurde auch Israel für eine bestimmte Zeit zur Seite gelegt. Das Volk lebte nun im Exil, das nationale Leben war nahezu ausgelöscht, und das Land kam unter fremde Herrschaft. So wurde Israel «auf Eis gelegt», und ein neuer Vermittler des göttlichen Planes wurde ins Leben gerufen.

Nun war die Gemeinde gesalbt und beauftragt, das Zeugnis des lebendigen Gottes der ganzen Schöpfung zu bringen. Heilung, Vergebung und Annahme durch Gott wurden in die verlorenen Völker einer sterbenden Welt hineingetragen, als die Gemeinde begann, das Königreich Gottes in Wort und Tat zu verkündigen. Eine neue Art von Menschen war geboren; Menschen, die das Ebenbild Gottes in sich tragen. Diese Männer und Frauen sind nicht nach dem Bild des ersten Adam geschaffen, der sündigte und somit Verdammnis und Tod in die ganze Menschheit brachte, sondern nach dem Bild des zweiten Adam, der überwand und somit allen, die glauben, Gerechtigkeit brachte.

Die alte Spaltung zwischen Juden und Nichtjuden, die von der Erwählung Israels herrührte, war damit allerdings immer noch nicht überwunden. Diese tiefste aller Spaltungen, nämlich die zwischen Israel und den übrigen Völkern, setzte sich in der neuen Art von erlösten Menschen fort, ja sie fand dort sogar noch zerstörerischere Ausdrucksformen. Bis heute trägt der Leib Christi jene schmerzlichen Male klaffender Wunden, wo Glieder nicht miteinander vereint sind und das Leben nicht fliessen kann.

Obwohl Jesus am Kreuz die volle Versöhnung geschaffen hat, erleben wir noch nicht deren ganze Fülle. Am Kreuz wurde nicht nur der Mensch mit Gott versöhnt, indem seine Sünde gesühnt wurde, sondern der Mensch wurde auch mit seinen Mitmenschen und der Schöpfung versöhnt, da alle Feindseligkeiten, Rivalitäten und Vorurteile in der Gegenwart Gottes dahinschmelzen. Dennoch kennen wir die tragische Wahrheit und können auch unsere Augen nicht davor verschliessen, dass die ganze Kirchengeschichte hindurch Uneinheit geherrscht und echte Versöhnung gefehlt hat – und das bis auf den heutigen Tag.

Es ist weder die Tatsache, dass es so viele Strömungen gibt, noch die Vielfalt der verschiedenen Ausdrucksformen, die das Herz Gottes traurig machen; denn es steht ja geschrieben: *«Da ist ein Fluss, dessen STRÖME die Stadt Gottes glücklich machen.»* (Ps. 46,5; wörtl. a. d. Engl.).Vielmehr ist es die fehlende Einheit unter ihnen, die Seine Freude und Seine volle Zustimmung zurückhält. Es liegt nicht daran, dass manche Gruppierungen einige Dinge verschieden betonen oder unterschiedliche Salbungen haben, sondern es liegt an der Arroganz, der Exklusivität und dem Mangel an geschwisterlicher Liebe, dass der Vater Sein Gesicht und Seine Gunst von uns abwendet.

Die Zahl der Spaltungen im Leib Christi heutzutage ist gross. Die Zahl der Trennungen unter den Gemeinden, Bewegungen und Denominationen ist gross. Und die Zahl der Hindernisse, die der in Psalm 133 beschriebenen Einheit im Wege stehen, ist gross. Aber nur diese Einheit zieht die Fülle des göttlichen Segens auf sich und erfüllt die umfassende Verheissung aus Johannes 17,21.

Und warum? Vielleicht deshalb, weil die tiefste aller Spaltungen, die älteste aller Trennungen noch nicht geheilt ist. Vielleicht hat Paulus die mögliche Zersplitterung des Leibes Christi in viele einzelne, auseinandergerissene Teile (die ja tatsächlich stattgefunden hat), vorausgesehen und hat aus diesem Grund die eigentliche Wurzel des Problems angesprochen, als er an die Jünger in Ephesus schrieb.

Eine Familie unter dem Himmel

Paulus ermahnt die Gemeinde, zu begreifen, dass es keine Trennung zwischen Juden und Nichtjuden mehr geben darf, weil die nichtjüdischen Völker durch das Evangelium nun auch Zugang zur Glaubensgemeinschaft mit Israel haben. Paulus ruft den nichtjüdischen Gläubigen sehr eindringlich ihre fleischliche und götzendienerische Herkunft in Erinnerung und erklärt dann mit Nachdruck: *«Denn Er ist unser Friede. Er vereinigte die beiden Teile (Juden und Heiden) und riss durch sein Sterben die trennende Wand der Feindschaft nieder.»* (Eph. 2,14). Durch göttliche Offenbarung sah und lehrte der Apostel in aller Klarheit die reale Existenz eines vereinten, einträchtigen Volkes!

Als nächsten Schritt seiner Offenbarung enthüllt der Apostel das Geheimnis des «einen neuen Menschen» (Eph. 2,15), dieses neuen Volkes, das dazu bestimmt ist, die Gegenwart des auferstandenen Christus in unsere kranke und sterbende Welt hineinzutragen. Diese «Schar der Erlösten» besteht gleichermassen aus Juden und Nichtjuden und ist doch in sich selbst keines von beiden. Doch trotz dieser apostolischen Ermahnung ist die Spaltung geblieben.

In den ersten Jahrhunderten des neuen Zeitalters wurde der Leib Christi so zersplittert und auseinandergerissen, dass er viel Raum für Götzendienst und Verführung bot. So stürzte er kopfüber in eine tausendjährige Dunkelheit. Das Mittelmeerbecken, der Nahe Osten sowie Südosteuropa, die einst die Kraft und Herrlichkeit der frühen Tage des Evangeliums erlebt hatten, lagen nun in einem geistlichen Schlummer, während fleischlich-religiöse Institutionen und heidnische Mächte um die Herrschaft über die Massen wetteiferten.

Es folgten Jahrhunderte der Reformation, immer wieder mit Erweckungen durchsetzt, bis auf den heutigen Tag, an dem Israel und die Kirche wieder hergestellt werden. Dennoch stehen wir nach wie vor dieser tiefen Trennung zwischen jüdischen und nichtjüdischen Geschwistern innerhalb der Gemeinde gegenüber.

Jüdische Gläubige neigen dazu, sich von den Ausdrucksformen der «gewöhnlichen» Christen zu distanzieren und sich eine eigene Umgebung zu schaffen, in der sie ihre einzigartigen historischen und ethnischen Besonderheiten bewahren und leben können. Nichtjüdische Gläubige, die noch von heidnischen Praktiken beeinflusst sind, betrachten diese Versuche ihrer jüdischen Geschwister, das Leben Gottes durch traditionelle jüdische Filter hindurch zu erfahren und zum Ausdruck zu bringen, oftmals mit Neugier und Verachtung. Wie auch immer, der Jude befindet sich nach wie vor in einem geistlichen Ghetto!

Ganze jüdische Gemeinden wurden gezwungen, in Ghettos zu leben, um ihre Andersartigkeit zu betonen und sie von der nicht-jüdischen Welt abzuschneiden. Und tragischerweise finden wir auch innerhalb der Gemeinde selber geistliche Ghettos, die diese Trennung und Absonderung aufrechterhalten. So bleibt die Spaltung bestehen – sogar unter den Erlösten!

Als Paulus vom Abbrechen der «trennenden Mauer» schrieb, legte er mit apostolischer Autorität das Schwert an die Wurzel und Ursache aller Spaltungen im Leib. Weil dieses neue Volk des *einen neuen Menschen* das Herzstück von Gottes Absichten ist – und weil Juden und Nichtjuden in Demut und Selbstverleugnung miteinander verschmelzen und diesen *einen neuen Menschen* bilden *müssen,* ist dieses Herzstück Gottes zu einem Hauptziel für dämonische Angriffe geworden.

Solange Juden und Nichtjuden im wahrsten und tiefsten Sinn christlicher Liebe und Einheit unversöhnt bleiben, wird es immer verschiedenste Spaltungen im Leib Christi geben! Solange wir nicht bereit sind, uns selbst zu verleugnen, und noch die Selbsterhaltung vor die Einheit stellen, wird der Geist der Spaltung immer ein Anrecht haben, die Kirche zu plagen. Und wie geplagt sind wir doch tatsächlich!

Somit liegt die Wurzel aller Spaltungen im Boden jener alten Feindschaft verborgen, die zwischen Juden und Nichtjuden immer noch besteht, zwischen Israel und allen anderen Völkern. Dieser verfluchte Boden hat über Jahrtausende nichts anderes als Dornen und Disteln hervorgebracht, die den Zusammenbruch nur noch vorantreiben und verschlimmern. Aber durch das Blut des Messias kann auch dieser Boden gereinigt werden. Durch das Wort Gottes kann unsere Gesinnung geändert werden, und durch den Geist vom Himmel können unsere Herzen neu gemacht werden.

Der Herr ist dabei, einen neuen Massstab von Einheit in unserer Generation aufzurichten. *Einheit, nicht Einheitlichkeit!* Prophetische Stimmen aus verschiedenen Bereichen des christlichen Spektrums sind sich in diesem Punkt einig: sie rufen das Volk Gottes auf, sich zusammenzuschliessen und in einer letzten grossen Erweckung eins zu werden.

War es nicht das Gebet des Herrn selbst, dass *«alle eins sein sollen»* (Joh. 17,21)? Und hat Er uns nicht dazu berufen, *«in der Einheit vollendet»* zu sein, *«damit die Welt erkennt, dass Du mich gesandt hast»?* (Joh. 17,23) Weil sie den Leib nicht richtig achteten, sind viele Jünger in Korinth schwach und krank geworden (1. Kor. 11,29).

Nur wenn wir die Gnade suchen, finden und annehmen, mit anderen Strömungen mitzufliessen und sogar jüdische und nicht-jüdische Ausdrucksformen miteinander zu mischen, werden wir den vollen Sieg schmecken, der am Kreuz errungen worden ist. Dieser Sieg ist für eine vereinte Gemeinde aufbewahrt, für eine versöhnte Familie, für den *einen neuen Menschen!*

Heilt unser Land!

Eine wirklich gute und dauerhafte Lösung lässt sich für die meisten Probleme nur dann finden, wenn wir uns mit der Wurzel des jeweiligen Problems befassen. Dieses Prinzip der «Heilung an der Wurzel» begegnet uns zum ersten Mal sehr deutlich, als den Prophetenschülern die Axt in den Jordan gefallen war und sie Elisa um Hilfe riefen. Elisa fragte sie: *«Wo ist sie hingefallen? Und als sie ihm die Stelle zeigten, schnitt er einen Zweig ab und warf ihn dort hinein und brachte das Eisen zum Schwimmen.»* (2. Kön. 6,6; wörtl. a. d. Engl.). Das also, was verloren gegangen war, wurde genau an dem Punkt wiedergebracht, wo es versunken war!

Die prophetische Schau führte die Suche genau an die Stelle, wo das Unglück passiert war, und dort wurde die Kraft Gottes wirksam. So tun auch wir gut daran, die Ursache aller Spaltungen und sektiererischen Mächte an derselben Stelle zu suchen, wo die Wurzeln zuerst versunken sind, zwischen Juden und Nichtjuden, zwischen Israel und den Nationen.

Der Herr hat uns versprochen, uns die nötige Weisheit und Strategie zu geben, wenn wir uns selber in diesen Kampf hineinbegeben. Die Gegenwart Jesu – symbolisiert durch das Holz, das Mose ins Wasser warf – machte das bittere Wasser in Mara wieder süss (Ex. 15,25). Ebenso wird Seine Gegenwart auch der vergifteten Wurzel des trennenden Konfessionalismus Heilung und Wiederherstellung bringen, wenn sie mit Ihm in Berührung kommt. Dann wird auch dort die Bitterkeit wieder in Süsse verwandelt werden.

Wo ist unsere Axt hingefallen? Wo haben wir sie verloren? Wann genau und über welchen Punkt begann die Gemeinde sich zu streiten und zu spalten? Waren es nicht überhebliche Behauptungen und trügerische Unkenntnis darüber, wer der Erste im Leib Jesu ist, wer der Angesehenere und wessen Position vor Gott die höhere ist? Boten nicht die Eigensinnigkeit der Juden und die Überheblichkeit der Nichtjuden den Nährboden, in den diese Saat des trennenden Konfessionalismus hineingesät wurde, als beide Gruppen um ihre Position und ihre Identität im Leib stritten?

Stolz und Selbsterhaltungstrieb der Juden, gepaart mit der Unsicherheit und Überheblichkeit der Nichtjuden förderten sowohl die jüdische Exklusivität als auch die «Ersatz-Theorie» der nichtjüdischen Gläubigen, die nun beanspruchten, das allein wahre Israel zu sein. Indem sich diese Wurzel von Spaltung und Konfessionalismus immer weiter im Leib Christi ausbreitete, hat sie es geschafft, das eben hervorbrechende Werk des *einen neuen Menschen* zu zertrennen und niederzureissen.

Prophetische Menschen mit einer Sehnsucht nach Versöhnung im Herzen müssen viel Glauben und Mühe in die Heilung dieser Spaltung investieren, wenn wir die volle Wiederherstellung und Versöhnung des Volkes Gottes erleben wollen. Wir können uns weiterhin abmühen und Fürbitte tun, indem wir gegen die vielen Symptome unseres zerrissenen Zustandes ankämpfen, oder wir können an den Kern der ganzen Sache herangehen und den Geist des trennenden Konfessionalismus genau dort entmachten, wo er zuerst gepflanzt wurde: zwischen Juden und Nichtjuden!

Lasst uns Verantwortung übernehmen!

Als ein israelischer Jude durch Geburt und ein Christ durch Wiedergeburt richte ich diese dringende Bitte an meine Brüder und Schwestern im Herrn. Auch möchte ich als einer, der die prophetische Erfüllung der Verheissungen, die meinem Volk gegeben wurden, in sich trägt und der auch voll herrlicher Erwartung dessen ist, was der Gemeinde noch bevorsteht, Euch mit diesen Worten herausfordern.

AN DIE JÜDISCHEN GLÄUBIGEN:

Es gibt einen Ort, an dem der Jude als ein Jude stehen kann und doch frei bleibt von der sich abgrenzenden Haltung gegenüber der übrigen Gemeinde. Wir müssen umkehren, uns von aller stolzen Selbstgenügsamkeit abkehren und bereit sein, unsere überkommenen Traditionen abzulegen. Unsere natürliche Identität geht viel tiefer als diese Traditionen. Sie ist verwurzelt in Abraham, dem Hebräer, der Gott im Gehorsam folgte, und in Israel, der mit Gott rang und zerbrochen und gesegnet wurde. Dies sind die Väter unseres Volkes. Ihr Charakter und ihr Leben definieren unsere wahre volksmässige Identität.

Der Jude muss verstehen, dass seine höchste Berufung darin liegt, den Nationen der Welt zu dienen. Dazu braucht er jedoch ein offenes Herz und eine grosszügige Haltung ihnen gegenüber. Genau dies war die Berufung von Abraham, wie es auch unsere Berufung in Jesus dem Messias ist. Es gibt keine bessere Möglichkeit, den kostbaren Schatz, der tief in unseren Seelen und in unserem nationalen Bewusstsein verborgen liegt, zu aktivieren, als ihn in Demut in die Kirche einzubringen. Dazu müssen wir ihr als ein Teil ihrer selbst und nicht als Aussenseiter begegnen.

Solange es auf der grundlegenden Ebene der Gemeinde – mit gemeinsamer Anbetung, Fürbitte und geistlicher Kampfführung – noch keine Einheit zwischen Juden und Nichtjuden gibt, werden wir oberflächlich bleiben, vielleicht eindrucksvolle Bekenntnisse aufrechterhalten, aber nur begrenzte Kraft haben.

AN DIE NICHTJÜDISCHEN GLÄUBIGEN:

Für die nichtjüdische Gemeinde ist es an der Zeit, in Demut zu erkennen, dass Gott im Jahr 70 nach Christus mit dem natürlichen Volk Israel durchaus noch nicht am Ende war. Obwohl Jerusalem wie vorhergesagt zerstört und das nationale Leben im Jahr 135 nach Christus beim letzten jüdischen Aufstand ausgelöscht wurde, hat doch Gottes Hand dieses Volk erhalten. Jahrhundert für Jahrhundert, durch die schrecklichsten Verfolgungen, unaufhörliche Leiden und ständiges Elend hindurch, hat das jüdische Volk überlebt. Von Land zu Land getrieben, ohne einen Ort zu haben, an dem es zur Ruhe kommen konnte, stolperte dieses erschöpfte und zerstreute Volk in das 20. Jahrhundert, nur um in Hitlers Todeslagern zusammengetrieben zu werden, während eine Welt still zuschaute. Und doch – aus solchem Tod und solcher Zerstörung heraus hat Gott Auferstehungsleben hervorgebracht!

Die Gemeinde kann nicht mehr länger die Augen vor dem Wunder verschliessen, das sich in unserem Jahrhundert im Nahen Osten ereignet: Die Rückkehr der Juden in ihr altes Heimatland; die übernatürliche Geburt des Staates Israel und die Wiederherstellung Jerusalems als Hauptstadt; die wunderbare Bewahrung, die diese Nation durch ihre vielen Kriege hindurch erlebt hat; und das Wunder des gegenwärtigen Exodus aus Russland und Äthiopien! Nur völlige Dummheit und Arroganz können diese Tatsachen wegerklären oder sie als unbedeutende Zufälle einfach ignorieren!

Gott hat gesagt: Wenn Er den Rest Seines Volkes aus allen Ländern versammeln wird, dann *«wird Er für die Völker ein Zeichen aufstellen, um die Versprengten Israels wieder zu sammeln, um die Zerstreuten Judas zusammenzuführen von den vier Enden der Erde»* (Jes. 11,12). Die eigentliche Bedeutung dieser wunderbaren Wiederherstellung Israels ist folgende: Gott richtet ein Zeichen auf für die Nationen, um ihre Aufmerksamkeit auf Sich zu lenken! Und die Nationen nehmen dieses Zeichen auch tatsächlich wahr und stolpern darüber, während ein grosser Teil der Gemeinde es erstaunlicherweise noch übersieht!

Gott ist mit den Juden noch nicht am Ende. Vielmehr hat Er sie bis zum Ende der Zeiten aufbewahrt, um an ihnen Seine Barmherzigkeit und Seine grosse Kraft offenbar werden zu lassen, indem Er sie dem Land und Sich selbst wieder zurückschenkt. *Deshalb muss die nichtjüdische Kirche für ihre stolze Arroganz, die aus ihrer Unsicherheit geboren ist, Busse tun und den verlorenen Sohn, der wieder nach Hause kommt, mit Liebe, Achtung und Dankbarkeit annehmen.*

Wenn wir die Warnung in Römer 11 betrachten, in der der Apostel das Bild des Ölbaums gebraucht, so lasst uns darauf achthaben, diesen natürlichen Zweigen gegenüber nicht überheblich zu sein oder dieses Geheimnis gering zu schätzen (Röm. 11,18.25). Beides, Überheblichkeit und absichtliches Nicht-wahrhaben-Wollen, sind Sünden, die wir erkennen und für die wir Busse tun müssen, um das volle Mass der Gnade zu erhalten, das wir in dieser Stunde brauchen.

KAPITEL 4
DIE LETZTE GENERATION

Während Gott in dramatischer und durchgreifender Weise unter den Völkern der Welt wirkt und fortwährend Seine Ernte einbringt, und während wir Israels übernatürliche Wiederherstellung betrachten, müssen wir ganz sicher sein, dass unser Zeitgefühl biblisch korrekt ist. Sind wir wirklich Zeugen des Endzeit-Geschehens? Wird der *eine neue Mensch* Wirklichkeit – oder bleibt er nur ein fernes theologisches Konzept?

Durch die Jahrhunderte hindurch wurden geistliche Höhen und Tiefen von Gottes Wirken hier auf der Erde oftmals mit Endzeit-Erwartungen in Zusammenhang gebracht. Einige der grossen Erweckungen hielt man für die Ernte am Ende der Zeiten. Einige der dunkelsten Phasen geistlicher Verdorbenheit und Verstocktheit hielt man für den grossen Glaubensabfall – und in vielen der gottlosen und einflussreichen Machthaber, die ganze Reiche und Nationen beherrschten, glaubte man den Antichristen zu erkennen.

Obwohl diese Ereignisse und diese Zeitphasen tatsächlich insofern prophetische Bedeutung trugen, als sie die Erfüllung von Gottes prophetischem Wort darstellten, fehlte aber immer noch ein Hauptbestandteil dieses Puzzles. Und dieses Teil war Israel!

In bezug auf Gottes Zeitrechnung heisst es: «*Du wirst Dich erheben, Dich über Zion erbarmen; denn es ist Zeit, ihm gnädig zu sein, die Stunde ist da.*» (Ps. 102,14). Diese Worte wurden im Zusammenhang mit einem herzzerreissenden prophetischen Gebet gesprochen; es war der Aufschrei eines Volkes, «*dessen Tage wie Rauch geschwunden sind*», dessen «*Herz versengt ist wie Gras und verdorrt*» und dessen «*Feinde es schmähen den ganzen Tag ... denn auf ihm lasten Dein Zorn und Dein Grimm*» (Ps. 102, 2–9).

Wenn wir den Schrei Israels in dieser Schriftstelle hören, können wir das historische Trauma (der Zerstörung Jerusalems) nicht übersehen, das unzählige Leiden, Verfolgungen und Kämpfe mit sich brachte. Zugleich zeigt es uns die innerste Ursache des Ganzen auf, als das Volk Gottes sagt: Es geschah auf Grund «*Deines Zornes und Deines Grimms*», dass «*Du mich hochgerissen und zu Boden geschleudert hast*» (Ps. 102,10).

Tatsächlich steigt dieser Schrei tief aus der verwundeten Seele Israels auf (so wie Mose es in Deuteronomium Kapitel 28 und 29 vorausgesagt hatte), aber doch nicht ohne Hoffnung. Denn in Seiner Treue und grossen Barmherzigkeit hat Gott eine bestimmte Zeit festgesetzt, zu der Er sich über Israel erbarmen würde. Dies ist, wie wir gerade in Psalm 102 gelesen haben, die «*bestimmte Zeit*».

Es gibt für alles eine bestimmte Zeit. Jede Geburt, jeder Tod, jedes Ereignis unter der Sonne ist im Himmel aufgeschrieben. So gab es auch eine bestimmte Zeit für alle Feste des Herrn, zu der sie gefeiert werden mussten. Diese Feste konnte man nicht irgendwann begehen, sondern nur zu der dafür *bestimmten Zeit*.

Es gab eine festgelegte Zeit, zu der das Passalamm an jenem schrecklichen Vorabend in Ägypten geschlachtet werden sollte, und auch eine besondere Zeit, zu der die Erstlingsfrüchte dem Herrn dargebracht werden sollten. Jesus selber wurde von einer Frau zur vorherbestimmten Stunde geboren. Sein Tod hätte ebenso an keinem anderen Tag und zu keiner anderen Stunde als zu der dafür bestimmten Zeit geschehen können. Er erstand auch zur bestimmten Zeit von den Toten auf – genau wie die Schrift es prophezeit hatte – und erfüllte nicht nur das Passa, sondern auch das Fest der Erstlingsfrüchte. Pfingsten kam der Heilige Geist zur bestimmten Stunde auf die wartenden Jünger, und genauso hat Gott eine Zeit bestimmt, um Zion wieder aufzubauen!

Die Schrift spricht nicht nur davon, dass der Herr sich über Zion erbarmen wird (Ps. 102), weil ihre bestimmte Zeit gekommen ist, sondern es heisst weiterhin: «*Denn der Herr baut Zion wieder auf und erscheint in all seiner Herrlichkeit.*» (Ps. 102,17). So steht die Wiederherstellung Zions eindeutig für die prophetische Hoffnung auf eine letztmalige Rückführung der Kinder Israels in ihr Heimatland und in die Arme ihres Gottes. Gleichzeitig ist dieser Wiederaufbau Zions zutiefst mit der Zusage verbunden, dass Gott in Seiner Herrlichkeit erscheinen wird. Gott verspricht, dass Er – während Er Israel wiederaufbaut und Seinen heiligen Namen in ihrer Mitte wiederherstellt – Seine Herrlichkeit, Seine Kraft, Seine Liebe und Seine gerechten Gerichte der ganzen Schöpfung offenbaren wird.

Zu unseren Lebzeiten?

Der Zeitplan all dessen steht in den folgenden Worten: «*Dies sei aufgeschrieben für das kommende Geschlecht, damit das Volk, das noch erschaffen wird, den Herrn lobpreise.*» (Ps. 102,19). Die Worte «*das Volk, das noch erschaffen wird*» heissen im hebräischen Urtext LEDOR AKHARON, der hebräische Ausdruck für *die letzte Generation!* Diese Schriftstelle bezeugt eindeutig, dass die Botschaft vom Wiederaufbau Zions und der kommenden Herrlichkeit Gottes sich auf die letzte Generation der Menschheit bezieht! Und so unglaublich es auch scheinen mag, die Offenbarung über die Wiederherstellung Israels und ihrer konkreten Erfüllung in der Geschichte – nach Jahrhunderten von Unklarheit – trifft nur auf unsere Generation zu.

Was aber ist eine Generation? Handelt es sich dabei um fünfundzwanzig, um fünfzig oder um siebzig Jahre? Auch wenn die Meinungen darüber auseinander gehen, lasst uns folgendes beachten: Eine Generation entspricht der Zeitspanne zwischen einem Vater und seinem Nachwuchs. Abraham war hundert Jahre alt, als Isaak, der Sohn seiner Verheissung, geboren wurde; somit ist es möglich, dass eine biblische Generation sich – im Heilsplan Gottes – über hundert Jahre hinziehen kann.

Auch als Gott Seinen Bund mit Abraham schliesst, sagt Er ihm: *«Du sollst wissen: Deine Nachkommen werden als Fremde in einem Land wohnen, das ihnen nicht gehört. Sie werden dort als Sklaven dienen, und man wird sie vierhundert Jahre lang hart behandeln. ... Erst die vierte Generation wird hierher zurückkehren.»* (Gen. 15,13–16). Hier findet sich in Gottes eigenen Worten erneut die Aussage, dass eine Generation einhundert Jahren entspricht, wenn es um das erlösende Handeln Gottes geht; denn es war die vierte Generation, die nach vierhundert Jahren ins Land zurückkehren sollte! Diese beiden Aussagen lassen darauf schliessen, dass es durchaus biblisch ist, eine Generation als eine Zeitspanne von einhundert Jahren anzusehen.

Interessanterweise stimmt diese Schlussfolgerung mit der historischen Tatsache überein, dass sowohl Israel als auch die Gemeinde sich für den grössten Teil dieses Jahrhunderts mitten im Prozess ihrer Wiederherstellung befinden. Tatsächlich ist unsere Generation (unser Jahrhundert) – angefangen mit den frühen Tagen der Zionistischen Wiederherstellung und den mächtigen Erweckungen der frühen Pfingstbewegung – Zeuge und Teilhaberin dieser Endzeitakte Gottes geworden.

Bis zum Beginn des zwanzigsten Jahrhunderts hatten nur sehr wenige Christen ein Verständnis von Gottes Absichten mit Israel. Es ist auch eine Tatsache, dass vor 1948 kaum eine der grossen christlichen Denominationen öffentlich bekannt oder geglaubt hat, dass Gott Israel – als Erfüllung der biblischen Verheissung – noch einmal aufrichten würde. Tatsächlich, diese Botschaft der Wiederherstellung Israels wurde wirklich für *die letzte Generation* geschrieben!

Unsere Generation ist die einzige, die diese äussere Auferstehung Israels miterlebt hat und deshalb sowohl dieses Wunder als auch die verheissene geistliche Wiederherstellung Israels verstehen, glauben und in der Fürbitte begleiten kann. Auf diesem Weg wird die Schriftstelle erfüllt werden, dass *«das Volk, das noch erschaffen wird, den Herrn lobpreise»* (Ps. 102,19).

KAPITEL 5
DIE IDENTITÄT DER GEMEINDE

Die ursprüngliche und ewige Identität der Gemeinde ist Jesus Christus, der Herr, selbst. Er ist unser Ursprung, unser Haupt, unser Leiter und unser Leben! Das Wesen und die Bestimmung der Gemeinde werden durch den Sohn Gottes verkörpert, und ohne Ihn haben wir keine Grundlage.

Genauso wahr ist es, dass die Gemeinde in einem natürlichen Zusammenhang entstanden ist und zu einem vorherbestimmten Zeitpunkt aus einem natürlichen Volk hervorgegangen ist. Die Schrift bezeugt dies, wenn wir über die frühe Gemeinde lesen, die hauptsächlich jüdisch war, ihr Hintergrund hebräisch und ihr volksmässiger Charakter grösstenteils israelisch.

In der Sprache der Natur ausgedrückt, keimte und blühte die Gemeinde in dem Erdboden Israels auf, nachdem sie aus der Saat von Jesus, dem Gesalbten Gottes, hervorgekommen war. Auf diese Weise fand die Geburt des Christentums und seine Einführung in die Welt durch das Volk Israel und in enger Verbindung mit ihm statt.

Der kultivierte Ölbaum (Röm. 11,24) war die Grundlage dieses neuen Wachstums. Und natürlich dürfen wir die Verfasser der Evangelien, die Apostel und die ersten Leiter der Gemeinde nicht vergessen, die fast alle jüdisch waren. Was die natürliche Identität der Gemeinde anbelangt, so finden sich ihre Wurzeln eindeutig in Israel.

Wenn sich die christliche Gemeinde mit der Wahrheit Gottes über Israel sowie mit den Konsequenzen dieser Wahrheit auseinander setzt, muss sie folgende Worte sorgfältig beachten: «*Erinnert euch also, dass ihr einst Heiden wart und von denen, die äusserlich beschnitten sind, Unbeschnittene genannt wurdet. Damals wart ihr von Christus getrennt, der Gemeinde Israels fremd und von dem Bund der Verheissung ausgeschlossen; ihr hattet keine Hoffnung und lebtet ohne Gott in der Welt.*» (Eph. 2,11.12). In der Tat kann das Wort Gottes manchmal schmerzhaft direkt und ein Anstoss für unser Fleisch sein!

In diesem Zusammenhang erinnert der Apostel – in der Vollmacht des Heiligen Geistes – die Jünger in Ephesus an ihre Abstammung. Er wandte sich damit an eine Gruppe vorwiegend nichtjüdischer Gläubiger, und der Heilige Geist hielt es für nötig, ihnen ihre eigentliche Herkunft ins Gedächtnis zu rufen. Ihre gottlosen und heidnischen Wurzeln boten diesen nichtjüdischen Jüngern nichts weiter als eine sinnlose und leere Existenz. Die meisten von ihnen hatten Vorfahren, deren Leben von der Lust ihrer fleischlichen Natur beherrscht war und von denen sie die Anbetung von Götzen und dämonische Praktiken erbten. Interessanterweise beschreibt der Apostel die Tragödie der Nichtjuden als die Trennung von Christus *und* als den Ausschluss von der Gemeinschaft mit Israel, weshalb sie ohne Hoffnung und ohne Gott lebten! Was die Gemeinde als ihren «*neuen*» Bund beansprucht, ist in Wirklichkeit ihr einziger Bund! Dieser ewige Bund, den Gott in Seinem Sohn gestiftet hat, ist nur für die Juden neu, da sie bereits einen alten Bund mit Gott hatten. Für die nichtjüdischen Gläubigen ist dies der einzige Bund! Jeremia hat das sehr deutlich formuliert, als er sagte: «*Seht, es werden Tage kommen – Spruch des Herrn –, in denen ich mit dem Haus Israel und dem Haus Juda einen neuen Bund schliessen werde.*» (Jer. 31,31). Die nichtjüdischen Jünger werden also durch Christus in Israels neuen und besseren Bund mit hineingenommen.

Das Geheimnis

Paulus setzt seine Ermahnung an die Jünger in Ephesus fort, indem er schreibt: «*Durch eine Offenbarung wurde mir das Geheim-*

44

nis mitgeteilt ..., dass nämlich die Heiden Miterben sind, zu demselben Leib gehören und an derselben Verheissung in Christus Jesus teilhaben durch das Evangelium.» (Eph. 3,3–6). Er bringt zum Ausdruck, dass Gott in Seiner grossen Barmherzigkeit letztlich niemals beabsichtigt hat, seine Gnade und seinen Bund auf Israel allein zu beschränken, sondern dass Er einen Weg bereitet hat, um die anderen Völker einzuladen und mit einzubeziehen. Paulus bestätigt, dass das Evangelium nicht zu seinem Selbstzweck da ist, sondern dass die nichtjüdischen Völker der Welt durch dieses Evangelium in die Umarmung Gottes in Christus hineingebracht werden können, wie Er es in Seinem Bund mit Israel bereits gezeigt hat.

Indem er sagt, dass die *«Heiden Miterben sind, zu demselben Leib gehören und an derselben Verheissung teilhaben»*, malt er uns ein klares Bild vor Augen, wie diese Jünger in eine bereits bestehende Wirklichkeit mit hineingenommen werden. Durch das Evangelium haben sie nun Anteil an einem Volk und einer Verheissung, die schon lange vor ihnen existierten; geistlich gesehen schliessen sie sich der Gemeinschaft mit Israel an.

Ein Volk

Es war niemals so gedacht, dass die Gemeinde von Israel isoliert oder geschieden sein sollte. Sie war weder dazu berufen, Israel zu ersetzen, noch es zu verdrängen oder davon getrennt zu sein. Vielmehr war sie zur *Gemeinschaft mit Israel* berufen. Christen aus den übrigen Völkern haben nicht nur das Recht, die dem Volk Israel geltenden Verheissungen geistlich auf sich zu übertragen, sondern sind sogar mit einem bereits existierenden Leib zusammengefügt worden und profitieren von den Segnungen eines schon bestehenden Bundes! Das Bild des Ölbaums in Römer 11 soll dieses Geheimnis jedem aufgeschlossenen Kind Gottes erklären und versiegeln. Um es ganz klar zu machen: in diesem Gleichnis, in dem das Volk Gottes beschrieben wird, gibt es nur einen Baum! Jüdische Äste und nichtjüdische Äste ziehen ihre Nahrung und ihre Fruchtbarkeit aus dem gleichen Stamm und Wurzelsystem. Gott hat keinen «Ersatz»-Ölbaum geschaffen! Offensichtlich war Er mit Seinem ursprünglichen Plan und Seiner ursprünglichen Absicht zufrieden. Jüdische Äste, nichtjüdische Äste, schwarze Äste, gelbe Äste – viele wunderbare Äste – finden durch den Glauben ihren Platz in Gottes einem Ölbaum.

Immer noch gilt die apostolische Ermahnung, wenn Paulus sich mit folgenden Worten an die nichtjüdischen Jünger in Rom wendet: *«Wenn aber einige Zweige herausgebrochen wurden und wenn du als Zweig vom wilden Ölbaum in den edlen Ölbaum eingepfropft wurdest und damit Anteil erhieltest an der Kraft seiner Wurzel, so erhebe dich nicht über die anderen Zweige. ... Nicht du trägst die Wurzel, sondern die Wurzel trägt dich. ... Wenn du aus dem von Natur wilden Ölbaum herausgehauen und gegen die Natur in den edlen Ölbaum eingepfropft wurdest, dann werden erst recht sie als die von Natur zugehörigen Zweige ihrem eigenen Ölbaum wieder eingepfropft werden.»* (Röm. 11,17–24).

Es ist tatsächlich unnatürlich, dass wilde, unkultivierte Zweige in einen kultivierten Baum eingepfropft werden. In der Landwirtschaft pfropft man beim Veredeln einen guten, fruchtbringenden Zweig in ein Wurzelsystem ein, das nicht unbedingt Frucht trägt, aber stark ist. In diesem biblischen Gleichnis hingegen wird diese Ordnung umgekehrt, da unfruchtbare nichtjüdische Zweige in die reichen jüdischen Wurzeln eingepfropft werden. Auf diese Weise wird der heidnische Götzendienst gegen die gesegnete Wirklichkeit des Gottes Israels eingetauscht.

Für solch ein Geheimnis gibt es keine menschliche Erklärung ausser den Worten: *«O Tiefe des Reichtums, der Weisheit und der Erkenntnis Gottes! Wie unergründlich sind seine Entscheidungen, wie unerforschlich seine Wege!»* (Röm. 11,33). Gottes grosse Barmherzigkeit und Sein Mitleid bewegen Ihn, gegen die Natur zu handeln, und zwar in einer Art und Weise, die sogar Seine eigenen Naturgesetze auf den Kopf stellt, damit grosse Menschenmengen aus allen Völkern in Seiner Liebe Schutz und in Seinem Königreich Erfüllung finden. Es ist wirklich wunderbar, wenn Juden und Nichtjuden in Gottes herrlichem Ölbaum zusammenleben. Statt uns mit der Verschiedenheit unserer weltlichen Identitäten zu beschäftigen, sollten wir uns lieber demütigen und Gottes Urteil mit Freude annehmen. Denn *«durch das Evangelium»* haben wir alle *«teil an derselben Verheissung in Christus Jesus»*, auch wenn wir von Natur aus und von unserer ethnischen Herkunft her verschieden sind.

Das Versprechen

In seinem Schreiben an die Gemeinde in Galatien nimmt Paulus erneut Bezug auf diese «Verheissung» als ein zentrales Thema, das mit unserer Errettung und unserer Bestimmung zusammenhängt: *«Denn ihr alle, die ihr auf Christus getauft seid, habt Christus (als Gewand) angelegt. Es gibt nicht mehr Juden und Griechen, nicht Sklaven und Freie, nicht Mann und Frau; denn ihr alle seid ‹einer› in Christus Jesus. Wenn ihr aber zu Christus gehört, dann seid ihr Abrahams Nachkommen, Erben kraft der Verheissung.»* (Gal. 3, 27–29).

Was ist nun diese Verheissung, die sowohl Juden als auch Nichtjuden umfasst? Welches ist diese gesegnete Erwartung, durch die beide an Jesus Christus teilhaben und sich gemeinsam für Gottes Ziele einsetzen? Was ist diese erwartungsvolle Hoffnung, die so intensiv im Herzen des Apostels brannte?

Wir stellen fest, dass die nichtjüdischen Jünger nicht nur geistlich zu Abraham gehören, sondern auch Erben seiner Verheissung sind. Mit Sicherheit meinte er jene Verheissung, die Gott Abraham gegeben hatte – dass durch ihn und durch seine Nachkommen *alle* Nationen der Welt gesegnet sein sollten! (Gen. 12,13)! Das war in der Tat Gottes ursprüngliche Absicht – die Völker der Erde zu erlösen und zu heilen, indem Er sie in Sein Königreich einpfropft. Geistlich gesehen ist die Gemeinde durch Christus genau in diese Verheissung hineingeboren worden – ein Segen für die Welt zu sein!

Diese alte Verheissung ist nicht verändert, umgeschrieben oder verbessert worden. Sie ist immer noch die gleiche, und wir, die wir *«auf Christus getauft sind»*, sind *«Abrahams Nachkommen, Erben kraft der Verheissung».* Das, was so lange allein im Herzen des Volkes Israel geruht hatte, explodierte förmlich durch das Evangelium und wurde zum Erbe aller Erlösten. Der Auftrag, Gottes Gefäss und Instrument zum Segen und zur Heilung auf der Erde zu sein, ist nicht mehr länger auf nur ein Volk beschränkt, sondern wird nun von Gottes Söhnen und Töchtern aus allen Stämmen, Nationen und Sprachen geteilt.

KAPITEL 6
FÜR IHN BESTIMMT

Das Lebenszeugnis von Reuven Doron
(Ein israelischer Jude wird von Gott erfasst)

Dieses Zeugnis ist lediglich ein «Zeichen der Zeit», in der wir leben. Es ist die Geschichte meiner eigenen Errettung, wie der Herr Sich mir offenbart hat, mich von der Sünde überführte und wie Er mich mit Sich versöhnt hat. Diese Geschichte illustriert auf einer persönlichen Ebene das Ziel und den Zeitplan Gottes mit Israel. Gleichzeitig zeigt sie die Pflicht und das Vorrecht der Gemeinde auf, Israel durch Liebe und durch Fürbitte zu Gott zurückzuführen.

Ich bin jüdisch durch mein Erbe und Israeli durch meine Geburt. Mein inneres Suchen und auch das Ziehen des Herrn waren, obgleich sehr persönlich und einzigartig, dennoch dem Werben und Handeln Gottes mit vielen anderen Israelis ähnlich; Israelis, die der Herr während der vergangenen Jahre in dieser letzten grossen Sammlung zu Sich zurückgebracht hat. *«Er ist das Ja zu allem, was Gott verheissen hat. Darum rufen wir durch Ihn zu Gottes Lobpreis auch das Amen.»* (2. Kor. 1,20).

Das familiäre Erbe

Wohl wissend, dass keiner von uns in einer Art Niemandsland lebt oder stirbt, abgesondert von der Gesellschaft, der Kultur und den prägenden Eindrücken des eigenen Erbes, ist auch meine persönliche Erfahrung mit Gott untrennbar mit Seinem Ruf an mein Volk und meine Familie verbunden. Und wenn ich auf die erste Generation meiner Vorfahren im Land Israel zurückblicke, bin ich nach wie vor sehr ermutigt und inspiriert zu sehen, wie Gott Seine Hand auf sie gelegt hatte.

In den frühen Jahren dieses Jahrhunderts brachten meine beiden Grossväter ihre Familien von Russland in das damals sogenannte Palästina. Einer kam mit dem Schiff. Der andere führte eine Gruppe von Männern zu Fuss über die Berge der Türkei in das nördliche Galiläa, nachdem er seine Frau und seine Kinder über das Meer geschickt hatte. Auf ihren Reisen machten sie viele unglaubliche Erfahrungen, die sich in ihre Lebensgeschichten hineinwoben. Einmal, als sie mit der russischen Eisenbahn unterwegs waren, gaben sie sich sogar als Christen aus, um der aufkommenden Verfolgung zu entgehen.

Beide Familien wurden ungefähr gleichzeitig mit der «grossen Welle des zionistischen Traumes» angeschwemmt, liessen sich nieder und investierten ihr Leben in den Wiederaufbau des alten Heimatlandes Israel. Meine Grossväter hinterliessen tiefe Spuren in der entstehenden Nation. Tatsächlich erinnert man sich noch heute mit grosser Liebe an ihre Namen.

Der eine, ein Ingenieurs- und Geschäftsgenie, spielte eine wichtige Rolle beim industriellen Aufbau der jungen Wirtschaft. Der andere, der Vater meines Vaters, wurde eine einflussreiche Persönlichkeit in den frühen Tagen der jüdischen Untergrundbewegung. Mit seinem radikalen und militanten Charakter spielte er eine wichtige Rolle in dem illegalen Kampf um den Schutz der jüdischen Siedlungen gegenüber den arabischen Feindseligkeiten während der repressiven Jahre des britischen Mandates.

Das Wissen, dass meine Grossväter und ihre Kinder eindeutig von Gott für die natürliche Wiederherstellung Israels ausgerüstet, gesendet und gebraucht wurden, erfüllt mich nach wie vor mit grosser Freude. Zugleich schöpfe ich grossen Trost und Kraft aus der Gewissheit, dass Gott mich als Enkel dieser «Riesen» berufen hat, Ihm bei der geistlichen Wiederherstellung Israels zu dienen!

Meine Suche beginnt

Meine persönliche Suche nach der Wahrheit begann, als ich anfing, mir über den Zustand meiner Seele und über die Wirklichkeiten um mich herum Gedanken zu machen. Es war nach meiner «Barmitzvah», an meinem 13. Geburtstag. Die folgenden Schuljahre – obwohl umgeben von der allgegenwärtigen Atmosphäre idealistischen Wohlbefindens einer Nation, die sich selber wieder aufbaute – waren für mich eine emotionale und soziale Katastrophe. Ich war das jüngste von fünf Kindern und gestaltete meinen Weg und mein Leben selber. Obwohl unsere Familie liebevolle Beziehungen und ein gewisses Mass an Stabilität und finanzieller Sicherheit genoss, war meine Begegnung mit der Welt draussen hart und wenig sicher.

Jenen Abschnitt meines Lebens könnte man am besten als eine Zeit geistigen und emotionalen Kampfes beschreiben. Entweder war ich oben und kontrollierte und benutzte die anderen, oder sie waren oben und taten das Gleiche mit mir. Als die «Hippie-Ära» aus den westlichen Kulturen nach Israel kam, überfluteten Rockmusik, Drogen und ein lockeres Leben das Land, und auch ich blieb nicht ohne Narben. Die einzigen wertvollen Erinnerungen, die ich an diese Zeit habe, sind die vielen Gedichte, die ich schrieb – Gedanken, die auf eine melancholische und philosophische Reise gehen und ein trübsinniges Netz von endloser Suche und Frustration spinnen.

Der Dienst bei der Armee bot eine Befreiung von dieser Sinnlosigkeit des Geistes und der Seele. Mit achtzehn Jahren trat ich einer militärischen Sondereinheit bei und beschloss, etwas Wertvolles aus meinem Leben zu machen. Es ist eine Tatsache, dass jeder Israeli tief in seinem Inneren, egal wie frustriert oder verloren er ist, sein Land und die Nation Israel aufrichtig liebt.

Und dieser obligatorische Militärdienst ist eine exzellente Gelegenheit für junge Männer und Frauen, sich mit der edleren Seite ihrer Seele auseinander zu setzen, indem sie sich in aufopferungsvollem Dienst für ihre Nation engagieren.

Zwölf Monate härtesten Kampftrainings – körperlich, geistig und technisch – machten aus Jungen echte Männer! Die Hälfte der einhundertundzwanzig, die sich freiwillig für diese Einheit meldeten, bestanden die Prüfungen und den Stress nicht; während die sechzig von uns, die mit Auszeichnung bestanden, in diese angesehene Truppe eintraten. Nur wenige Tage später wurden wir aufgrund von Geheimdienstmeldungen über Truppenkonzentrationen in Syrien an die Nordgrenze Israels, auf die Golanhöhen verschoben. Innerhalb von 24 Stunden wurde die bewaffnete Division, der wir angegliedert waren, so wie ganz Israel, kaum vorbereitet Hals über Kopf am Versöhnungstag in den «Yom-Kippur-Krieg» von 1973 geworfen.

Über diesen furchtbaren Krieg ist viel geschrieben worden. An dieser Stelle mag die Aussage genügen, dass die Hand des Herrn schwer auf Israel lag, indem Er mit erzieherischer Strenge die stolze, selbstgenügsame Haltung richtete, die aus dem wundersamen Sieg des Sechs-Tage-Krieges von 1967 resultierte. Da die Streitkräfte im Oktober 1973 praktisch unvorbereitet überrascht wurden, wäre Israel beinahe zerstört worden. Heftige Kämpfe wüteten an allen Fronten gleichzeitig, und wenn auch nur ein einziges Gefecht verloren worden wäre, hätte der ganze Krieg binnen weniger Stunden vorbei sein können, und Israel wäre von mörderischen, feindlichen Kräften überflutet worden.

Nun weiss der Herr aber, was für ein Gebilde wir sind, dass wir nur Staub sind, und in jeder Versuchung sorgt Er für einen Ausweg. Wiederum gewährte Er Seine Befreiung und Seine wundersame Hilfe (keinen Moment zu früh), und Israel, obwohl siegreich, blieb zurück, um seine inneren und äusseren Wunden zu lecken. So ging es auch mir!

Immer und immer wieder ist mein Leben bei den Kämpfen auf den Golanhöhen verschont worden. Enge Freunde und Kameraden wurden getroffen, zerfetzt und links und rechts von mir getötet, während ich bloss zerkratzt und leicht verletzt wurde. Ein Wunder folgte auf das andere, so wie ein Tag von sorgenvollem und ermüdendem Kampf dem anderen folgte; das unerklärbare Phänomen meines Überlebens liess sich immer weniger verleugnen und verwirrte mich. Zwei Drittel der Männer meiner Einheit blieben auf dem Schlachtfeld zurück, und ein grosser Teil meiner Seele mit ihnen. Über viele Jahre hatte ich die Last von Dutzenden toter Kameraden in meinem Herzen zu tragen – meine persönliche Hölle. Sie war stets lebendig und immer sehr qualvoll!

Für mich wurde der Krieg zu einer Begegnung mit den Realitäten von Leben und Tod, für die ich keine Erklärung hatte. Ich stand vor Fragen, für die ich keine Antworten hatte. Für mich als Neunzehnjährigen, der eigentlich gut ausgebildet war, hatten das Leiden und der Verlust, denen ich ausgesetzt war und die ich erlebt hatte, keinerlei Sinn, schienen ohne jeden Grund und ohne jedes Ziel. Diese frustrierenden, ungelösten, schmerzlichen und schamvollen Erinnerungen waren für einen Menschen wie mich fast unerträglich. Obwohl es noch Jahre dauern sollte, bis ich Antworten bekam, brachte mich dieser Krieg – diese Begegnung mit Leben, Tod, Leiden und dem unkontrollierten Bösen im menschlichen Herzen – mehr denn je auf den Pfad des Suchenden.

Das Leben geht weiter

Es war nur gerade eine Woche nach meiner Entlassung aus dem Militärdienst, als ich meinen Rucksack packte und mich auf den Weg in die «grosse, weite Welt» machte. Zu jener Zeit war es sehr verlockend, aus dem israelischen Dampfkochtopf herauszukommen und sich in den ausgestreckten Armen der florierenden und «weichen» Gesellschaften zu erholen. Meine Suche führte mich durch Europa, Kanada, hinunter in die Vereinigten Staaten bis nach Zentralamerika. All die vielen Meilen, Monate, Gesichter und Orte konnten meiner Seele keinen Trost spenden. Ganz im Gegenteil, je mehr ich suchte, je mehr ich berührte und kostete, desto grösser wurden meine Fragen. Und ich fand keine Antworten! Alles, was ich fand, waren andere aufgewühlte, verwirrte und verletzte Menschen, die selber auf der Suche nach Antworten waren. Mit leeren Händen und desillusioniert kehrte ich nach Israel zurück.

Eine kurze Zeit der Geschäftstätigkeit in der Firma meines Vaters erwies sich, obwohl lukrativ, doch als unbefriedigend und verfrüht. Wieder verliess ich Israel, dieses Mal für das Studium. Obwohl Israel einige der besten Institutionen für höhere Bildung bietet, fühlte ich, dass ich hinausgehen musste. Die Vorsehung brachte mich nach Phoenix, Arizona, wo ich mich in das Business College an der Arizona State University einschrieb. Auch wenn es einige natürliche Gründe für die Wahl dieser Stadt gab, wird der wahre Grund wohl immer vor meinem Verständnis verborgen bleiben.

Nach dem anfänglichen kulturellen, sozialen und sprachlichen Schock begann ich, in die Subkultur des Studentenlebens einzutauchen. Dieser «grosse, dunkle Fremde» begann seinen Weg durch das Labyrinth der Verwirrung, Perversion und Gesetzlosigkeit des amerikanischen College-Lebensstils zu finden. Da mir das Studium auf Grund des hohen Standards des israelischen Ausbildungssystems, das ich gewohnt war, leicht fiel, hatte ich jede Menge Zeit, in Schwierigkeiten zu geraten.

Während ich den Anschein erweckte, erfolgreich zu sein, verkam mein inneres Leben schnell! Die Abwärtsspirale des lockeren Lebens begann mich zu erfassen, als ich all die Prinzipien des Lebens, der Vernunft und des Verstandes, die ich einst geschätzt hatte, eines nach dem anderen verlor. Ich erinnere mich an eine Zeit, als ich mich nicht mehr länger im Spiegel ansehen konnte. Auch wenn es mir gelang, jedem um mich herum etwas vorzumachen und die ganze Welt zu täuschen, konnte ich mir selber nicht mehr in die Augen schauen! Tief unten, unter all meinem korrupten Fleisch, glühten ehrliche Scham und Reue in der Dunkelheit meiner Seele wie erlöschende Kohlen unter der Asche meines Lebens. Verzweifelt, wie ich jetzt war, das Herz desillusioniert von den Freuden dieser Welt, war ich nun bereit! Und in dieses schwere Herz kam nun das Wort Gottes hinein!

Tatsächlich hatte Gott bereits drei Jahre vorher versucht, zu mir zu sprechen, als ich mit Tausenden von anderen desillusionierten, verlorenen und verletzten Seelen in den Strassen von New Orleans am Mardi Gras eine Party feierte. Ein Strassenprediger entdeckte mich und fing an, mir in aller Liebe das Evangelium zu erzählen. Er entdeckte schnell, dass ich aus Israel kam, und mit der übereifrigen Reaktion von jemandem, der Israel und das Volk der Juden liebt, fiel er mir um den Hals, drückte und küsste mich, als wenn er einen vor langer Zeit verlorenen Bruder gefunden hätte.

Das war zuviel! Auch wenn ich sein «geistliches Gerede» spottend hätte ertragen können, hatte ich keinen Sinn für das Drücken und Küssen. Ich stiess ihn von mir und ging davon. Indem ich ihn an jenem Tag ablehnte, lehnte ich den ausgestreckten Arm Gottes ab. So blieb ich in meinem Seelenzustand, bis ich mich drei Jahre später in Phoenix, Arizona, wiederfand.

«Ein Jude, Herr; ein Jude für Dein Königreich ...»

Eine göttliche Verabredung führte mich in eine «übernatürliche» Freundschaft mit einem Mann, den ich sonst nie getroffen hätte. Unsere Beziehung war geschäftlich, denn ich gab ihm Privatunterricht in der hebräischen Sprache. Das war eine meiner Nebenbeschäftigungen.

Es dauerte nicht lange, bis ich merkte, dass ich es mit einer einzigartigen Person zu tun hatte. Nach aussen war er ein durchschnittlicher Mittelamerikaner, innerlich aber war Frank ganz anders. Bereits nach ein paar wenigen Hebräischstunden dämmerte mir, dass er kein Jude war! Tatsächlich waren alle anderen Hebräischstudenten sehr jüdisch. Einen blauäugigen, blondhaarigen Hebräischstudenten schottischer Abstammung zu haben, war äusserst ungewöhnlich!

Dieser Christ verstand Gottes Plan für das jüdische Volk. Durch Offenbarung wusste er, dass es an der Zeit war, den Vorhang vor vielen jüdischen Augen zu öffnen und eine Ernte jüdischer Seelen in die Scheunen Gottes einzufahren. Dennoch fing er nicht an, eine messianische Gemeinde zu gründen. Er baute auch keine Judenmission auf. Er fing an zu beten!

Jahrelang sandte er folgendes Gebet zum Herrn: *«Ein Jude, Herr; ein Jude für Dein Königreich. Bewahre ihn, Herr. Schütze ihn und bringe ihn zu mir; bereite ihn auf Dein Wort vor. Ein Jude, Herr.»* Tatsächlich war mein Freund so versessen darauf, diesen einen Juden, für den er so lange gebetet hatte, zu finden, dass er nichts riskieren wollte. Er gelobte dem Herrn, kein geistliches Gespräch mit mir anzufangen, bevor der Herr ihm nicht bewies, dass ich dieser Mann sei. Und so betete er weiter und sagte: «Wenn dies der Mann ist, wenn Du ihn an meine Tür gebracht hast (was der Herr wirklich getan hat), dann lass ihn die richtigen Fragen stellen. Beweise mir, dass er der Mann ist.»

Und natürlich dauerte es nicht lange, bis ich anfing zu fragen. «Wie kommt es, dass du, ein blonder, blauäugiger ‹Heide›, das Verlangen hast, die hebräische Sprache zu lernen?» Auf diese Frage gab mein neugewonnener Freund zur Antwort: «Es ist mein Herzenswunsch, die Bibel in der originalen hebräischen Sprache lesen zu können.» Auf diese Antwort hin lachte ich so heftig, dass sich meine Augen mit Tränen füllten. «Die Bibel? Warum möchtest du die Bibel auf Hebräisch lesen? Was steht da Besonderes drin?»

Ich dachte, ich würde den Inhalt der Bibel kennen. Immerhin studierten wir in Israel dieses Buch über viele Jahre, sowohl in der Grund- als auch in der Oberschule. Ich war mir sicher, dass es in diesem Buch nichts anderes gab als alte Legenden und nationale Mythen; die jüdische Antwort auf die griechische Mythologie! Der Gott der Bibel schien mir sehr unpersönlich und weit weg zu sein. Die berichteten Wunder waren für mich nichts weiter als natürliche Phänomene, die wissenschaftlich erklärt und reproduziert werden konnten. Die Propheten, Könige und Krieger waren lediglich charismatische Persönlichkeiten, und der Standard von Moral und Heiligkeit war nicht mehr als jüdische Einzigartigkeit angesichts des universalen Heidentums. «Was steht also Besonderes in der Bibel?» fragte ich.

Dieses Mal provozierte seine Antwort weder Gelächter noch Spott auf meinen Lippen. «In der Bibel», sagte er, «finde ich Erkenntnis über den *lebendigen Gott!*» Vierundzwanzig Jahre der Suche, der Frustration, der Beinahe-Verzweiflung kamen zu einem quietschenden Halt! Der lebendige Gott? Gibt es einen lebendigen Gott? Kann Er für mich lebendig sein?

Ich brauche wohl nicht zu erwähnen, dass mein Leben von jenem Moment an nicht mehr das gleiche war. Unsere Treffen am Dienstag- und Donnerstagabend, die eigentlich um zehn Uhr hätten enden sollen, erstreckten sich bis tief in die Nächte, während wir gemeinsam in der Schrift forschten. Wir studierten den Schöpfungsbericht, die Patriarchen, den Auszug aus Ägypten, die Richter, die Könige und die Propheten. Wir schauten uns Themen an wie Leben und Tod, Himmel und Hölle, Segen und Fluch und lernten dabei über den verheissenen Messias. Da diese Studien ganz grundlegend waren, wurde meine Seele Stück für Stück gereinigt, und mein Herz kletterte durch das Wort Gottes Zentimeter für Zentimeter höher.

Das Leben in der Welt wurde schlimmer als jemals zuvor, da die Konflikte und Frustrationen zunahmen. Meine innere Realität wurde von Tag zu Tag verändert und umgeformt. Ich war nicht mehr länger ein «guter Sünder». Ich wurde ein «elender Sünder», da ich zunehmende Sündenerkenntnis erfuhr. Die Offenbarung des lebendigen Gottes rückte immer näher, wurde klarer und offenbarte all die kleinen Götter, die mich versklavt hatten. Sie schrien, machten Terror, rissen an meinem verrotteten Fleisch und versuchten, mich in ihren Fallen gefangen zu halten – allerdings ohne Erfolg! Es war Jesus selber, der Seinen Nachfolgern verheissen hat: *«Niemand wird sie meiner Hand entreissen. Mein Vater, der sie mir gab, ist grösser als alle, und niemand kann sie der Hand meines Vaters entreissen. Ich und der Vater sind eins.»* (Joh. 10,28–30). Obschon ich diese Verheissung zu jener Zeit nicht kannte, wurde ich doch auf ihren Flügeln getragen.

Es vergingen weitere Wochen, in denen wir das Wort studierten, und ich gewann die Einsicht, dass ich nicht in beiden Welten leben konnte, ohne den Verstand zu verlieren. Meine Studien am College verblassten zu einem unbedeutenden Klecks nutzloser geistiger Gymnastik, meine Freunde schienen immer mehr Feinde zu sein, und die Welt selber legte sich wie eine dunkle, erdrückende Wolke über mich. Der einzige Ausweg führte durch jenes enge Tor, durch welches ich bereits Licht scheinen sah. Obwohl weit entfernt und schwach, war dieses Licht dennoch real. Sehr schnell wurde es zum einzigen Licht für mich.

Zwar wusste ich weder, wer Gott war, noch war ich mit Seinen Wegen vertraut, aber eines wusste ich – ich musste Ihn finden! Frustriert und getrieben von den sich verschlechternden Umständen meines Lebens sagte ich zu meinem gottgesandten Freund: «Wenn es einen Gott gibt, wenn Er lebt und Sich um mich kümmert und an mir interessiert ist, wenn Er wirklich für all meine Sünden und mein Versagen bezahlt hat, dann möchte ich nicht nur über Ihn lesen oder von Ihm hören – ich muss Ihn kennenlernen!»

Mein Freund, der das Wirken des Geistes in meinem Herzen verstand, sagte einfach: «Geh beten: Suche Sein Angesicht.» Diese so einfache Aufforderung offenbarte eine völlig unterentwickelte Seite meiner Seele. Beten? Gott suchen? Wie macht man das? Spricht Gott Hebräisch oder Englisch? Muss ich knien oder stehen? Wird Er mich ohrfeigen, wenn ich die falschen Worte gebrauche? Hört Er überhaupt zu? Ist Er da?

Kampf mit Gott

Mit diesen und noch weiteren Fragen begann eine Zeit der intensiven Suche nach Gott. Spätabends, wenn ich meine tägliche Routine der Schule, der Arbeit, des sozialen Lebens und des Joggens abgeschlossen hatte, begann ich, mit Gott zu reden. Ganz allein im hohen Gras im Garten hinter dem Haus kniend begann ich, diesen geheimnisvollen, unsichtbaren Gott anzurufen. Ich war nicht sicher, ob Er da war. Ich war nicht sicher, ob Er zuhörte. Aber ich musste Ihn finden.

Da ich mich auf keinerlei religiöse Erziehung oder irgendwelche Traditionen stützen konnte, musste ich mir rasch meine eigenen schaffen. Ich überlegte mir, dass Gott alles wissen musste, da Er ja alles geschaffen hatte. Darum fing ich an, Ihm Fragen zu stellen. Schwierige Fragen. Wenn Er Sich mir wirklich offenbaren wollte, konnte Er dies sicherlich dadurch tun, dass Er mir jene Antworten gab, die ich nirgendwo sonst hätte finden können. Dann hätte ich den Beweis Seiner Existenz gehabt.

Und so fragte ich. Viele Fragen gingen mir in jenen langen Nächten über die Lippen; Fragen zur Geschichte der Welt und des Universums; Fragen über das gegenwärtige Zeitalter, seine philosophischen Fundamente, seine Tragödien; Fragen über mich, über meine Familie, meine Freunde und andere ausweglose Realitäten, die meine Seele erstickten.

Stunde um Stunde, Nacht um Nacht schüttete ich mein Herz aus. Aber die Himmel blieben stumm. Gott sandte keine Botschaft, beauftragte keinen Engel, äusserte kein einziges Wort. Er blieb in ferne, stille Gewänder gehüllt. Was ich laut und deutlich vernahm, war die Stimme des Feindes. Der Ankläger der Brüder goss andauernd seine Anklagen und Lügen über mich aus und versuchte, meine Seele mit Entmutigung und Verwirrung zu überfluten. Seine Einflüsterungen hätte man fast akustisch aufnehmen können, als er mir einredete: «Hör auf zu beten! Schweige! Niemand liebt dich! Niemand hört dir zu! Niemand wird dir deine dummen Fragen beantworten! Geh nach Hause! Geh zurück in dein warmes Bett, bevor dich die Nachbarn hören und dich für verrückt erklären und nach Israel zurückschicken! Hör auf zu beten! Da draussen gibt es niemanden!»

Wie es das Ziel aller Anklagen und Lügen ist, begannen diese, eine dicke, dunkle Barriere um meinen Verstand zu legen, die ich durchbrechen musste. Und ich tat es – nicht weil ich besonders gut oder klug war, sondern weil ich so verzweifelt war! Zum ersten Mal in meinem Leben lernte ich etwas kennen, das solide und sicher war. Zum ersten Mal fand ich ein Fundament, auf dem ich möglicherweise mein Leben aufbauen konnte, und dies wollte ich nicht leichtfertig aufgeben. Wenn es einen so wunderbaren und überwältigenden Gott gab, wie die Schrift Ihn beschrieb, musste ich Ihn finden. Wenn Er wirklich existieren sollte, würde mein Leben Ihm gehören. Wenn

Er nur eine Täuschung wäre, würde ich in die Welt zurückgehen und dort wie der Teufel leben, da ja ohnehin alles egal wäre.

Bis hierher ging meine Fragerei an Gott. Zu einer sehr späten Stunde in einer dieser Nächte des Suchens kam ich an mein Ende; ich hatte keine Fragen mehr zu stellen, keine Geheimnisse mehr zu enträtseln – und immer noch war der Himmel stumm. In dieser absoluten Stille, in dieser grossen Leere von Verstand und Seele, machte ich eine Riesenentdeckung. Es dämmerte mir, dass ich den lebendigen Gott genau so gesucht hatte, wie ein orthodoxer Jude es tun würde, obwohl ich nicht in einer orthodoxen Familie aufgewachsen war.

In meinem Herzen überlegte ich mir folgendes: Wenn ich beweisen könnte, dass Gott existiert, der Gott Israels, der Schöpfer von Himmel und Erde, der einzige und alleinige Gott – nur dann, nachdem ich Ihn gefunden hätte, würde ich mich mit Jesus beschäftigen. Erst nachdem ich mit dem Vater in Kontakt getreten wäre, hätte ich die Ansprüche des Sohnes näher angeschaut. Aber Gott, der unser Herz ansieht und Sich nicht von unseren vielen Worten beeinflussen lässt, hat nicht einmal in meine Richtung «gewinkt»! Solange ich nicht anerkannte, dass ich einen Retter brauchte, schwieg Gott! Ich erlebte genau das, was die Schrift beschreibt: *«Wer leugnet, dass Jesus der Sohn ist, hat auch den Vater nicht; wer bekennt, dass er der Sohn ist, hat auch den Vater.»* (1. Joh. 2,23).

Gefangen!

Ganz allein zu jener späten Nachtstunde, jener späten Stunde meines Lebens, weit weg von zuhause, überschlug ich die Kosten. Tatsächlich ist Jesus ein gewaltiger Stolperstein für einen Juden. Der Vorhang über unseren Herzen ist wirklich dick, und er ist durch die tragischen Greueltaten, die wir jahrhundertelang von Christen erlitten haben, noch dicker geworden. Aber jetzt wusste ich, dass ich einen Retter brauchte. Nun begann ich zu verstehen, dass es ohne einen Retter keinen Weg gibt, um mit dem Vater versöhnt zu werden.

So stellte ich die letzte Frage, die ich in meiner Seele fand – jene Frage, die tief unter dem Haufen von geistigem und philosophischem Müll, der zuerst ausgespuckt werden musste, verborgen lag. Ganz tief aus mir heraus strömte ein Schrei, der den Himmel erreichte. Er kam nicht aus einem berechnenden und manipulierenden Verstand, sondern er wurde aus einer riesigen Not, einer tiefen Überzeugung und aus einem starken Verlangen nach dem lebendigen, liebenden Gott geboren. Ich konnte dieser letzten Frage nicht mehr länger ausweichen: *«Brauche ich Ihn? Brauche ich den Nazarener, um zu Dir zu kommen?»* Diese Frage kam mit echter Wut und Frustration. Ich fühlte mich von Gott aufs Korn genommen. Gefangen zwischen meiner Not und Seiner Liebe hatte ich keinen Ausweg mehr.

Jetzt antwortete Gott! Aus dem Himmel kam ein Pfeil der Offenbarung, der die Dunkelheit der Nacht, der Welt und meiner Seele durchbohrte. Sein Wort erweckte meinen Geist mit einem Feuer der Wahrheit, als Er sprach: *«Ja»* und *«Amen! Du brauchst den Nazarener!»*

Zum ersten Mal in meinem Leben hörte ich Gott bewusst. Der Klang Seines Wortes war so klar und laut, dass selbst dann, wenn es hörbar gekommen wäre, dies keine Bedeutung gehabt hätte im Vergleich zu dem Donner, den es in meinem Geist auslöste. Und so blieb ich dort kniend in meinem Garten hinter dem Haus und trank das Leben und den Nektar Seines Wortes.

Ich war nicht «im Geist erschlagen», auch sah ich keine Legion von Engeln, die über meinem Kopf tanzten und feierten. Ich blieb ganz ruhig und war mir Seiner Gegenwart bewusst. Ich lauschte auf das Echo Seiner Stimme, die durch die Kammern meines Herzens tönte und mich wusch, reinigte und heilte, während sie meine Seele durchdrang.

Es dauerte einige Zeit, bis ich aufstand und in meine Wohnung zurückging. Zu meinem Erstaunen überkamen mich ein völlig neues Gefühl und eine völlig neue Wahrnehmung. Ich erinnere mich, dass ich zu mir sagte: «Reuven, du bist anders geworden. Du musst wieder neu mit dir vertraut werden.» Obwohl ich kein intellektuelles Wissen über die Lehre der Wiedergeburt hatte, war ich einfach geistlich «neu geboren», als der Same des Himmels in mein Herz gepflanzt worden war. Damals kannte ich auch 1. Korinther 1,20 noch nicht, wo es heisst, dass alle Verheissungen Gottes für uns *«ja»* sind in Christus, und dass auch unser *«Amen»* Gott gegenüber ebenfalls in Christus ist. Dies waren die «Rhema-Worte», die Gott in jener Nacht zu meinem Geist sprach, um Jesus als Mittler zwischen den Vater und mich zu stellen. *Ja und Amen! Du brauchst den Nazarener!*

Das Leben nahm eine radikale Wende. Sofort wurde ich in die herrlichste, aber auch in die schmerzlichste Zeit meines Lebens geworfen, in der mein *«Ego»* in vieler Hinsicht gekreuzigt wurde und eine «neue Schöpfung» geboren wurde. Freunde und Beziehungen verschwanden aus meinem Leben; Brücken wurden über Nacht abgebrochen. Schnell, ja fast gewaltsam wurden mir die weltlichen Kleider ausgezogen und liebevoll die himmlischen angezogen. Die Beschneidung durch Christus, die ohne menschliche Hände geschieht, ging mitten durch mein innerstes Wesen. Neue Menschen erschienen in meinem Leben – nicht diejenigen, die ich mir auswählte – sondern diejenigen, die der Vater für mich aussuchte. Nach sechs Monaten solch wunderbaren und schrecklichen Handelns kam das Wort Gottes erneut zu mir und sagte: «Geh nach Hause, mein Sohn. Du bist nun bereit!»

Rückkehr auf alte Schlachtfelder

Es wurde Zeit, nach Israel zurückzukehren. Ich wusste, dass Gott noch lange nicht fertig war mit dem Prozess der Reifung und Heiligung meiner Seele. Er brachte mich lediglich an einen Ort, an dem ich den Kelch der geistlichen Angriffe und Prüfungen trinken konnte, die bald auf mich zukommen sollten. Und genau so kam es.

Meine Familie, meine Freunde und meine Kameraden von der Armee schienen vom Himmel den Auftrag erhalten zu haben, meinen Glauben, meine Liebe und meine Hoffnung auf die Probe zu stellen. Während der nun folgenden Jahre musste ich ständig Ablehnung, Misstrauen und Isolation von denen erdulden, die ich am meisten liebte. Rabbinische «Truppen» wurden mit der Absicht zu mir geschickt, meinen neu gefundenen Glauben zu zerstören, die Realität des auferstandenen Messias zu untergraben und meine Seele umzuprogrammieren! Dies waren Jahre süssen Leidens, in denen nur die Nähe des Herrn mein Herz davor bewahrte, zu zerbrechen.

Als ein Gegengewicht zu diesen Kämpfen erlebte ich gleichzeitig die wertvolle Gemeinschaft mit jungen Gläubigen; fast alle von ihnen waren «Erstlingsfrüchte» wie ich selber, die sich trafen, um die Berufung des Herrn zu hören und ihr zu gehorchen. Wir hatten sehr wenige Lehrer und Traditionen, auf die wir uns hätten stützen können. Wir waren die Generation, die den Beginn der Wiederherstellung einer lebendigen, liebenden Gemeinde im Rahmen des wiedererstandenen Landes Israel sehen durfte, nachdem es über Jahrhunderte hinweg keine solche gegeben hatte.

Liebe und Glaube, die mächtiger sind als Hass und Furcht, siegten. Innerhalb weniger Jahre des Kampfes und des intensiven Gebetes wurde meine ganze Familie von der Liebe Gottes aufgetaut und begann, Seinem Wort immer mehr Beachtung zu schenken. Der Geist Gottes wirkte immer tiefer, während in ihren Herzen Glaube und Hoffnung miteinander hochstiegen. Als Antwort auf Gottes rettende Gnade und Seine Gegenwart stehen sie heute alle an verschiedenen Orten. Während diese Schlachten geschlagen wurden, entfaltete sich auch gleichzeitig der Plan und das Ziel Gottes für mein Leben.

Es folgten Jahre der Reifung und des Dienstes, in denen ich auf verschiedene Art und Weise dem wachsenden Leib des Messias in Israel diente. Wir hatten das Vorrecht, die Entstehung von Gemeinden über das ganze Land verteilt zu sehen und daran beteiligt zu sein. Diese Gemeinden haben es sich zur Aufgabe gemacht, landesweite Zusammenkünfte von Gläubigen zu veranstalten und Einheit unter der geistlichen Leiterschaft des Landes zu schaffen. Wir entdeckten und brachten die ewige Wahrheit neu zur Geltung, dass die Gemeinde Jesu nicht nur im Land Israel entstanden ist, sondern am Ende der Zeit dort auch auf herrliche Weise zu neuem Leben kommen und vollendet werden wird.

Während wir gegenwärtig für eine bestimmte Zeit in den Vereinigten Staaten dienen, glauben wir weiterhin, dass Israel durch die Gebete, das Opfer und die Liebe der Christen zu seiner geistlichen Erfüllung gelangen wird, und dafür arbeiten wir auch. Die Gemeinde wiederum wird nicht zu ihrer Vollendung kommen ohne die geistliche Wiedergeburt und Wiederherstellung der natürlichen Zweige an Gottes einem Ölbaum (vgl. Röm. 11,24).

II

Die Geschichte einer Nation

Kapitel 7
Die Erste der Nationen

Die Nation Israel erschien auf der Bühne der Menschheit als Folge des verheerenden menschlichen Versuchs, Gott durch den Turmbau von Babel zu entthronen. Hier vereinigte sich die gesamte Menschheit in einer gemeinsamen Verschwörung gegen Gott – und zwar in dem Versuch, durch eigene Anstrengung Göttlichkeit zu erlangen. Durch das Urteil Gottes zerstreute sich die Familie der Menschheit in verschiedene Richtungen. Von nun an sprachen sie verschiedene Sprachen, entwickelten unterschiedliche Kulturen und splitterten sich in exklusive, untereinander verfeindete ethnische Gruppen auf. Aber schon war Gott dabei, das Heilmittel dagegen vorzubereiten!

Abraham, von dem die Nation Israel abstammte, wurde nun für die Pläne Gottes berufen und rückte in den Mittelpunkt Seines Interesses. Aus ihm und den anderen Patriarchen wurde eine Nation geboren, die nicht – wie alle anderen Nationen – eine Folge des göttlichen Gerichtes war und die auch nicht durch die Initiative von Menschen entstand. Durch diese eine Nation sollte Gottes Heilmittel gegen die Krankheit der Menschheit kommen.

Und obschon es im Herzen Gottes einen liebevollen und gnädigen Plan für alle Nationen gab, war Israel doch die erste Nation: die erste, die Glaube und Gehorsam lernen sollte; die erste, die gemeinsame Anbetung erleben sollte; die erste, für welche Gott die Kriege führen würde; die erste, die unter prophetischer Führung und Leitung stehen sollte; die erste, die gezüchtigt und erzogen werden sollte; die erste, die

die Tore ihrer Feinde besetzen sollte; und die erste, in die Gottes grosse Gnade und unerschöpfliche Liebe hineingegossen werden sollte.

Den Juden wurde als ersten die Offenbarung Gottes und des kommenden Messias gewährt. Den Juden wurden als ersten die Prinzipien und Gebote von Gottes Königsherrschaft in praktischer Art und Weise anvertraut. Dieses heilige Königreich und seine moralischen Prinzipien konnten nun auf der ganzen Erde aufgerichtet werden. Und obwohl diese Prinzipien nur einen Schatten der Wirklichkeit darstellen, beeinflussen und leiten sie die Entwicklung aller Kinder Gottes und zielen auf den letzten Höhepunkt hin: die Menschwerdung des Sohnes Gottes.

Über mehr als zweitausend Jahre war die jüdische Nation die einzige, die Gottes Geboten, Seinen Propheten, Seiner Erziehung und Seiner Barmherzigkeit unterstellt war. Aus den Erzählungen des Alten Testaments können wir erkennen, dass das Handeln Gottes an den anderen Nationen immer im Zusammenhang mit Seinen Absichten stand, Seine erstgeborene Nation entweder zu züchtigen oder zu belohnen. Denken wir nur an Kyrus, der von Gott sehr gesegnet war, und der bei der Rückkehr der Juden aus Babylon eine wichtige Rolle spielte. Über ihn sagt die Schrift: *«Um meines Knechtes Jakob willen, um Israels, meines Erwählten, willen habe ich dich bei deinem Namen gerufen; ich habe dir einen Ehrennamen gegeben, ohne dass du mich kanntest.»* (Jes. 45,4).

Wir wissen, dass Gott Liebe ist, und dass Seine Gnade schon während dieser ganzen Zeit des besonderen Umgangs mit Israel zweifellos auch der verlorenen Menge der Menschheit galt; wie geschrieben steht: *«Der Herr ist gütig zu allen, sein Erbarmen waltet über all seinen Werken.»* (Ps. 145,9).

Dennoch können wir nicht leugnen, mit welch eindeutiger Klarheit der biblische Bericht Israels besondere Stellung vor Gott bezeugt. So schreibt der Apostel, inspiriert vom Heiligen Geist: *«Sie sind Israeliten; damit haben sie die Sohnschaft, die Herrlichkeit, die Bundesordnungen, ihnen ist das Gesetz gegeben, der Gottesdienst und die Verheissungen, sie haben die Väter, und dem Fleisch nach entstammt ihnen der Christus, der über allem als Gott steht, er ist gepriesen in Ewigkeit. Amen.»* (Röm. 9,4.5).

Kann Paulus dies alles wirklich so gemeint haben? Waren all diese starken Aussagen nötig? Ja, während wir anerkennen, dass die jüdische Nation – historisch gesehen – in den Augen Gottes die erste Nation war, geht Paulus noch viel weiter: Gemäss seiner ausdrücklichen Erklärung gehören den Juden die Sohnschaft, die Herrlichkeit, die Bundesordnungen (alt und neu), der Gottesdienst und die Verheissungen. Die Sprache, die er dabei verwendet, steht in der Zeitform der Gegenwart und legt absolut nicht nahe, dass es sich um etwas Vergangenes handelt, das endgültig vorbei ist. Somit liegt tief in der alten jüdischen Nation ein wunderbarer Same eingebettet, der noch ein letztes Mal aufspriessen und blühen muss.

Den Juden zuerst

So lautet das Bekenntnis des Apostels: *«Ich schäme mich des Evangeliums nicht: Es ist eine Kraft Gottes, die jeden rettet, der glaubt, zuerst den Juden, aber ebenso den Griechen.»* (Röm. 1,16).

Wenn wir diesen vielzitierten Vers betrachten, werden wir an eine wichtige Tatsache erinnert und mit derselben konfrontiert: Nach der Schrift gibt es eine bestimmte Reihenfolge in Gottes Handeln mit den Menschen, während Er sie – Zeitalter für Zeitalter – immer näher zu Sich zieht. Besonders im Blick auf das Kommen des Sohnes Gottes und der Verbreitung des Evangeliums ist die Bibel sehr klar: Sie gelten den Juden zuerst.

Aber in welcher Beziehung kommen nun die Juden zuerst? Als erste in der Reihe? Oder als Erstgeborene? Zeitlich oder rangmässig zuerst? Und in welcher Beziehung kommen die Juden bei einem Gott zuerst, der von Sich selber bezeugt, dass es bei Ihm kein Ansehen der Person gibt? Wie kann überhaupt ein Volk anderen vorgezogen werden angesichts eines Gottes, der sagt: *«Alles Sterbliche (Fleisch) ist wie Gras, und all seine Schönheit ist wie die Blume auf dem Feld ... Das Gras verdorrt, die Blume verwelkt, doch das Wort unseres Gottes bleibt in Ewigkeit.»* (Jes. 40,6–8). Tatsächlich ist alles Fleisch wie Gras – vorübergehend, zerbrechlich, vergänglich.

Das Fleisch allein, d.h. der irdische und fleischliche Aspekt unseres Wesens, hat keinen Wert in sich. Es besitzt keinerlei Tugend und hat auch keinerlei Verheissungen für unsere Zukunft mit Gott. *«Alles»* Fleisch wird vergehen – abgesehen von der Kraft des *«Wortes unseres Gottes»*, das in unser Leben eingepflanzt wurde, um uns zu reinigen, zu heiligen und zu erneuern. Da wir kein Vertrauen in unser Fleisch und in dessen Stolz setzen können, richten wir unseren Blick auf die Verheissung Gottes und seines Wortes.

Dennoch: Wir müssen uns weiter mit Gottes Aussage: *«den Juden zuerst»* auseinander setzen und sie verstehen. Dazu lesen wir als zweites Zeugnis: *«Not und Bedrängnis wird jeden Menschen treffen, der das Böse tut, zuerst den Juden, aber ebenso den Griechen.»* (Röm. 2,9). Die Schrift bezeugt also, dass die Juden nicht nur darin *«zuerst»* waren, was das Evangelium und seine rettende Kraft angeht, sondern auch zuerst im Blick auf Not und Bedrängnis. Von Gottes Gesichtspunkt aus erscheinen die Juden in beiderlei Hinsicht als erste: bei Segen und Fluch.

Weiter schreibt Paulus im Römerbrief: *«Herrlichkeit, Ehre und Friede werden jedem zuteil, der das Gute tut, zuerst dem Juden, aber ebenso dem Griechen.»* (Röm. 2,10). Aus diesem Zusammenhang wird klar, dass die jüdische Auszeichnung nicht in grösserer Wichtigkeit wurzelt, nicht in einem höheren Status oder einer günstigeren Position, sondern sie entspringt direkt aus der einfachen Ordnung und Entfaltung von Gottes Handeln mit den Menschen.

In der Bibel erkennen wir das Wirken Gottes mit der jüdischen Nation als ein vorauslaufendes, vorbereitendes Wirken unter allen Völkern. Man könnte daher das *«dem Juden zuerst»* einfach in einem chronologischen Sinn verstehen, der sowohl historisch überprüfbar als auch biblisch korrekt ist.

Aber dennoch müssen wir in unseren Herzen auch der Tatsache Raum geben, dass Israel die erstgeborene unter den Nationen ist, eine Position, die von niemand anderem beansprucht werden kann. Dabei war – biblisch gesehen – der Erstgeborene einer Familie nicht nur bevorzugt vor allen anderen Brüdern; er trug auch eine schwerere Last und Verantwortung.

Im Zusammenhang mit der Gerichtsprophetie des Amos gegen das Volk Israel sehen wir, dass Gottes Anklage gegen das Volk genau von dieser Voraussetzung ausgeht: *«Nur euch habe Ich erwählt aus allen Stämmen der Erde; darum ziehe Ich euch zur Rechenschaft für alle eure Vergehen.»* (Am. 3,2).

Diese Einzigartigkeit und dieser Vorrang von Berufung und Bestimmung begegnet uns auch wieder in der Prophetie Jeremias. Hier spricht der Herr von der Wiederherstellung und der Rückführung Israels, wenn er sagt: *«Ich führe sie an wasserführende Bäche, auf einen ebenen Weg, wo sie nicht strauchteln. Denn Ich bin Israels Vater, und Efraim ist Mein erstgeborener Sohn.»* (Jer. 31,9). Wir müssen ganz einfach den göttlichen Ratschluss demütig anerkennen: Israel, die jüdische Nation, ist Gottes erstgeborene unter den Völkern.

Israels Berufung

Sowohl die nationale Existenz Israels als auch seine Berufung finden ihren Ursprung in 1. Mose 12: *«Der Herr sprach zu Abram: Zieh weg aus deinem Land, von deiner Verwandtschaft und aus deinem Vaterhaus in das Land, das Ich dir zeigen werde. Ich werde dich zu einem grossen Volk machen, dich segnen und deinen Namen gross machen. Ein Segen sollst du sein. Ich will segnen, die dich segnen; wer dich verwünscht, den will Ich verfluchen. Durch dich sollen alle Geschlechter der Erde Segen erlangen.»* (Gen. 12,1–3).

Während Abraham in diesem Bund eine passive Rolle zu spielen scheint, übernimmt Gott die volle Verantwortung für die Erfüllung dieser Verheissungen. Immer wieder sagt der Herr: *«Ich will machen ... Ich will segnen ... Ich will verfluchen.»* Es handelt sich um Seine Initiative, um Seinen Plan; und Er verpflichtet sich, diese Verheissungen zugunsten aller Geschlechter auf der Erde zu erfüllen! Die Nation, die von Abraham abstammen sollte, und von der in der Bibel prophetisch gesprochen wird, sollte eine globale Berufung tragen. Israel sollte nicht nur *«eine grosse Nation»* mit einer geographisch eingegrenzten Bestimmung sein, sondern vielmehr *«sollst du ein Segen sein ... und durch dich sollen alle Geschlechter der Erde Segen erlangen».* Im Neuen Testament finden wir in diesem Zusammenhang dann folgende Offenbarung: *«Da die Schrift vorhersah, dass Gott die Heiden aufgrund des Glaubens gerecht macht, hat sie dem Abraham im voraus verkündet: Durch dich sollen alle Völker Segen erlangen. Also gehören alle, die glauben, zu dem glaubenden Abraham und werden wie er gesegnet.»* (Gal. 3,8.9). Die Schrift bezeugt hier nicht nur, dass diese «gute Botschaft», die Offenbarung des «Evangeliums», Abraham vermittelt wurde, sondern auch, dass Gott ihn erwählte, veränderte und ausrüstete, damit er selber wiederum ein Segen für alle Nationen der Welt sein könnte.

Gottes Vorsatz war nie auf eine einzige Nation beschränkt, und Israel wurde auch nicht dazu erwählt, einziger Empfänger Seiner Segnungen zu sein. *«Denn Abraham und seine Nachkommen erhielten nicht aufgrund des Gesetzes die Verheissung, ERBEN DER WELT zu sein, sondern aufgrund der Glaubensgerechtigkeit.»* (Röm. 4,13). Das, was in Abrahams Leib und Geist hineingelegt worden war, galt nicht nur ihm oder der Nation, die er hervorbringen sollte, und es war auch nicht auf ein kleines Stück Land im Nahen Osten beschränkt. Die Bibel bezeugt, dass er «der Erbe der Welt» werden sollte! Das, was Gott in dieser einen Nation anfing, sollte auf andere Nationen überfliessen und – nach Gottes Plan – weltweit Segen und Heilung bringen.

Schliesslich gibt uns David ein weiteres Zeugnis für diese nationale Berufung, wenn er betet: *«Gott sei uns gnädig und segne uns. Er lasse über uns Sein Angesicht leuchten, DAMIT auf Erden Sein Weg erkannt wird und unter allen Völkern sein Heil.»* (Ps. 67,2.3). In diesem priesterlichen Gebet beweist David – viel tiefer als sonst in seiner Generation – tiefe Einsicht in Israels Bestimmung, seine Existenz und sein Gesegnetsein. Er erkennt, dass Gottes Gnade und Segen über Israel liegen, damit alle Völker sein Heil erfahren können! Und noch einmal betet David: *«Es segne uns Gott, DAMIT alle Welt Ihn fürchte.»* (Ps. 67,8).

Israel wurde weder um seiner selbst willen berufen, noch gehört es sich selber. Es wurde von Anfang an für Gottes eigene Pläne geboren, aufgezogen und geprägt. Mit dieser ersten der Nationen konkretisierte Gott der Herr Seinen Erlösungsplan für die ganze Menschheit und setzte ihn in Gang.

KAPITEL 8
ISRAELS DILEMMA

Die Berufung, die auf Israels Schultern lag, war ebenso gross wie seine Unfähigkeit, ihr zu folgen. Das ganze Alte Testament stellt die Spannung zwischen dem göttlichen Ruf und der mangelnden Eignung des irdischen Gefässes dar. Als die neu entstandene Nation auf dem Weg von Ägypten in das verheissene Land war, musste sich ihre Seele einer Veränderung unterziehen. Die Israeliten waren zu jenem Zeitpunkt noch immer eine Nation von ehemaligen Sklaven! Die Erinnerung an das Peitschengeknalle des Pharao über ihren Köpfen war noch frisch, und die grausame Unterdrückung durch die Ägypter überschattete noch ihren Geist. Auf Grund dieser Sklavenmentalität waren noch viele ihrer Prioritäten und Motive verwirrt und durcheinander. Die Folge war eine massive Identitätskrise, als die Hebräer weiter in die Wüste vordrangen. Sie hatten weder eine klare Vorstellung davon, wer sie in Gottes Augen waren oder wer Gott selber in Beziehung zu ihnen war, noch verstanden sie die Absichten Gottes, die hinter ihren täglichen Nöten verborgen lagen.

Mit der Zunahme der Schwierigkeiten wuchs auch ihre Frustration. Die äussere Wüste offenbarte immer tiefer den inneren Zustand ihrer Herzen. Und obwohl sie das wunderbare Eingreifen von Gottes Hand immer und immer wieder erlebten, geschah doch auch folgendes: *«Das Volk dürstete dort nach Wasser und murrte gegen Mose. Sie sagten: Warum hast du uns überhaupt aus Ägypten hierher geführt? Um uns, unsere Söhne und unser Vieh verdursten zu lassen?»* (Ex. 17,3). Diese Frage war ein Spiegelbild des Kampfes in ihren Herzen: Die Hebräer stellten tatsächlich Gottes Absichten und seine Glaubwürdigkeit in Frage!

Trotz ihrer falschen Motive nahm Gott ihren frustrierten und wütenden Aufschrei doch ernst genug, um ihn zu beantworten. Er befahl Mose: *«Das sollst du dem Haus Jakob sagen und den Israeliten verkünden: Ihr habt gesehen, was Ich den Ägyptern angetan habe, wie Ich euch auf Adlerflügeln getragen und hierher zu Mir gebracht habe. Jetzt aber, wenn ihr auf Meine Stimme hört und Meinen Bund haltet, werdet ihr unter allen Völkern Mein besonderes Eigentum sein. Mir gehört die ganze Erde, ihr aber sollt Mir als ein Reich von Priestern und als ein heiliges Volk gehören. Das sind die Worte, die du den Israeliten mitteilen sollst.»* (Ex. 19,3–6). Die Frage der Israeliten lautete: «Was willst du von uns und weshalb ziehen wir diesen Weg?» Und darauf antwortete Gott: *«Ihr aber sollt Mir als ein Reich von Priestern und als ein heiliges Volk gehören.»* Damit bestätigte und erneuerte Er die alte Berufung Abrahams.

Aus der Sicht des Herrn brauchte die Erde mit all ihrer Verdorbenheit und ihrem Zerfall einen Priester. Und so, wie Gott noch heute einen priesterlichen Diener bestimmt, der die *priesterlichen Pflichten* in der Versammlung Seines Volkes wahrnehmen soll, so bestimmte Er damals eine *«priesterliche Nation»,* die der Versammlung der Nationen dienen sollte. Israels Dienst bestand darin, die Nationen durch *Fürbitte* zu Gott und Gott durch ihr Beispiel zu den Menschen zu bringen!

Das war die Berufung Gottes für Israel: eine priesterliche Nation zu sein, gesegnet und blühend, die in Heiligkeit und Gerechtigkeit dienen sollte. Viele Jahre später, als Gott das abgefallene Nordreich Israels zurechtwies, sagte Er durch Hosea: *«... darum verwerfe auch ich dich als meinen Priester.»* (Hos. 4,6). Gott klärte eindeutig die priesterliche Rolle, die Israel zum Segen für die Nationen einnehmen sollte; und Er wünschte sich, dass Israel diesen Auftrag treu in der Welt ausführen würde.

Mit diesem Verständnis können wir verschiedene Handlungen unseres Herrn besser einordnen, die Er tat, als Er hier auf Erden war. Wir erinnern uns daran, wie Jesus die Siebzig berief, ausrüstete und salbte, um in Seinem Namen hinauszugehen. Diese Handlung hatte eine genaue Entsprechung in dem Sanhedrin, einer Körperschaft von siebzig Ältesten, die im alten Jerusalem lebten. Diese Siebzig, deren Ursprung wir in Numeri 11,16.17 finden, waren dazu da, den Geist und das Herz Gottes zu repräsentieren. Aber zu der Zeit, als Jesus auftrat, war diese Institution von menschengemachten humanistischen Traditionen blockiert, durch das Fehlen eines prophetischen Unterscheidungsvermögens gelähmt und von der religiösen Orthodoxie manipuliert.

Aus diesem Grund bestimmte Jesus Seine eigenen Siebzig, salbte sie mit dem Heiligen Geist und sandte sie mit neuer Autorität aus, um den Willen Gottes auszuführen und so die ursprüngliche Berufung Israels zu erfüllen. Unter Seiner Herrschaft brachte die Nation nun von Gott erwählte Boten hervor, um ein Segen für andere zu werden. Es ist wahr: Israel konnte seine Mission nicht ohne die Gegenwart Jesu und ohne den Geist des lebendigen Gottes erfüllen. Gottes Verheissung an Abraham, durch seine Nachkommen ein Segen für *alle* Nationen zu werden, erreichte nie ihr volles Mass an Erfüllung, bis Jesus, der Nazarener, geboren wurde.

Jesaja erfasste diese tiefe Frustration in der Seele der Nation, diese Spannung zwischen ihrer Berufung und ihrer absoluten Unfähigkeit, sie zu erfüllen. Während Gott einerseits zu Israel sagt: *«Du bist Mein Knecht, Israel, an dem Ich Meine Herrlichkeit zeigen will»* (Jes. 49,3), sagt Er andererseits aber auch: *«Ihr, die ihr taub seid, hört, ihr Blinden, blickt auf, und seht her! Wer ist so blind wie Mein Knecht und so taub wie der Bote, den Ich sende?»* (Jes. 42,18.19). Diese ernüchternden Worte beschreiben nicht nur Gottes vollkommenen Knecht, den Messias; sie reden auch zu der Nation, dem irdischen Gefäss, das Ihm das Leben schenkte.

Israel hat tatsächlich keine andere Identität als die, eine «dienende Nation», ein Priester für die übrige Welt zu sein. Und solange es seine Berufung nicht ergreift und voller Freude das Gewand eines Dieners anzieht, eines Dieners der nichtjüdischen Völker, wird es nicht in Gottes vielfältige Gnade zurückfinden.

Israels Dilemma ist folgendes: Solange es diese göttliche Absicht verleugnet, verweigert es sich auch der göttlichen Gegenwart!

KAPITEL 9

ISRAEL ALS STELLVERTRETENDES OPFER

«Ich bin der Herr, und sonst niemand. Ich erschaffe das Licht und mache das Dunkel, Ich bewirke das Heil und erschaffe das Unheil. Ich bin der Herr, der alles vollbringt.» (Jes. 45,5–7).

Als Söhne und Töchter des lebendigen Gottes, die mehr und mehr von dem Licht Seiner Offenbarung erleuchtet werden, beugen wir uns voller Freude und von Herzen vor Seiner absoluten Souveränität. Die grösste Segnung und das tiefste Elend gehen beide durch Gottes mitfühlende Hand. Unser Versagen und die Enttäuschungen in unserem Leben wirken nicht nur in Seinem grossen Plan zu unserem Besten, sondern sie sind oft sogar von Seiner unendlichen Weisheit geplant. Daher müssen wir verstehen, dass es für das Versagen Israels einen Grund gibt und für sein Straucheln einen verborgenen Sinn.

Als Mose am Ostufer des Jordans zu den Söhnen Israels redete, ging er noch einmal die Worte des Bundes mit ihnen durch, traf weitere Vorkehrungen und gab Instruktionen für das Leben im verheissenen Land. Ein letztes Mal sprach er zum Volk: *«Ihr habt alles gesehen, was der Herr in Ägypten vor euren Augen mit dem Pharao, mit seinem ganzen Hof und seinem ganzen Land getan hat. Mit eigenen Augen hast du jene schweren Prüfungen, die grossen Zeichen und Wunder gesehen. Aber einen Verstand, der wirklich erkennt, Augen, die wirklich sehen, und Ohren, die wirklich hören, hat der Herr euch bis zum heutigen Tag nicht gegeben.»* (Deut. 29,1–3).

In diesen Worten verlieh Mose einer geheimnisvollen Dimension des Wirkens Gottes mit dem Volk Israel Ausdruck. Wir sehen hier, dass Gott den Israeliten, die Er mit Zeichen und Wundern aus der Gefangenschaft Ägyptens herausgeführt hatte, keine volle Offenbarung Seiner Pläne schenkte. Der Herr der Heerscharen führte persönlich ein Volk in traumatischer und dramatischer Weise aus einer anderen Nation heraus. Naturkatastrophen und überwältigende Demonstrationen des geistlichen Kampfes fanden statt; Himmel und Erde wurden erschüttert; aber Gott hielt Sein Volk mitten in all dem taub und blind! Warum?

Der Prophet Jesaja redet von einem ähnlichen Phänomen. Nachdem seine Lippen gereinigt und sein Leben von neuem gesalbt und für die Ziele Gottes in seiner Generation geweiht worden waren, erhielt er folgende Worte: *«Geh und sag diesem Volk: Hören sollt ihr, hören, aber nicht verstehen. Sehen sollt ihr, sehen, aber nicht erkennen. Verhärte das Herz dieses Volkes, verstopf ihm die Ohren, verkleb ihm die Augen, damit es mit seinen Augen nicht sieht und mit seinen Ohren nicht hört, damit sein Herz nicht zur Einsicht kommt und sich nicht bekehrt und nicht geheilt wird.»* (Jes. 6,9.10).

Wie können wir ein solches Geheimnis verstehen? Hier salbt Gott einen der grössten Propheten des Alten Bundes. Und wozu? Um Sein eigenes Volk taub und blind zu machen? Was für ein Gott ist das, der eine Nation aus der Sklaverei befreite, sie über Jahrtausende bewahrte, sie führte, indem Er ihr Könige und Propheten gab, und sie dennoch über den Grund ihrer Existenz in Unwissenheit liess? Was konnte der Grund dafür sein, dass Er ein Volk heranzog, verteidigte und über Jahrhunderte, die voll waren von übernatürlichen Ereignissen, erhielt – und es dennoch davon abhielt, Ihn oder Seine Wege vollkommen zu verstehen oder anzunehmen?

In Matthäus 13,14 zitierte der Herr selber die Worte Jesajas, um ihre Bedeutung auch Seiner Generation nahe zu bringen! Israel befand sich immer wieder in einem tragischen Zustand – in den Tagen des Mose, in den Tagen der Propheten und zu der Zeit, als Jesus von einer Frau geboren wurde. Und während Israel einerseits selber die Verantwortung dafür übernehmen muss, nicht in Aufrichtigkeit mit Gott gelebt zu haben, duldete, erlaubte und bewirkte Gott in Seiner majestätischen Souveränität vielleicht sogar selber die Blindheit, Taubheit und die gefühllosen Herzen dieses Volkes; *«damit es nicht sieht ... hört ... nicht zur Einsicht kommt ... und sich nicht bekehrt und nicht geheilt wird».* Schon allein der Klang dieser Worte ist kaum fassbar. Kann es sein, dass Gott selber Seinem eigenen Volk die Überführung und die Gnade verweigert, durch die es Busse tun und geheilt werden könnte? Und was könnte die Absicht hinter solch einem Plan sein?

So zahlreich die Antworten auf diese Frage sein mögen, Gottes Wort gibt uns nur eine klare Antwort, wenn Paulus bezüglich des alten Israel erklärt: *«Durch ihr Versagen kam das Heil zu den Heiden.»* (Röm. 11,11). Der Apostel betrachtet diese Verstossung Israels aus Gottes Perspektive, indem er ihre Tragödie direkt mit der grössten Segnung verknüpft, die die heidnischen Nationen dieser Welt je erfahren können – Versöhnung mit Gott durch die Vermittlung des Messias!

Dann fügt der Apostel noch an: *«Vom Evangelium her gesehen sind sie* (die Juden) *Feinde Gottes, und das um euretwillen.»* (Röm. 11,28). In Seiner Weisheit liess Gott es nicht nur zu, dass eine Nation *zu Gunsten* der anderen ein Feind des Evangeliums wurde, sondern bei genauem Hinsehen erweist es sich auch als der beste Weg, Seinen Plan für die Erlösung der ganzen Menschheit zur Erfüllung zu bringen.

Ohne die Inspiration und Hilfe des Heiligen Geistes könnten wir ein solches Geheimnis niemals verstehen. Das Volk Israel wurde durch die Souveränität Gottes eine Nation in Stellvertretung: ein Volk, das sozusagen an Stelle und zu Gunsten anderer zum Opfer bestimmt wurde. Während nur Jesus die Funktion des Opferlammes einnehmen kann, indem Er Sühne für die Sünde der Welt bewirkt, redet die Bibel aber auch deutlich von dem Prinzip der Stellvertretung, bei welchem eine Nation zu Gunsten einer anderen dahingegeben wird.

Der Prophet Jesaja bringt diese schwierige Dynamik zwischen Gottes Gerechtigkeit und Seiner Souveränität an der Stelle zum Ausdruck, wo der Herr Israel mit folgenden Worten tröstet: *«Denn Ich, der Herr, bin dein Gott, Ich, der Heilige Israels, bin dein Retter. Ich gebe Ägypten als Kaufpreis für dich, Kusch und Seba gebe Ich für dich. Weil du in Meinen Augen teuer und wertvoll bist und weil*

Ich dich liebe, gebe Ich für dich ganze Länder und für dein Leben ganze Völker.» (Jes. 43,3.4). Dieses Prinzip finden wir nicht nur auf der nationalen, sondern auch auf der persönlichen Ebene. Die Bibel lehrt uns: *«Für den Gerechten dient der Frevler als Lösegeld, anstelle des Redlichen der Treulose.»* (Spr. 21,18).

Im gerechten Handeln Gottes gibt es offensichtlich die Möglichkeit, dass jemand abgelehnt wird, damit jemand anderes angenommen werden kann. Von Paulus müssen wir lernen: *«Jetzt freue ich mich in den Leiden, die ich für euch ertrage. Für den Leib Christi, die Kirche, ergänze ich in meinem irdischen Leben das, was an den Leiden Christi noch fehlt.»* (Kol. 1,24).

Natürlich wusste der Apostel ganz genau, dass die Leiden Christi und Seine Stellvertretung für die Errettung der Welt genügten; ganz bestimmt glaubte er, dass dieses grösste aller Opfer weder verbessert noch wiederholt werden konnte. Aber er wusste auch von der Notwendigkeit, die Leiden Christi zu teilen – tatsächlich hat jede Generation von Christen das Privileg und die Ehre, einen Teil eben dieser Leiden und des Sterbens des Sohnes Gottes mitzutragen, um so als Botschafter Christi in der Welt zu stehen.

In diesem Licht können wir das göttliche Drama, dass Er eine ganze Nation für das Heil der anderen hingegeben hat, besser verstehen und schätzen. Israel war nicht nur um anderer Völker willen in Feindschaft mit Gott (vgl. Röm. 11,28), sondern die apostolische Botschaft für diese Nationen lautet, dass sie infolge des Ungehorsams Israels Erbarmen gefunden haben (Röm. 11,30). Damit Gottes Segnungen, die in Christus sind, auf die nichtjüdischen Nationen dieser Erde fallen konnten, musste Israel den Messias zuerst ablehnen und verleugnen, um Ihn so für die Nationen freizugeben.

Israel, das dazu berufen war, ein Priester für Gott zu sein und den Nationen der Welt durch Fürbitte und durch ein vorbildhaftes Leben zu dienen, hat möglicherweise den Höhepunkt seines Dienstes dadurch erreicht, dass es sein nationales Leben zu Gunsten der nichtjüdischen Völker verloren hat. Dies war nötig, damit der Same des Himmels, von Israel hervorgebracht, in den Boden der Völker gesät, dort Wurzeln schlagen und aufblühen konnte!

KAPITEL 10
ISRAEL – GOTTES ANSCHAUUNGSBEISPIEL

Der historische Bericht über Israel zeigt, dass Gott durch dieses Volk – trotz dessen geistlicher Blindheit und seines moralischen Mangels – zu uns spricht. Wenn wir den genetischen Code dieser «ersten aus den Nationen» und die Einmaligkeit dieser Nation «als ein stellvertretendes Opfer» betend betrachten, entdecken wir tiefe geistliche Wahrheiten, die für das Wesen und die Wege Gottes typisch sind. Im Leben und in der Geschichte des jüdischen Volkes offenbaren sich zum ersten Mal Gottes Erwählung, Seine Souveränität, Sein Gericht, Seine Macht und Seine überströmende Gnade. Der Heilige Geist ist unser Lehrer, und Israel ist die Wandtafel, auf der Er Sein Anschauungsbeispiel darstellt.

Gottes Erwählung

Wenn Paulus über die Entstehung der auserwählten Nation berichtet, klärt er zunächst ihren Ursprung. Obwohl Abraham mehr als einen Sohn hatte, heisst es im Römerbrief: *«Nur die Nachkommen Isaaks werden deine Nachkommen heissen.»* (Röm. 9,7). Ganz offensichtlich erwählte der Herr eine bestimmte Nachkommenslinie, durch welche Er Sein Ziel erreichen wollte, auch wenn Er dabei einen Bruder dem anderen vorzog.

Während sich der göttliche Plan weiter entfaltet, schreibt Paulus nun von Rebekkas Zwillingen. Hier haben wir es mit zwei Söhnen zu tun, die nicht nur die gleichen Eltern haben (anders als bei den Brüdern Isaak und Ismael, die von verschiedenen Müttern geboren wurden), sondern die – ganz eng miteinander verbunden – echte Zwillinge waren. Und dennoch sagt die Bibel in bezug auf diese beiden: «*... ihre Kinder waren noch nicht geboren und hatten weder Gutes noch Böses getan; damit aber Gottes freie Wahl und Vorherbestimmung gültig bleibe, nicht abhängig von Werken, sondern von Ihm, der beruft, wurde ihr gesagt: Der Ältere muss dem Jüngeren dienen; denn es steht in der Schrift: Jakob habe ich geliebt, Esau aber gehasst.*» (Röm. 9,11–13). Das sind wirklich schwierige Worte. Sie fordern jede humanistische Philosophie und jedes selbstzentrierte Bestreben heraus. Gott hält den Menschen Sein Wort als Spiegel der Wahrheit vor und erklärt: «*Ich schenke Erbarmen, wem Ich will, und erweise Gnade, wem Ich will.*» (Röm. 9,15).

Durch Israels Erwählung, auch wenn es diese weder verdient hat noch ihrer würdig war, wird der Gemeinde eine demütigende und gnadenvolle Wahrheit vermittelt: Es ist Gott, der uns erwählte; es ist Gott, der uns nachging; und es ist Gott, der um uns warb, uns überführte und inständig mit uns darum rang, dass wir glauben, Busse tun und gerettet werden könnten. Es ist Gott, der alles ins Leben ruft und der auch weiterhin den Heiligen Geist in uns legt und uns die Salbung gibt, damit wir Ihm folgen können.

Die Frage: «Wann hast du den Herrn gefunden?» ist symptomatisch für eine Gemeinde, die vom humanistischen Denken verdorben ist. Die richtige Frage müsste lauten: «Wann hat der Herr dich gefunden? Und in was für einem Zustand warst du, als Er dir zum ersten Mal die Gnade schenkte, zu glauben?» Er ist derjenige, der uns frei erwählt. Und Israel ist das Vorbild, das Anschauungsbeispiel, und der fortdauernde historische Beweis von Gottes Erwählung!

Gottes Souveränität

Tief verwurzelt in der Geschichte Israels finden wir also unbestreitbare Beweise für Gottes Erwählung. Aber der Apostel geht noch weiter: *«Sie sind Israeliten; damit haben sie die Sohnschaft, die Herrlichkeit, die Bundesordnungen, ihnen ist das Gesetz gegeben, der Gottesdienst und die Verheissungen, sie haben die Väter, und dem Fleisch nach entstammt ihnen der Christus, der über allem als Gott steht, Er ist gepriesen in Ewigkeit. Amen.»* (Röm. 9,4.5). Hier bekräftigt der Apostel ganz eindringlich, dass die Sohnschaft, die Herrlichkeit, die Bundesordnungen (alt und neu), der Gottesdienst und die Verheissungen immer noch Israel gehören. Ja, diese Nation wurde wirklich zur Empfängerin von viel unverdienter göttlicher Gunst und göttlichen Vorrechten.

Der humanistische Geist wird aufstehen und protestieren: Wie ist das möglich? Wie kann Gott jemanden vor einem anderen erwählen? Wie kann Er es wagen, einen Zwilling dem anderen vorzuziehen – einen Bruder, eine Familie, eine Nation? Das ist nicht gerecht! Das ist nicht richtig! Dabei lautet die Kernfrage: «Wer ist dieser Gott überhaupt, dass Er so über unser Leben bestimmt und herrscht?»

Die gleiche Frage reicht zurück bis in den Garten Eden. Dieses In-Frage-Stellen der Souveränität Gottes und Seines Rechtes, Sich in unsere Angelegenheiten einzumischen, führte zu dem ersten Ungehorsam. Die ganze Geschlechterfolge der Nachkommen Adams hindurch wurde diese Frage immer wieder gestellt, bis sie schliesslich die Erbauer des Turmes von Babel und die politischen Führer von Nationen erreichte. Noch heute begehren sie auf: «Wer ist Gott? Müssen wir Seinem Willen gehorchen?» Es ist genau, wie der Psalmist schreibt: *«Denn die Könige der Erde stehen auf, die Grossen haben sich verbündet gegen den Herrn und Seinen Gesalbten. Lasst uns ihre Fesseln zerreissen und von uns werfen ihre Stricke!»* (Ps. 2,2.3).

Die Schrift antwortet auf dieses humanistische Aufbegehren: *«Wer bist du denn, dass du als Mensch mit Gott rechten willst? Sagt etwa das Werk zu dem, der es geschaffen hat: Warum hast du mich so gemacht? Ist nicht vielmehr der Töpfer Herr über den Ton? Kann er nicht aus derselben Masse ein Gefäss herstellen für Reines, ein anderes für Unreines?»* (Röm. 9,20.21)

In der Geschichte Israels konfrontiert Gott den Ungehorsam und das Unabhängigkeitsstreben der Menschen mit Seiner souveränen

Autorität über die Angelegenheiten der Menschen und Nationen! Durch die Erweckung dieser einen Nation und durch Sein exklusives Handeln an ihr beweist Gott Seine Autorität und Sein Recht, auf der Erde Seinen Willen und Sein Wohlgefallen auszuführen!

Gott ist weder Seiner Schöpfung noch den Meinungen Seiner Geschöpfe unterworfen. Er erklärt: «*Ich erschaffe das Licht und mache das Dunkel, ich bewirke das Heil und erschaffe das Unheil. Ich bin der Herr, der alles vollbringt. ... Wehe dem, der mit Seinem Schöpfer rechtet.*» (Jes. 45,7–9). Auch wenn man Gottes Geduld über lange Zeit strapazieren kann, werden die Konsequenzen des nicht bereuten menschlichen Eigenwillens ganz bestimmt nicht ausbleiben.

Tatsächlich fordert diese alte Wahrheit die Nationen und Mächte dieser Welt bis auf den heutigen Tag immer wieder heraus. Menschlich gesprochen hätte Israels Existenz schon lange zu Ende gehen müssen. Politisch, wirtschaftlich und geographisch war die jüdische Nation über Jahrtausende «tot», begraben im Boden anderer Nationen. Aber jetzt ist sie wieder auferstanden! In unserem Jahrhundert wurde die Welt Zeuge einer übernatürlichen Sammlung des Volkes Israels von den vier Enden der Erde und auch Zeuge der wunderbaren Wiederherstellung des Landes der Verheissung. Gott demonstriert den Mächten dieser Welt Seine Souveränität auf offensive Weise!

Herrscher, Könige, Diktatoren, Politiker, Pseudo-Christen, aber auch geistliche Fürstentümer und Gewalten haben versucht, die Souveränität Gottes zunichte zu machen. Sie alle haben es nicht geschafft, Seinem Willen erfolgreich zu widerstehen; und sie werden es auch weiterhin nicht schaffen, bis die letzte Rebellion zerschlagen sein wird! Aber Israel, der Beweis für Gottes letzte Autorität und absolute Herrschaft, besteht und wird auch weiterhin bestehen.

Gottes Gerichte

Gottes souveräne Herrschaft über Seine Schöpfung ist eng verknüpft mit Seiner moralischen Verantwortung zu richten. Abraham rief aus: «*Sollte sich der Richter über die ganze Erde nicht an das*

Recht halten?» (Gen. 18,25). Gott der Herr *muss* auf Grund Seiner Vollkommenheit, Heiligkeit und Souveränität zwischen richtig und falsch *urteilen.* Für die Ungerechten bedeuten Seine Gerichte Vergeltung, für die Gerechten bedeuten sie Seine Gnade. *«Denn Dein Gericht ist ein Licht für die Welt, die Bewohner der Erde lernen Deine Gerechtigkeit kennen.»* (Jes. 26,9).

Wir sehen, wie die Gottlosen gegen die gerechten Gerichte Gottes Widerstand leisten und unter ihnen zusammenzucken. Diese Sklaven der Ungerechtigkeit erheben ihre Fäuste himmelwärts, füllen ihre Münder mit Gotteslästerungen und sind unfähig, Gottes Urteile als Gnadenerweise zu empfangen. Ihnen gegenüber und auch der Gemeinde gegenüber ist Israel weiterhin Zeuge!

Nachdem Paulus in äusserst klaren Worten von der göttlichen Erwählung und von Gottes Souveränität gesprochen hat, wie sie sich in der Geschichte des Volkes Israel zeigt, zögert er keinen Moment, die jüdische Nation auch als Anschauungsbeispiel für die Gerichte Gottes zu verwenden. In dem Mass der Vorzüge einer Erwählung und Berufung durch Gott werden die Empfänger solcher Gnadenerweise auch zur Verantwortung gezogen.

Israel schaffte es nicht, Gottes Gebote einzuhalten. Die Nation glaubte, vertraute und gehorchte Seinen Worten nicht. Somit erteilte Gott durch das Gericht über diese Nation der ganzen Menschheit eine sehr ernüchternde Lektion. Die Bibel bezeugt: *«... nicht alle sind dem Evangelium gehorsam geworden. Denn Jesaja sagt: Herr, wer hat unserer Botschaft geglaubt?»* (Röm. 10,16). In der nachfolgenden Beschreibung der grosszügigen Einladung Gottes durch den Messias fügt der Apostel hinzu: *«Über Israel aber sagt er: Den ganzen Tag habe ich Meine Hände ausgestreckt nach einem widerspenstigen und ungehorsamen Volk.»* (Röm. 10,21).

Gott hält die Wahrheit nicht zurück. Und wenn Er Israel auch überaus gross gemacht und erhoben hat, züchtigt Er es nun gewaltig: *«Wie es in der Schrift heisst: Gott gab ihnen einen Geist der Betäubung, Augen, die nicht sehen, und Ohren, die nicht hören, bis zum heutigen Tag.»* (Röm. 11,8). Und ist dies nicht tatsächlich die lange voraus prophezeite Decke, die nach wie vor die Augen, Herzen und den Verstand der meisten Israeliten bedeckt? Ist dies nicht diese *«teilweise Verstockung»*, von der Paulus in Römer 11,25 redet? Kann es ein härteres Urteil geben, als über Jahrhunderte des Leidens und der Verfolgung mit Gewalt von Land zu Land getrieben zu werden, zwar wunderbar bewahrt, aber ohne jemals zu wissen, warum? Mose, der das kommende Unheil voraussah, prophezeite: *«Weil du dem Herrn, deinem Gott, nicht gedient hast aus Freude und Dankbarkeit ... musst du deinen Feinden dienen ... Der Herr trägt zum Kampf gegen dich ein Volk aus der Ferne herbei ... Der Herr wird dich unter alle Völker verstreuen, vom einen Ende der Erde bis zum anderen Ende der Erde ...Unter diesen Nationen wirst du keine Ruhe finden ... Der Herr wird dir dort das Herz erzittern ... Du wirst in Lebensgefahr schweben ... Am Morgen wirst du sagen: Wenn es doch schon Abend wäre!, und am Abend: Wenn es doch schon Morgen wäre!»* (Deut. 28, 47–49.64–67).

Dieser Text beschreibt das historische Urteil über Israel – die unendlich traumatische und schmerzvolle Geschichte einer Nation, die von einem Jahrhundert ins nächste stolpert, von einem Land ins nächste gejagt, ohne Ruhe oder Trost für ihre Seele zu finden. Das Sprichwort hat sich bewahrheitet: «Gottes Mühlen mahlen langsam, aber fein.»

Waren diese Gerichte gerechtfertigt? Konnte Gott wirklich totalen Gehorsam und Glauben verlangen? War es gerecht, ein Volk mit Blindheit zu schlagen und es dann für seine Blindheit zu bestrafen? Kann Gott solche Dinge tun und dabei Seiner eigenen Natur treu bleiben? Solche und weitere Fragen plagen den menschlichen Verstand. Die Realität der biblischen Prophetie und die Geschichte Israels fordern die Motive unserer Herzen heraus, wenn wir Gottes auserwählte Nation – Seinen erstgeborenen Sohn – unter Seinem unerbittlichen, gerechten Gericht anschauen. Sowohl die Welt als auch die Gemeinde müssen diese Lektion beherzigen.

Für die Gläubigen gilt der grosse Trost von Abrahams Zusicherung: *«Sollte sich der Richter über die ganze Erde nicht an das Recht halten?»* (Gen. 18,25). Und Hosea rief aus: *«Kommt, wir kehren zum Herrn zurück! Denn Er hat (Wunden) gerissen, Er wird uns auch heilen, Er hat verwundet, Er wird auch verbinden. Nach zwei*

Tagen gibt Er uns das Leben zurück, am dritten Tag richtet Er uns wieder auf, und wir leben vor Seinem Angesicht.» (Hos. 6,1.2). In Gottes gerechtem Handeln sind selbst seine schwersten Urteile von versöhnender Natur und bringen eine wundervolle Frucht hervor. Als Mose die Gerichte Gottes über Israel kommen sah, prophezeite er: *«Und wenn alle diese Worte über dich gekommen sind, der Segen und der Fluch, die Ich dir vorgelegt habe, wenn du sie dir zu Herzen nimmst mitten unter den Völkern, unter die der Herr, dein Gott, dich versprengt hat, ... dann wird der Herr ... dich aus allen Völkern zusammenführen. Der Herr, dein Gott, wird dein Herz und das Herz deiner Nachkommen beschneiden... Alle diese Verwünschungen aber wird der Herr, dein Gott, über deine Feinde und Gegner verhängen, die dich verfolgt haben ... Und der Herr, dein Gott, wird dir Gutes im Überfluss schenken ... wenn du auf die Stimme des Herrn, deines Gottes, hörst ... und wenn du zum Herrn, deinem Gott, mit ganzem Herzen und mit ganzer Seele zurückkehrst.»* (Deut. 30,1–10). Ja, in Gottes Gerichten liegen auch Seine Gnadenerweise. Sie reinigen, prüfen und heiligen alle, die sich demütigen, und die sich Seinem Handeln unterordnen, ohne Seine Autorität in Frage zu stellen.

Gott ist unser Richter – nicht nur beim Endgericht, sondern auch heute. Seine Gerichte sind gerecht, und sie bewirken in uns die ersehnte Frucht von göttlichem Charakter und Heiligkeit. Er hat das Recht und die Aufgabe zu richten; und diese elementare Tatsache lehrt Er uns anhand von Israels Geschichte.

Die einzig angemessene und weise Antwort auf Gottes Gerichte und Seine Erziehung finden wir in den Worten des Elifas, die er zu Ijob spricht: *«Ja, wohl dem Mann, den Gott zurechtweist. Die Zucht des Allmächtigen verschmähe nicht! Denn Er verwundet, und Er verbindet. Er schlägt, doch Seine Hände heilen auch.»* (Ijob. 5,17–18).

Gott hat die Macht

Indem Paulus das fortschreitende Handeln Gottes am jüdischen Volk weiter entfaltet, kommt er zu einem sehr tröstenden und ermutigenden Ergebnis. Nachdem er von der Ernsthaftigkeit von Gottes Gericht gesprochen hat, die Hand in Hand geht mit seiner Gnadenwahl, offenbart der Apostel den Sinn dieser Leiden. In Römer 11 erklärt er, dass dem Gericht über Israel grosse Herrlichkeit folgen wird: Heilung und Gnade werden über dieses eine Volk kommen, so gross und so reichlich, dass seine Wiederherstellung Auswirkungen auf die ganze Welt haben wird.

Aber wie kann dies geschehen? Wie kann ein so zerstreutes Volk, ein so verwüstetes Land und eine über so lange Zeit verletzte nationale Seele wiederhergestellt werden? Kann der Fluch der Ereignisse nach Tausenden von Jahren tatsächlich wieder umgekehrt werden? Können alte Prophetien und Verheissungen vor den Augen einer verwirrten Welt wieder lebendig werden und sich erfüllen? Jesaja rief aus: *«Wer hat so etwas je gehört, wer hat je dergleichen gesehen? Wird ein Land an einem einzigen Tag geboren, kommt ein Volk auf einmal zur Welt?»* (Jes. 66,8). Und zu Hesekiel sagte Gott: *«Menschensohn, können diese Gebeine wieder lebendig werden?»* (Hes. 37,3).

Der Apostel beantwortet diese Fragen. Er schreibt der römischen Gemeinde im Blick auf diese übernatürliche und verheissene Wiederherstellung der jüdischen Nation: *«Ebenso werden auch jene* (natürlichen jüdischen Zweige), *wenn sie nicht am Unglauben festhalten, wieder eingepfropft werden; denn GOTT HAT DIE MACHT, sie wieder einzupfropfen.»* (Röm. 11,23). «Gott hat die Macht.» Könnte es sein, dass die Antwort auf diese entscheidenden Fragen bezüglich Israels Zukunft in diesen wenigen Worten liegt? Kann diese kompakte und kurze Erklärung tatsächlich den Gang der Menschheitsgeschichte verändern? Was für eine einfache und tiefe Antwort auf das Dilemma der Menschheit!

Kann es in allen Sprachen der Welt beruhigendere Worte geben? Kann es in unseren Herzen im Lichte einer solchen Verheissung noch Zweifel, Furcht oder Bedenken geben? *Gott hat die Macht!* Gott hat die Macht, *alles* zu erfüllen, was Er versprochen hat! Gott hat die Macht, *alles* wiederherzustellen, was verloren ist! Gott hat die Macht, *alles* zu heilen, was zerbrochen, alles zu glätten, was verbogen, *alles* richtig zu machen, was verkehrt ist. *Unser Gott hat die Macht!*

Wenn Er nun die Macht hat, die Juden wiederherzustellen und wieder «einzupfropfen», wird es Ihm dann zu schwierig sein, all jene wiederherzustellen, die Seinen Namen anrufen? Wenn Er die Macht hat, Jahrhunderte nationaler Qual und Blindheit in einem kurzen Windstoss der Offenbarung auszulöschen, wird es dann für Ihn zu schwierig sein, Seinen Sieg in unseren kleinen persönlichen Kämpfen zu erringen?

Noch einmal, Israel ist ein Anschauungsbeispiel – in diesem Fall eine Lektion in Glauben, Hoffnung und Vertrauen auf Gott. Gibt es irgendetwas in unserem Leben, das Er nicht weiss? Irgendeine Kammer in unserem Herzen, die Er nicht zu erreichen vermag? Irgendjemanden, den Er nicht wiederherzustellen vermag, irgendeine Nation, die Er nicht zu heilen vermag?

Es war Jesus selber, der uns gelehrt hat, dass *«für Gott alles möglich ist».* (Mk. 10,27). Und weiter: *«alles kann, wer glaubt»* (Mk. 9,23). Wir müssen unseren Glauben stärken, auf Seine Verheissungen zählen und mit vertrauenden Herzen auf Ihn warten, denn *«unser Gott hat die Macht».*

Gottes Gnadentaten

Der beste Teil von Gottes Anschauungsunterricht anhand der Nation Israel kommt aber erst noch. Der Apostel Paulus beschreibt weiterhin den ganzen Reichtum von Gottes Plänen mit dem jüdischen Volk. Am Ende erreicht er den glorreichen Höhepunkt:

Er zeigt nicht nur, dass Israels Feindschaft gegenüber dem Evangelium zum Wohl der gottlosen Nationen dient (vgl. Röm. 11,28), und er erklärt nicht nur mit grosser Gewissheit, dass das jüdische Volk noch immer von Gott geliebt und berufen ist (vgl. Röm. 11,28.29), sondern er weist auch auf die Ursache aller dieser dramatischen Ereignisse hin.

Paulus schreibt an die Gläubigen aus den Völkern: *«...wie ihr einst Gott ungehorsam wart, jetzt aber infolge ihres* (der Juden) *Ungehorsams Erbarmen gefunden habt»,* so will Gott, dass *«infol-*

ge des Erbarmens, das ihr (die Nichtjuden) *gefunden habt, jetzt auch sie* (die Juden) *Erbarmen finden.»* (Röm. 11,30.31). Das tiefste Motiv im Herzen Gottes ist also, Seine Gnadentaten zu offenbaren und auszuüben!

Mit anderen Worten: Die Heiden und die ungehorsamen Nationen dieser Welt wurden zu Empfängern der Gnadentaten Gottes durch Jesus Christus, *weil* Israel ungehorsam und von Ihm verstossen worden war! Und nun, wo der göttliche Plan weiter entfaltet wird, gilt, dass aufgrund der Gnadentaten, die den Nationen erwiesen worden sind, Israel seinerseits Gnade erfährt. Gottes Wege sind tatsächlich anders als die Wege der Menschen!

Es übersteigt die Möglichkeiten unseres Gottes nicht, alle Dinge zu erschaffen, Nationen zu bilden, Kulturen und Gesellschaften sowie das Wunder Israels und die Herrlichkeit der Gemeinde hervorzubringen, um Seine grossen Gnadentaten in ihrer Fülle zu erweisen. Deshalb folgert der Apostel: *«Gott hat alle in den Ungehorsam eingeschlossen, um sich aller zu erbarmen.»* (Röm. 11,32).

Das letzte Kapitel von Gottes Handeln an Israel handelt ausschliesslich von Seinen Gnadentaten. Die erneute Sammlung im Land, die Errichtung des modernen Staates Israel, die wundersame Bewahrung in den zahlreichen Kriegen und der gegenwärtige jüdische Exodus aus Russland und aus anderen Staaten – all diese Ereignisse erzählen von Seinen Gnadentaten. Dies ist die letzte und abschliessende Lektion, die die Welt und die Gemeinde von Israel lernen muss. Während die Gnade Gottes erneut über diesem unwürdigen Volk und ihrem verwüsteten Land ausgegossen wird und Heilung, Wiederherstellung und Erweckung bringt, erkennen wir die Vollendung unseres Zeitalters!

Als Mose bat, die Herrlichkeit des Herrn sehen zu dürfen (vgl. Ex. 33,18), stellte Gott ihn auf einen Berg und kam dann in einer Wolke herab. *«Der Herr ging an ihm vorüber und rief: Jahwe ist ein barmherziger und gnädiger Gott, langmütig, reich an Huld und Treue. Er bewahrt Tausenden Huld, nimmt Schuld, Frevel und Sünde weg.»* (Ex. 34,6.7). Als Antwort auf Moses Bitte, Gottes Herrlichkeit sehen zu dürfen, zeigte der Herr ihm Seine Barmherzigkeit,

Gnade und Treue. Dies ist in der Tat die Offenbarung der Herrlichkeit Gottes!

Es gibt keine höhere oder grössere Einsicht in die Natur und in das Wesen unseres Gottes. Es gibt keine bessere Lektion, die wir von Israel lernen könnten, als diese: *«Die Huld des Herrn ist nicht erschöpft, Sein Erbarmen ist nicht zu Ende.»* (Klgl. 3,22). Mit Israel offenbart Gott Sein Wesen und Seine Wege in der ganzen Fülle. Einen so reichen und überwältigenden Ausdruck des Herzens des Schöpfers finden wir in keiner anderen Nation. Die übrige Menschheit steht ohne Entschuldigung vor einer so zeitlosen Offenbarung von Gottes Souveränität, Strenge und Gnade.

KAPITEL 11
WER IST EIN JUDE?

«*So spricht der Herr, der die Sonne bestimmt zum Licht am Tag, der den Mond und die Sterne bestellt zum Licht in der Nacht, der das Meer aufwühlt, dass die Wogen brausen. – Herr der Heere ist Sein Name: Nur wenn jemals diese Ordnungen vor Meinen Augen ins Wanken gerieten – Spruch des Herrn –, dann hörten auch Israels Nachkommen auf, für alle Zeit vor Meinen Augen ein Volk zu sein.*» (Jer. 31,35.36).

Im Heilsplan Gottes mit dem Volk Israel ist es wesentlich, dessen einzigartige Identität als «eine Nation vor Ihm» festzuhalten! Während andere Nationen entstanden, später wieder zusammenbrachen und auch die Identität ihrer Bevölkerung sich immer wieder veränderte, ist das Wesen von Israels Identität auf wunderbare Weise erhaltengeblieben. Tatsächlich betont das Wort Gottes mit Nachdruck, dass die Juden niemals aufhören werden, eine Nation vor Ihm zu sein! Und obwohl diese Nation während und nach dem babylonischen Exil tiefgehende und traumatische Veränderungen durchmachte, ist das Wesen ihrer Identität nie in Frage gestellt worden, sondern wurde von jeder nachfolgenden Generation immer wieder neu entdeckt.

Es gibt kein einziges Schriftstück, das eine befriedigende Antwort auf die Frage der jüdischen Identität geben könnte. Über die Jahrtausende der jüdischen Existenz haben ganze Bewegungen dieses Thema behandelt; nationale Persönlichkeiten standen auf und stolperten über diese Angelegenheit, und selbst die Regierungen des modernen Staates Israel setzen sich bis auf den heutigen Tag mit dem Gewicht dieser Frage auseinander!

Es ist eine Tatsache, dass sehr viel in die Identität des jüdischen Volkes investiert worden ist: Heute ist diese Identität eine erstaunliche Mischung aus göttlichen Vorsätzen, ethnischen Prägungen, biblischen und moralischen Grundsätzen, alten kulturellen Schätzen und überlieferter nationaler Geschichte, die weiter zurückreicht als diejenige jeder anderen modernen Nation. Die jüdische Identität stellt sich heute als geistliches, nationales und geographisches Geheimnis dar, dessen Schlüssel in der Hand unseres Schöpfers allein liegt.

Die Patriarchen sind die Wurzel

«Hört auf Mich, die ihr der Gerechtigkeit nachjagt und die ihr den Herrn sucht. Blickt auf den Felsen, aus dem ihr gehauen seid, auf den Schacht, aus dem ihr herausgebohrt wurdet. Blickt auf Abraham, euren Vater, und auf Sara, die euch gebar. Er war allein, als Ich ihn rief; doch Ich habe ihn gesegnet und ihm viele Nachkommen geschenkt. Denn der Herr hat Erbarmen mit Zion, Er hat Erbarmen mit all seinen Ruinen. Seine Wüste macht Er wie Eden, seine Öde wie den Garten des Herrn. Freude und Fröhlichkeit findet man dort, Lobpreis und den Klang von Liedern.» (Jes. 51,1–3).

Während Gott hier von der Wiederherstellung Israels spricht, ruft Er die Nation – die noch in Sklaverei und Bedrängnis verstrickt ist – auf, ihre ureigenste Identität wieder zu entdecken, indem sie auf den Mann schaut, der ihr Vater war. Denn um ein Jude zu sein, muss man in rechter Weise mit dieser historischen Wurzel des nationalen Lebens und Erbes verbunden sein, und dazu muss man die Identität von Abraham entdecken!

War Abraham ein Jude? Auf keinen Fall! In der traditionellen und rabbinischen Sicht des Judentums wurde Abraham weder als Jude geboren, noch wurde er jemals durch eine menschliche Zeremonie zu einem Juden gemacht. Abraham wurde im Land der Chaldäer geboren (im heutigen Irak), 800 Kilometer von jener Gegend entfernt, die fünfhundert Jahre später Judäa genannt werden sollte. Die einzige ethnische Identifikation, die die Bibel Abraham gibt, ist diejenige, dass er ein *Hebräer* war (vgl. Gen. 14,13). Diese Bezeichnung kam zweifellos von seinem Vorfahren Eber, Sems Urenkel, der sieben Generationen vor Abraham lebte (vgl. Gen. 11,10–27). Dieser Titel bezeichnet in der hebräischen Sprache lediglich «jemanden, der von der anderen Seite herübergekommen ist; ein Fremdling, ein Pionier».

Und tatsächlich war es Gott, der Herr, der zu Abraham gesagt hatte: *«Zieh weg aus deinem Land, von deiner Verwandtschaft und aus deinem Vaterhaus in das Land, das Ich dir zeigen werde.»* (Gen. 12,1). Abrahams Gehorsam und seine Hingabe an Gott sind die Haupteigenschaften, die den Vater der Nation Israel charakterisieren und seine Identität beschreiben.

Der Mann Abram wurde zu «Abraham», als Gottes Eingreifen in seinem Leben sich so zuspitzte, dass die Verheissungen mit einem Bund besiegelt wurden. Gott pflanzte nicht nur Seine Absichten, sondern auch Sein eigenes göttliches Wesen in das Leben dieses Mannes und in das seiner Nachkommen ein. Abraham steht als der Fels da, aus dem Israel gehauen worden ist; als die Person, die ihre irdischen Wurzeln aufgegeben hat, um in der himmlischen Berufung eine neue Identität zu finden!

Abrahams Leben, das von Mut, Glauben und Gehorsam geprägt ist, brachte Isaak hervor, dessen Leben wiederum von Treue und Unterordnung unter seinen Vater gekennzeichnet ist. Später änderte Gott Jakobs Namen in Israel. Es war am Ende jenes Kampfes zwischen Jakob und Gott, der eine ganze Nacht lang dauerte, als er – auf dem Weg zurück in das verheissene Land – seine fleischliche Natur anerkannte und bekannte. An jenem Punkt der Busse und der Demut gab Gott ihm einen neuen Namen und eine neue Identität: *Israel* – d.h. jemand, der Autorität und eine feste Stellung vor Gott innehat.

Wenn wir die Entfaltung von Israels Geschichte untersuchen, stellen wir fest, dass der Herr selber diese beiden Titel, *Hebräer* und *Israelit,* als das eigentliche Wesen und die Unverwechselbarkeit des nationalen Charakters wählte. In diesen beiden Titeln, geboren aus Gehorsam und Busse der Patriarchen, sollte die entstehende Nation immerwährende Identität und Stärke finden, aber auch ein Gespür für ihr Ziel und ihre Bestimmung.

Über die Patriarchen hinaus finden wir auch im Leben des Paulus, der ein eifriger jüdischer Rabbi war und sich ganz dem Dienst für den Messias hingab, ein hervorragendes Beispiel eines jüdischen Schülers, der von seiner eigenen Identität spricht. Dort, wo er der Gemeinde in Philippi seine persönliche Biographie erzählt und dabei das Bollwerk des jüdischen gesetzlichen Stolzes niederreisst (vgl. Phil. 3,2–7), bezeichnet er sich selber bezüglich seiner Nationalität als einen Israeliten und ethnisch als einen Hebräer (V. 5). Den Begriff «jüdisch» verwendet er überhaupt nicht. Und auch als Paulus der Gemeinde in Korinth sein Herz ausschüttet und dabei sein Apostelamt verteidigt, erklärt er seine irdische Identität, indem er sagt, dass er ein Hebräer, Israelit und ein Nachkomme Abrahams (vgl. 2. Kor. 11,22) sei. Auch hier bezeichnet er sie als Jude.

Natürlich verstehen wir voll und ganz, dass Paulus jüdisch war, denn er selber erwähnt an anderer Stelle, dass er von jüdischer Herkunft ist, beschnitten am achten Tag, dass er die biblischen Feste gehalten und die Traditionen der Väter bewahrt hat. Aber indem wir uns der Autorität der Schrift unterstellen, müssen wir anerkennen, dass die irdische Identität von Paulus tiefer ging als das, was der Begriff «jüdisch» ausdrückt, und dass sie in die «hebräischen» und «israelitischen» Wurzeln hinabreicht. Somit stellt sich die Frage: Wo liegt hier der Unterschied?

Erschütterte Fundamente

Seit der Zeit der Patriarchen machte Israel durch die ganze Geschichte hindurch Entwicklungen und Veränderungen durch. Seine Gefangenschaft in Ägypten, der Exodus, die Wüste und die Eroberung des verheissenen Landes wurden im Verlaufe der Jahrhunderte zu geschichtlichen Tatsachen. Während Gottes Nation in ihren ersten Jahren ausschliesslich bei dem Namen Israel gerufen wurde (vgl. die Berichte von Genesis bis Könige), wurde während der Regierungszeit von Rehabeam, dem stolzen und rebellischen Sohn Salomos, eine Änderung eingeführt. (vgl. 1. Kön. 12,6–20). Genau wie es vorausgesagt war, wurde die Nation unter der ungerechten Herrschaft Rehabeams in zwei Teile zerrissen, als das Nordreich unter Jerobeam sich loslöste. Rehabeam blieben nur noch zwei Stämme, und ein neues Königreich war entstanden: *das Königreich Juda* – eine eigene politische, soziale und geistliche Einheit. Obwohl das Königreich Juda das Erbe des geliebten Königs David war, wurde es dennoch in Rebellion und Schande geboren! Nach einiger Zeit ging das Nordreich *Israel* unter, als es von Assyrien ins Exil geführt wurde. Das überlebende Südreich *Juda* musste von nun an die nationale Identität aufrechterhalten. Wir müssen in Erinnerung behalten, dass diese neue nationale Identität, Juda, nicht gottgewollt war und nur beschränkte Stammes- oder Territorialautorität tragen konnte, da es das traurige Produkt von Rehabeams Stolz und Vermessenheit war.

Der Name *«Jude»* (abgeleitet von Juda, was im Hebräischen bedeutet: «Einer, der Gott preist»), der seinen Ursprung im Südreich Juda hatte, fand in einer noch viel dunkleren Zeit jenes Königreiches seine volle Anerkennung: Als Juda in die babylonische Gefangenschaft weggeführt wurde, um eine Zeit göttlichen Gerichts und nationaler Schande zu durchleben, wurde der Name *«Jude»,* oder «Yehudi» auf Hebräisch, dem Rest der ins Exil deportierten Hebräer für immer angehängt. Und von wem? Weder von Gott noch von einem Seiner Propheten, sondern von den ungläubigen und gottlosen Heiden, in deren Mitte Israel nun lebte.

Zum ersten Mal in ihrer Geschichte wird diese *hebräische* Nation, diese Familie der *Israeliten,* von ihren Unterdrückern als Nation der *Juden* identifiziert. Tatsächlich finden wir in den exilischen oder nachexilischen Schriften wie Ester oder Nehemia oft den Namen Juden oder «Jehudim», der vorher nur ganz selten auftaucht. Es ist eine traurige Tatsache, dass dieser Name, den sie erstmals unter Rehabeams Herrschaft empfangen hatten, nun unter den Bedingungen des Exils, der Gefangenschaft und der nationalen Schande vollständig akzeptiert wurde.

Es fand ein gewaltiger Umschwung statt, und in der Identität der Nation geschah eine fast irreversible Veränderung. Jetzt, wo sie als gedemütigter Rest aus der Gefangenschaft zurückkommen, sind die Überlebenden nicht mehr länger als *Hebräer* bekannt, auch nicht als *Israeliten,* sondern nun sind sie die *«Juden».* Dieser neue Name impliziert auch eine veränderte nationale Identität!

Von diesem Moment an stellen wir ein feines Abdriften von den eigentlichen und ursprünglichen biblischen Wurzeln fest. Neue ideologische Grundlagen schlichen sich ein, als der «Babylonische Talmud», der von jüdischen Weisen im Exil zusammengestellt worden war, langsam, aber sicher zum Ersatz für die göttliche Leitung wurde. Über die Jahrhunderte wurden unzählige Traditionen, Regeln und Menschenlehren hinzugefügt, während die prophetische Stimme mehr und mehr verstummte!

Es standen keine von Gott bestimmten Könige mehr auf, um die Nation zu führen. Sie wurden nur von Regierungsbeamten und Administratoren abgelöst, die zum grössten Teil Fremde waren. Abgesehen von ein paar wenigen Jahren «süssen und bluterkauften Friedens» wurde die Nation von nun an von Fremden regiert und gefangen gehalten; und sie sehnte sich nach der Freiheit, die nur Gott schenken konnte. Tatsächlich wurde Israel sehr «jüdisch», indem sich seine Haltung gegenüber Gott, seine religiöse Philosophie und sogar seine eigentliche Identität stark veränderten. Es kleidete sich nun mit Kleidern der Scham, der Reue und der Bedrückung, während es erneut zerstreut wurde, um am Beginn unseres Zeitalters unter den nichtjüdischen Nationen als Fremdling zu wohnen!

Als Mose in die ferne Zukunft der Nation blickte, prophezeite er: *«Der Herr wird dich unter alle Völker verstreuen, vom einen Ende der Erde bis zum anderen Ende der Erde. ... Unter diesen Nationen wirst du keine Ruhe finden ... Der Herr wird dir dort das Herz erzittern ... Am Morgen wirst du sagen: Wenn es doch schon Abend wäre!, und am Abend: Wenn es doch schon Morgen wäre!»* (Deut. 28,64–67). Diese Worte erfüllten sich auf die erschütterndste Weise, als die Nation Israel mit Gewalt in das Tal des Todesschattens gedrängt wurde, durch das es sich zweitausend Jahre lang hindurchschleppte. Die

Erschütterung und der Verlust waren so gross, dass es ein Wunder benötigen würde, um eine Wiederherstellung zu erfahren. Wir können mit Sicherheit sagen, dass keine andere Nation oder Volksgruppe dieser Erde das durchmachen musste, was Israel zu erleiden hatte. Das nationale Leben war dermassen zerstört, zerstreut und zerbrochen, dass es jenseits aller menschlichen Möglichkeiten lag, Heilung zu bringen. Aber Gott nahm sich der Wiederherstellung selber an.

Gott bestätigt nicht nur Israels immerwährende Existenz als ein Volk, sondern Sein Wort legt auch grossen Wert darauf, dass es nie aufhören wird, eine «Nation vor Ihm» zu sein! Deshalb stand, obwohl die Nation während und nach dem babylonischen Exil tiefe und traumatische Veränderungen durchmachen musste, das Wesen seiner Existenz niemals zur Diskussion. Mit andern Worten: Für das Volk Israel ist es wesentlich, seine einzigartige Identität als eine Nation vor Gott aufrechtzuerhalten, um die Schrift erfüllen zu können.

Neue Anfänge

Nach zwei Jahrtausenden des Exils und der Schande finden wir die Seele der jüdischen Nation, die beladen war mit Leiden, Angst und Ablehnung, heute in neuer Kraft. Was in den dunklen Zeiten der Geschichte verloren gegangen und geraubt worden war, ist nun in unserem Jahrhundert mit Macht wieder auferstanden.

Die alte nationale Seele und Identität, die durch Sünde, Unglaube und andauernde Verfolgungen verschüttet war, ist nun in den Herzen derer wieder an die Oberfläche gekommen, die aus der Gefangenschaft zurückgekehrt sind. Ja, tatsächlich: *«Als der HERR das Los der Gefangenschaft Zions wendete, da waren wir alle wie Träumende. Da war unser Mund voll Lachen und unsere Zunge voll Jubel.»* (Ps. 126,1.2). Seit es in das Land zurückkehrte, sein Erbe im Krieg verteidigte und die alten Ruinen wieder aufbaute, hat das innerste Herz des jüdischen Volkes wieder die alte Kraft und Tapferkeit erlangt.

Als die ersten Pioniere während der vergangenen hundert Jahre das alte Heimatland zurückforderten und wieder besiedelten, wurde ein neues Fenster in der nationalen jüdischen Seele aufgetan: Die Juden, die im Exil aus dem Becher der Tradition trinken mussten, um ihre eigene Identität zu bewahren, gruben nun ihre Hände tief in die Erde des Landes, um sich wieder mit den echten historischen und geographischen Wurzeln zu verbinden.

Es gibt eine biblische Verheissung; es gibt ein noch unerfülltes Anliegen im Herzen des Vaters; und es gibt eine lautstarke Proklamation in der Himmelswelt: Diese abgehauenen natürlichen Zweige sollen wieder in den gesegneten Ölbaum eingepflanzt werden.

Aber wie sollen sie wieder eingepflanzt werden: als vertriebenes, unterdrücktes, verheissungsloses, religiös erstarrtes und ungeistliches Volk? Unmöglich! Die Schrift verheisst vielmehr, dass sie dann wieder eingepfropft und in Gottes Berufung eingesetzt werden, wenn sie ihre alte, echte und gottgegebene Identität aus der Tiefe ihrer Seele wieder neu ausgraben: dieses *hebräische und israelitische Wesen!*

Tief in Israels gemeinsamem Bewusstsein liegt ein Schatz verborgen, der über lange Zeit verlorener war – eine seltene Kostbarkeit, die Gott selber in das Herz dieses Volkes gelegt hat. Dieser Schatz muss wiederentdeckt und ans Tageslicht gebracht werden, und zwar als Endzeit-Opfer für eine Endzeit-Generation. Es handelt sich nicht um die wertvollen jüdischen Traditionen, die hohe Moral, die aufgeblasene und stolze Fassade, die dieses Volk so oft hochgehalten hat. Der wahre Schatz liegt noch tiefer.

Es gibt ein Volk auf dieser Welt, für welches die Bibel nicht einfach nur eine geistliche Allegorie, sondern das Buch seiner eigenen Geschichte ist. Es gibt eine Nation, die den wahren Frieden schmeckte, als sie das Rote Meer durchquert hatte, die das echte Manna in der Wüste kostete und die unter lautem Geschrei miterlebte, wie die Mauern Jerichos vor ihm zu einem Haufen Schutt zusammenfielen. Es gibt ein Volk, das gegen die echten Philister kämpfte, das echte Riesen besiegte, das ein wirkliches Land beanspruchte und besass und das mit eigenen Augen sah, wie die Wolke der Herrlichkeit herunterkam und den Tempel ihres Gottes füllte. *Es gibt heute eine Nation auf der Erde, die tief in ihrem Herzen eine Berufung trägt, die wiederentdeckt, gepflegt und ein letztes Mal vollendet werden muss!* Was wird geschehen, wenn ein solches Volk lebendig wird und zu seinem Gott findet? Was für ein verborgener Schatz wird dann in der Gemeinde, dem wahren Leib Christi und der Braut unseres Herrn, ans Licht kommen, wenn diese Brüder erneut zu ihrer wahren Identität erweckt werden, Hebräer und Israeliten, eine kämpfende und anbetende Nation? Diese Gesellschaft des *einen neuen Menschen*, die die Vollendung des Zeitalters sehen und das Herz des Vaters zufriedenstellen wird, liegt ausserhalb unseres gegenwärtigen Fassungsvermögens. Und dennoch halten wir an dieser Vision fest: Wir arbeiten dafür, dass diese Stunde auf Erden anbrechen wird; wir beten, dass der alte hebräische Teil wieder in den Leib des Messias eingepflanzt wird.

Aus diesem Grund müssen wir Juden Busse tun für all unsere stolze Selbstgenügsamkeit und alle unsere unnötigen Lasten ablegen (wie Paulus es tat), um unsere gottgegebene Identität zu finden. Auf der anderen Seite müssen die Nichtjuden für all ihren Stolz Busse tun; und sie müssen beten, dass Israel aus seiner Unwissenheit und Blindheit aufwacht und in seine wahre Berufung vor Gott findet.

Die jüdische Nation muss wieder als eine hebräische und israelitische Nation auferstehen: als *Hebräer* – die von der anderen Seite herüberkommen, wie Abraham es tat, der den Übergang mit Glaube, Mut und Gehorsam vollzog; und als *Israeliten* – die ihre fleischliche Natur zugeben, wie Jakob es tat, um eine neue Natur und eine neue Identität zu erlangen, eine Identität der Autorität und des Stehens vor Gott. *Ja, der wahre Jude ist gekennzeichnet durch den Glaubensgehorsam und durch die Demut der Umkehr!*

Die Gemeinde Jesu wird die grosse Bedeutung der Fürbitte für Israel bald verstehen. Die Hand Gottes wird – bewegt durch die Fürbitte seiner Diener – den Schlüssel drehen und das alte Verliess öffnen, in welchem die wahren Schätze, die Identität und die Berufung über so lange Zeit verschlossen waren. Sie werden dieses Gefängnis mit Fürbitte und Arbeit, mit Siegesgeschrei und Tränen der Barmherzigkeit öffnen, damit das Licht Gottes hineinscheinen und offenbaren kann, wer die Nation Israel in Wahrheit vor Ihm ist.

III

Die Verheissung
der Wiederherstellung

EINLEITUNG

«*Wie Ich über sie gewacht habe, um auszureissen und einzureissen, zu zerstören, zu vernichten und zu schaden, so werde Ich über sie wachen, um aufzubauen und einzupflanzen – Spruch des Herrn.*» (Jer. 31,28). Während ein grosser Teil der Gemeinde sich durchaus bewusst ist, dass Israel unser geistlicher Hintergrund ist und auch die Bibel, Gottes Bündnisse und Seine Verheissungen dort ihre Wurzeln haben, ignorieren jedoch ironischerweise die meisten weiterhin die Tatsache, dass Gott mit diesem Volk immer noch ein Ziel hat, das erfüllt werden muss. Diese Ignoranz, die uns blind macht für Gottes Endzeit-Absichten, schadet nicht nur der Gemeinde, sondern wird sogar oftmals von dämonischen Mächten verursacht, die durch Unversöhnlichkeit genährt werden.

Über Jahrtausende hinweg hat der Verführer alles unternommen, um die Vision der Gemeinde zu verwischen, ihre Gedanken durcheinander zu bringen und ihr Herz gegenüber Gottes Plan mit Israel zu verschliessen. Pausenlos greift Satan diese Offenbarung an und versucht, sie durch falsche Theorien zu ersetzen. Der Feind sät dauernd giftiges Unkraut in Gottes Ackerfeld.

Das Wort des Herrn hingegen währt von Ewigkeit zu Ewigkeit, und Er wird «*über Seinem Wort wachen und es ausführen*». (Jer. 1,12). So finden diese alten Prophetien in unseren Tagen auf übernatürliche Weise ihre lang ersehnte Erfüllung.

KAPITEL 12
DIE DYNAMIK DER WIEDERHERSTELLUNG

Das Herz des Apostels

Wir dürfen das Wort Gottes nicht nur nach seinem offensichtlichen Lehrgehalt durchforschen, sondern wir müssen ebenso das Leben und den Geist darin suchen. Daher wollen wir auch den tieferen Sinn in der Aussage des Apostels Paulus erkennen, wenn er schreibt: *«Ich sage in Christus die Wahrheit und lüge nicht, und mein Gewissen bezeugt es mir im Heiligen Geist: Ich bin voll Trauer, unablässig leidet mein Herz. Ja, ich möchte selber verflucht und von Christus getrennt sein um meiner Brüder willen, die der Abstammung nach mit mir verbunden sind.»* (Röm. 9,1–4).

Paulus wünschte sich tatsächlich, dass er verloren sein würde, abgeschnitten vom Retter, verdammt in der Hölle zugunsten seiner Brüder, der Israeliten! Er ist bereit, ewiges Verderben auf sich zu nehmen und Gottes grosses Geschenk der Errettung zugunsten seiner Verwandten wegzugeben! Ahnen wir die Tiefe der Qualen und die Weite der Offenbarung im Geist des Paulus, die ihn zu so einem Ausdruck veranlassen?

Paulus war nicht der Mann, der locker über schwerwiegende Dinge redete, auch nicht der, der sich von emotionalen Reaktionen leiten liess. Er ist jener Mann, der kühn erklärte: *«Gott hat mir in Seiner Güte Seinen Sohn geoffenbart.»* (Gal. 1,15.16), und wir wissen, dass

Paulus kein anderes Ziel in seinem irdischen Leben hatte, als den auferstandenen Sohn Gottes zu kennen und Ihm zu dienen. Seine überwältigende Aussage kam weder aus einem oberflächlichen Gefühl für seine verlorenen Landsleute noch allein aus einem seelischen Schmerz. Vielmehr muss ihn etwas Tieferes und Überwältigenderes zu so einem inneren Kampf und zu solchen Geistesqualen getrieben haben. In diesem persönlichen «Gethsemane» wollte der Apostel zugunsten seiner jüdischen Brüder lieber umkommen und seinen Namen aus dem Buch des Lebens ausradiert wissen!

Was hat das Herz dieses Mannes so aufgewühlt? Welche Einsicht besass er über Israels Wiederherstellung, die wir noch nicht erhalten haben? Welche grosse Bedeutung der Errettung Israels war dem Apostel so wichtig, dass er sich selber dafür opfern wollte? Könnte es sein, dass die Wiederherstellung der Nation – von den Propheten des alten Bundes vorhergesehen und vom Apostel selber proklamiert – einen Wert hat, der weit über das persönliche Heil so vieler Seelen hinausgeht? Könnte es sein, dass Israels Befreiung von Sünde und Unglauben unvorhergesehene Segnungen für die ganze Welt mit sich bringen wird? Ist es möglich, dass Israels Heilung als Vorbote für die Heilung aller Nationen dienen wird?

Das Wesen der Wiederherstellung

Als der Herr Israel und die Völker anschaute, fragte Er: «*Hast du nicht bemerkt, was die Leute reden: Die beiden Stammesverbände, die der Herr erwählt hatte, hat Er verworfen!, und wie sie mein Volk verachten, so dass es in ihren Augen kein Volk mehr ist?*» (Jer. 33,24) Tragischerweise geben diese Worte das Glaubensbekenntnis und die Einstellung vieler wieder. Obwohl sie erkennen, dass Gottes Erlösungsplan in der Vergangenheit eng mit Israel verknüpft war, leugnen sie doch dessen Bedeutung für die Zukunft. Die Welt versucht immer mehr, Israels Platz zu leugnen, auch wenn es sich in der internationalen Politik deutlich behauptet. Selbst die Gemeinde hat den Plan Gottes noch nicht verstanden und verkennt somit ebenfalls Israels Position!

Die gleiche Prophetie Jeremias fährt damit fort, Gottes Versprechen der Wiederherstellung festzuhalten: *«So spricht der Herr: So gewiss Ich Meinen Bund mit dem Tag und mit der Nacht und die Ordnungen von Himmel und Erde festgesetzt habe, so sicher werde Ich auch die Nachkommen Jakobs und Meines Knechtes David nicht verwerfen; aus seinen Nachkommen werde Ich die Herrscher über die Nachkommen Abrahams, Isaaks und Jakobs nehmen. Denn Ich werde ihr Geschick wenden und Mich ihrer erbarmen.»* (Jer. 33,25.26).

Viele Menschen glauben, dass Gott die Juden lediglich individuell retten und als versprengte Schafe in die Hürde zurückbringen wird. Aber die Bibel gibt uns klare Hinweise darauf, dass er eine nationale Wiederherstellung für Israel im Sinn hat. Jeremia rügte die Nationen, die Israel ablehnten und verachteten, indem sie behaupteten, die Juden seien *«kein Volk mehr»*.

Dagegen erklärt Gott, dass Israel *als Nation* wieder zu Seiner Gnade zurückkehren werde.

Der Prophet Sacharja fügt sein Zeugnis bezüglich der nationalen Errettung Israels an: *«Doch über das Haus David und über die Einwohner Jerusalems werde ich den Geist des Mitleids und des Gebets ausgiessen. ...Das Land wird trauern... alle überlebenden Sippen ... An jenem Tag wird für das Haus David und für die Einwohner Jerusalems eine Quelle fliessen zur Reinigung von Sünde und Unreinheit.»* (Sach. 12,10–13,1). Das prophetische Bild, das wir hier vor uns haben, ist das einer ganzen Nation, die als ganze Überführung, Reue und Heilung erleben wird!

Erstaunlicherweise ist Israel das einzige Volk, über das die Bibel eine nationale Busse und Heilung voraussagt. Eine grosse Ernte von allen Völkern und Nationen wird eingebracht werden, aber dabei handelt es sich jeweils nur um Bruchteile dieser Nationen, während Israel noch immer auf die Erfüllung der verheissenen nationalen Erweckung wartet.

Diese Aussage finden wir wiederholt bei den Propheten Jesaja, Hesekiel, Jeremia, Hosea und anderen. Sie alle sprechen mit grosser Erwartung von dieser zukünftigen Heilung der Nation. Nach den vorausgesagten Gerichten und Züchtigungen weist Gottes Wort immer wieder auf die verheissene Wiederherstellung hin. Wie sollten wir sonst den vollen Sinn von Jesajas Worten erfassen: *«Tröstet, tröstet Mein Volk, spricht euer Gott. Redet Jerusalem zu Herzen und verkündet der Stadt, dass ihr Frondienst zu Ende geht, dass ihre Schuld beglichen ist; denn sie hat die volle Strafe erlitten von der Hand des Herrn für all ihre Sünden.»* (Jes. 40,1.2).

Es wird ein Tag kommen, und er steht kurz bevor, an welchem Gottes Prophetien für die letzten Tage Israels unleugbar an die Oberfläche kommen und sich erfüllen werden. Die Geschichte selber legt Zeugnis ab für diese nationale Wiederherstellung, die sich gegenwärtig vor den Augen einer verwirrten und ungläubigen Welt entfaltet, während Gott fortfährt, die zerstreuten jüdischen Gemeinschaften in ihr Heimatland zurückzuziehen. Und wir können sicher sein, dass sich diese Auferstehung auf der nationalen Ebene fortsetzen wird, bis sie auch auf der geistlichen Ebene stattfindet; denn was Gott Sich für dieses Volk vorgenommen hat, das wird Er auch ausführen!

Das Ziel der Wiederherstellung

Die Souveränität Gottes bestimmt die Geschicke der Menschen, und Er allein bestimmt über den Niedergang und den Aufstieg von Nationen. Historisch gesehen wurde Israel berufen, ausgerüstet und gesegnet, um seinen Auftrag auszuführen, scheiterte aber bisher. Das gerechte Gericht Gottes traf diese Nation, und viele Jahrhunderte lang ging sie durch das «Tal des Todesschattens». Aber das prophetische Wort Gottes steht fest und bestimmt – jedem menschlichen Ratschluss und jeder menschlichen Schwäche zum Trotz – das Ende der Geschichte. Trotz allen natürlichen und übernatürlichen Widerstandes und trotz Israels eigener Sünde und seines Unglaubens steht das unveränderliche Urteil des Herrn des Himmels und der Erde fest, sie zu sich zurückzuführen und zu heilen!

Paulus liess sich in seinen Erklärungen an die Jünger in Rom ausführlich darüber aus. Dieser Brief ist die systematischste und umfassendste theologische Darlegung des ganzen Neuen Testamentes. Und gerade in den Kontext der Offenbarung über die Verdorbenheit der Menschen, die Gerechtigkeit Gottes, den Plan der Erlösung und über das geistliche Leben, fügte der Heilige Geist die Offenbarung über Israel ein, indem er ihm drei Kapitel über seine Berufung, seine Verwerfung und seine Wiederherstellung widmete! Paulus schrieb im Hinblick auf Israel: *«Sind sie etwa gestrauchelt, damit sie zu Fall kommen? Keineswegs!»* (Röm. 11,11). Der Apostel unterscheidet hier klar, indem er dem Leser versichert, dass diese Nation zwar tatsächlich *gestrauchelt, aber nicht gefallen* ist. In anderen Worten: Wenn auch die hebräische Nation in ihrer Berufung gestrauchelt ist, so ist sie dennoch keine abtrünnige Nation!

Er schreibt weiter: *«Denn wenn schon ihre Verwerfung für die Welt Versöhnung gebracht hat, dann wird ihre Annahme nichts anderes sein als Leben aus dem Tod.»* (Röm. 11,15). Paulus betont hier nicht nur erneut die göttliche Absicht hinter der Verwerfung Israels, die in Gottes Plan dazu diente, die nichtjüdischen Nationen dieser Welt durch den Messias zu erreichen. Er stellt sogar eine ganz bezeichnende Frage: *«Was wird ihre Annahme bedeuten?»* Ganz offensichtlich erwartete Paulus nicht nur eine zukünftige Heilung und Annahme für Israel, sondern er schien diese nationale Errettung als Wunder zu verstehen, das auch anderen nützen wird. Er beantwortet seine eigene Frage mit der Erklärung, dass Israels Annahme nichts anderes bedeuten kann als *«Leben aus dem Tod»*!

Der Apostel verwendet diese kraftvolle Sprache mit Absicht. Er erklärt hier, dass die Wiederannahme Israels in nichts anderem enden wird als in einem *Auferstehungsleben,* das Auswirkungen auf die ganze Welt haben wird! Er prophezeit folgendes: Wenn die verworfenen Juden die Nichtjuden in das Angenommensein von Gott führten, was wird dann in Gottes göttlichem Plan geschehen, wenn *die verworfenen Juden nicht mehr länger verworfen* sein werden? Paulus erklärt, dass es das Auferstehungsleben selbst bedeuten wird!

Bezeichnenderweise krönt das Thema der Auferstehung von den Toten die Offenbarung vieler alttestamentlicher Propheten, wenn sie auf das Ende der Tage vorausblicken. Die gleiche Verheissung wird auch von Jesus Christus selber betont, und sie ist auch in der

Lehre der Apostel ein grundsätzliches Thema! Wir glauben, dass es von grosser Bedeutung ist, dass die Hoffnung auf die Auferstehung von den Toten direkt mit Israels letztendlicher geistlicher Heilung und Wiederherstellung zusammenhängt.

Zudem wissen wir, dass die Toten beim Schall der letzten Posaune auferstehen werden, was wiederum die Rückkehr des Herrn in Sein Eigentum bedeutet (vgl. 1. Thess. 4,16). Aus diesem Grund können wir sagen, dass die Wiederherstellung Israels, die Auferstehung von den Toten und die Wiederkunft des Herrn in einem apokalyptischen und überwältigenden Höhepunkt der Ereignisse zusammenkommen werden. Und obwohl wir nicht wissen, ob diese glorreichen Ereignisse gleichzeitig geschehen werden oder über einen gewissen Zeitraum verteilt, so wissen wir dennoch, dass sie alle miteinander zusammenhängen und durch das Wachsen und Näherkommen seiner Gegenwart ausgelöst werden.

Wir erwarten das volle Eintreffen dieser Ereignisse. Während die Nation Israel Schritt um Schritt und unter Schmerzen in die Umarmung Gottes zurückfindet, wird die Fülle des göttlichen Lebens mehr und mehr über alle Nationen ausgegossen. Wie die jüngste Geschichte beweist, ist die nie dagewesene Verbreitung der guten Nachricht über die ganze Welt allein in unserem Jahrhundert eng verknüpft mit der Wiederherstellung des jüdischen Volkes als Nation in seinem Land. Somit dient die Wiederherstellung Israels als Katalysator in Gottes Plan der Segnungen und der Ernte der Endzeit, da das Leben ganz sicher über den Tod triumphieren wird.

Könnte es sein, dass Satan Gottes Pläne mit Israel besser versteht als viele Christen? Ist es möglich, dass die endlosen Konflikte rund um die Wiederherstellung Israels genau mit diesen geistlichen Realitäten zusammenhängen? Es scheint, dass die Antwort auf beide Fragen «ja» heisst.

KAPITEL 13
ZEIT DER WIEDERHERSTELLUNG

In Anbetracht des Zeitplans unseres Herrn und der nahegerückten letzten Tage müssen wir an der Hoffnung festhalten, die durch alle Generationen von Christen hindurch hell geleuchtet hat. In jeder Generation gab es eine radikale, prophetisch orientierte Minderheit, die davon überzeugt war, in der Endzeit zu leben. Diese Gläubigen sahen jeweils im «bösen Mann» ihrer Generation den Antichristen, verstanden ihre Schwierigkeiten als die grosse Trübsal und erwarteten mit Gewissheit, Zeugen der Wiederkunft des Herrn zu sein.

Alle diese aufrichtigen Gläubigen irrten sich und starben in ihrem lehrmässigen Irrtum, während sie immer noch an ihrer Hoffnung festhielten. Und doch hatten sie wiederum auch recht! Es stimmt, dass sie sich auf die Endzeit und auf die Wiederkunft Jesu vorbereiten sollten. Auf Grund ihres Eifers und ihrer prophetischen Leidenschaft ist der Stab des Glaubens und der Hoffnung schliesslich von einer Generation an die nächste weitergereicht worden.

Wie können wir nun sicher sein, in den letzten Tagen zu leben? Könnte es sein, dass auch wir die prophetischen Zeichen unserer Tage falsch oder auf übertriebene Weise deuten? Das ist möglich! Allerdings haben wir etwas, was keine der früheren Generationen besass. Wir haben die auferstandene und wiederhergestellte Nation Israel vor Augen – ohne Zweifel das wichtigste Zeichen unserer Tage! Die Frage taucht auf: Wird Israel nun tatsächlich und endgültig wiederhergestellt?

Der Zeitplan Gottes

Auf unserer Suche nach Hinweisen darauf, an welchem Punkt in Gottes Gesamtplan wir uns heute befinden, treffen wir auf zahlreiche prophetische Vorhersagen, die das Wort *«bis»* enthalten und die einen gewissen Anhaltspunkt geben können. Als Petrus zu der Menschenmenge in Jerusalem predigte, rief er aus: *«Also kehrt um und tut Busse, damit eure Sünden getilgt werden und der Herr Zeiten des Aufatmens kommen lässt und Jesus sendet als den für euch bestimmten Messias. Ihn muss freilich der Himmel aufnehmen BIS zu den Zeiten der Wiederherstellung von allem, die Gott von jeher durch den Mund Seiner heiligen Propheten verkündet hat.»* (Apg. 3,19–21). In diesen Versen finden wir unser erstes «bis».

Bei genauerem Hinsehen offenbart uns dieser Appell von Petrus einige wichtige Tatsachen. Als erstes verspricht er dieser jüdischen Volksmenge, dass Zeiten der Erfrischung kommen werden, falls sie Busse tun und sich zum Herrn wenden. Als zweites erklärt er ihnen, dass Jesus, der Messias, für sie bestimmt ist. Drittens betont er, dass der Himmel Jesus von Seiner Rückkehr auf die Erde noch zurückhält, oder wie es eine andere Übersetzung ausdrückt: *«Ihn muss freilich der Himmel aufnehmen»*, bis alle Vorhersagen der Propheten erfüllt sind.

Der Herr wartet für Seine Wiederkunft (und damit das Ende dieses Zeitalters) also die Zeit der Wiederherstellung ab. Welches waren nun diese Dinge, deren Wiederherstellung die Propheten vorausgesagt hatten? Was war der Schwerpunkt ihrer prophetischen Zukunftsschau?

Nahezu alle Botschaften der Propheten des Alten Testaments, welche das Thema der Wiederherstellung beinhalten, zeigen deutlich, dass sie die Wiederherstellung Israels am Ende der Tage erwarteten. Sie verkündeten, dass die Menschen wieder in ihr Land zurückkehren und dass sich ihre Herzen wieder zu Gott wenden würden, dass in den Strassen Jerusalems wieder angebetet und dass das Land selber wieder fruchtbar werden würde.

Es scheint, dass Jesus bis zu der Zeit, in welcher Israel das wiederherstellende und heilende Wirken Gottes erlebt, «zurückgehalten» wird, um zu Seiner Braut und in Sein Erbe zurückzukommen.

«Bis» das Land verwüstet ist

Nach seiner lebensverändernden Begegnung mit dem Herrn im Tempel wurde Jesaja mit einer einzigartigen Mission betraut. Sein Auftrag lautete: *«Verhärte das Herz dieses Volkes, verstopf ihm die Ohren, verkleb ihm die Augen, damit es mit seinen Augen nicht sieht und mit seinen Ohren nicht hört, damit sein Herz nicht zur Einsicht kommt und sich nicht bekehrt und nicht geheilt wird.»* (Jes. 6,10). Diese seltsame Berufung kann nur im Licht von Gottes Absicht verstanden werden, dass Israel zum Heil für die nichtjüdischen Völker verstossen werden sollte.

Jesaja, der den prophetischen Ernst seiner Berufung verstand, fragte: *«Wie lange, Herr?»* (Jes. 6,11). Ohne Gottes Handeln in Frage stellen zu wollen, erkundigte er sich danach, wie lange Israel auf der «Schattenseite» würde leben müssen, unberührt und ungeheilt, während Gottes versöhnende Gnade zu den Nationen floss. Der Herr antwortete: *«BIS die Städte verödet sind und unbewohnt, die Häuser menschenleer, bis das Ackerland zur Wüste geworden ist. Der Herr wird die Menschen weit wegtreiben; dann ist das Land leer und verlassen.»* (Jes. 6,11.12). Hier haben wir das zweite *«bis»*.

Wie lange wird Israel blind und taub bleiben? Wie lange soll Gottes altes Volk davon abgehalten werden, die göttlichen Absichten für Sein Volk vollständig zu verstehen und anzunehmen? Wie lange soll es dauern, bis Er sie wiederherstellen kann? Die Antwort lautet: «bis» das Land die Gerichte Gottes vollständig durchgestanden haben wird!

Dieses «bis» ist vollständig erfüllt. Die Geschichte bezeugt die totale Verwüstung und Verwerfung, unter der das Land Israel für Jahrtausende gelitten hat (vgl. Kapitel 16). Das Land lag brach, war ungeliebt und wurde nicht versorgt. Mit jedem Jahrhundert, in dessen Verlauf eine kriegsführende Nation nach der anderen die Schätze Israels raubte, verlor es mehr von seiner Lebenskraft.

Meine eigene Familienchronik legt Zeugnis ab von den ersten Jahren dieses Jahrhunderts, als meine Grossväter als Pioniere in das Land der Verheissung kamen, das damals voll war von Sümpfen und Malaria und das in Trümmern lag. Da gab es keine Spur mehr von der alten Herrlichkeit und Fruchtbarkeit! Das zweite «bis» war vollumfänglich erfüllt, und es war Zeit, wieder aufzubauen.

«Bis» Jerusalem frei sein wird

In Seiner Prophetie über Jerusalem sagte Jesus dessen Zerstörung voraus, und Er mahnte die Einwohner zu fliehen. Er schloss mit den Worten: *«Mit scharfem Schwert wird man sie erschlagen, als Gefangene wird man sie in alle Länder verschleppen, und Jerusalem wird von den Heiden zertreten werden, BIS die Zeiten der Heiden sich erfüllen.»* (Lk. 21,24). Dies ist das dritte «bis», das wir uns näher ansehen wollen.

Man könnte sagen, dass Jesus hier im selben Atemzug sowohl von der bevorstehenden Zerstörung Jerusalems, als auch von seiner zukünftigen Wiederherstellung sprach. In Seiner umfassenden prophetischen Schau zeigte der Herr, dass Israel in Gefangenschaft geführt werden und Jerusalem für eine lange Zeit unter fremder heidnischer Herrschaft leben würde. Wie lange sollte diese Zeit dauern? Wann würde das Zeichen der Schande, des Exils und der Sklaverei weggenommen werden? Der Herr selber beantwortete diese Frage, indem Er sagte, das Ende werde nicht eher kommen, als *«BIS die Zeiten der Heiden sich erfüllen»* und Jerusalem nicht länger mit Füssen getreten würde.

Dieses «bis» hat sich im Juni 1967 erfüllt, als die Jerusalemer Altstadt während des Sechs-Tage-Krieges durch einen einzigen Schlag der israelischen Verteidigungstruppen befreit wurde. Israel hatte ursprünglich nicht geplant, die Stadt schon während dieses Krieges zu erobern. Vielmehr hätte es die Regierung vorgezogen, die Ostgrenze zu Jordanien ruhig und aggressionsfrei zu halten. Aber König Hussein von Jordanien ordnete seinerseits Kämpfe an, und innerhalb weniger Tage war Israel im Besitz von Judäa, Samaria und der ganzen Stadt Jerusalem! An diesem Tag der Eroberung Jerusalems kehrte in der Himmelswelt eine bedeutungsvolle Wende ein: Jerusalem trat aus jener Zeit heraus, die Jesus prophetisch als *«die Zeiten der Heiden»* bezeichnet hatte.

Natürlich kümmert sich Gott immer noch um die Völker dieser Welt. Natürlich bringt Er eine Ernte aus jedem Stamm, jeder Sprache, jedem Volk und jeder Nation ein. Und dennoch rückte die Wiederherstellung Israels einen weiteren Schritt näher, als Jerusalem nach nahezu zweitausend Jahren wieder erobert wurde und sich das dritte «bis» erfüllte.

«Bis» die Menschen sich beugen

Unter Tränen prophezeite Jesus erneut über Jerusalem und brachte Seine grosse Sehnsucht zum Ausdruck, die Kinder Israels zu Sich zu versammeln. Als Er ihren Unglauben und ihre Ablehnung sah, rief Er aus: *«Und Ich sage euch: Von jetzt an werdet ihr Mich nicht mehr sehen, BIS ihr ruft: Gesegnet sei Er, der kommt im Namen des Herrn!»* (Mt. 23,39). Dies ist unser viertes *«bis»*.

Der Herr, vom Heiligen Geist erfüllt, wusste, dass Jahrhunderte voller Leiden und Ablehnung über die Juden kommen würden. Er sah das lange «Tal des Todesschattens», durch welches Israel hindurchzugehen hatte. Aber Er sah auch das Ende und sagte voraus, dass Er vor ihnen verborgen bleiben würde, «bis» sie ihre Herzen in Glauben und Dankbarkeit wieder zu Gott erheben würden. Dieses «bis» erfüllt sich in unseren Tagen.

Wir erwarten, dass eines Tages ganz Israel Gott erkennen wird, und schon heute sehen wir die Anfänge dieses Wunders. Verteilt über das ganze Land entstanden Dutzende von Gemeinden einheimischer Israelis, die rufen: *«Gesegnet sei Er, der kommt im Namen des Herrn!»*

Mit ihren erhobenen Händen und brennenden Herzen sind diese israelischen Gläubigen ein Bild für die kommende Ernte aus dem ganzen Volk. Somit wird die Frage «Wie lange wird Israels Blindheit dauern?» in diesen Tagen mit dem vierten «bis» beantwortet.

«Bis» die volle Zahl erreicht ist

In den Schriften von Paulus finden wir ein klares Verständnis von Gottes Zeitplan. Am Schluss seiner Erklärungen im Römerbrief, in dem er das Geheimnis von Israels Berufung, Verwerfung und Wiederherstellung erklärt, schreibt er: *«Damit ihr euch nicht auf eigene Einsicht verlasst, Brüder, sollt ihr dieses Geheimnis wissen: Verstockung liegt auf einem Teil Israels, BIS die Heiden in voller Zahl das Heil erlangt haben.»* (Röm. 11,25). Das ist unser fünftes *«bis»*.

Paulus macht ganz klar, dass nur ein Teil Israels verhärtet ist und dass diese Verhärtung lediglich so lange andauern wird, BIS die Vollzahl der nichtjüdischen Gläubigen erreicht sein wird. Was ist nun mit dieser Vollzahl gemeint? Haben wir sie gar schon erreicht? Ist jetzt die Zeit gekommen, in der diese teilweise Verhärtung von Israel weggenommen werden wird?

Als erstes wissen wir, dass die «Fülle» der nichtjüdischen Gläubigen oder Nationen sich auf ihre vollständige Anzahl bezieht. Die New International Version übersetzt: *«Bis dass die volle Zahl der Heiden hineingekommen sein wird.»* Wir glauben, dass Gottes Plan der Heilung und Erlösung Israels tatsächlich direkt mit der quantitativen Grösse der Ernte verknüpft ist. Gott besitzt einen Stift, mit dem Er die Namen der Erlösten in Sein Buch schreibt. Sobald die volle Zahl von nichtjüdischen Gläubigen in Sein Reich hineingekommen sein wird, wird sich Seine Aufmerksamkeit erneut auf Israel konzentrieren.

Als zweites besteht zweifelsfrei ein Zusammenhang zwischen der Vollzahl der nichtjüdischen Völker und den Ungerechtigkeiten der Gottlosen, die ein überfliessendes Mass erreichen. Als Gott mit Abraham über die Rückkehr seiner Nachkommen aus Ägypten in das verheissene Land sprach, sagte Er ihm: *«Erst die vierte Generation wird hierher zurückkehren; denn noch hat die Schuld der Amoriter nicht ihr volles Mass erreicht.»* (Gen. 15,16). Mit anderen Worten: die Sündhaftigkeit und die Bosheit der Amoriter hatte ihre Fülle noch nicht erreicht. Folglich konnte das Gericht noch nicht anbrechen! Ebenso wird am Ende dieses Zeitalters der Tag kommen, an dem sogar unser langmütiger und gnädiger Gott sagen wird: genug! Die Bosheit und Sündhaftigkeit der Nationen hat ein solches Mass erreicht, dass das Gericht nicht länger aufgeschoben werden kann. Drittens spricht die Vollzahl der nichtjüdischen Völker vom Versprechen Gottes, Seiner Gemeinde die Fülle des Geistes zu geben. Die zunehmende Reife der Gläubigen und die Vollendung der Braut Christi wird an der Fülle des Geistes und an den Wesensmerkmalen Jesu in den Gläubigen selbst erkennbar sein. Das bedeutet, dass die Gemeinde aus den Nationen dieser Erde eine Fülle erreichen muss, ohne die Israel seine eigene verheissene Fülle nicht erreichen kann. Tatsächlich gehen wir der Fülle des Geistes in den Völkern in diesen Tagen entgegen, und das fünfte «bis» ist dabei, sich zu erfüllen.

Wir befinden uns in der Zeit dieser «bis». Die alten Prophezeiungen bezüglich Israels Wiederherstellung sind dabei, erfüllt zu werden. Das Land war weitgehend verwüstet worden und wird nun wieder aufgebaut. Jerusalem steht nicht mehr länger unter fremder Herrschaft. Der Leib des Messias in Israel verkündet: *«Gepriesen sei, der da kommt im Namen des Herrn!»*, und die Vollzahl von Gläubigen aus den Nationen kommt in das Reich Gottes hinein. Wir leben tatsächlich in der Endzeit, und Gottes mächtiger Arm führt uns Tag für Tag näher zum Höhepunkt unseres Zeitalters.

Das letzte und wahrscheinlich das gewichtigste «bis» ist von Micha prophezeit worden. Nach der prophetischen Offenbarung über die Ankunft und Menschwerdung von Gottes Sohn und der Enthüllung der ewigen Herrlichkeit des Messias, fährt der Prophet fort: *«Darum gibt der Herr sie* (die Söhne Israels) *preis, bis die Gebärende einen Sohn geboren hat. Dann wird der Rest seiner Brüder* (die nichtjüdischen Gläubigen) *heimkehren zu den Söhnen Israels.»* (Mi. 5,2).

Ja, Israel wird dahingegeben sein, bis zur Zeit jener grossen Vereinigung von Juden und Nichtjuden zu dem *einem neuen Menschen!*

KAPITEL 14
ISRAELS ENDGÜLTIGE ANNAHME

Das Verständnis, dass Israels eigene Wiederherstellung Gottes umfassende Wiederherstellung der gesamten Menschheit versinnbildlicht und ankündigt, wird auch von Paulus bestätigt: *«Aber zuerst kommt nicht das Überirdische; zuerst kommt das Irdische, dann das Überirdische.»* (1. Kor. 15,46). Diese Wahrheit findet sich auf allen Ebenen der Schöpfung – angefangen bei Adam bis hin zu Christus, von der natürlichen Geburt bis zur geistlichen Geburt und von Israel bis zur Gemeinde. Das Natürliche geht dem Geistlichen stets voran.

Die jüngste Geschichte ist ein Beweis dieses Zusammenhangs zwischen Wiederherstellung und Heilung, die im natürlichen Bereich beginnt und dann in den geistlichen Bereich überfliesst, um dort ihre eigentliche Bestimmung zu erfüllen. Gerade in diesem Jahrhundert haben wir erlebt, wie der Staat Israel trotz der Verbannung und trotz des Völkermordes am Volk der Juden wieder auferstanden ist. Es gibt nur wenige andere Völker, die für sich beanspruchen oder beweisen können, dass ihre Geschichte mehrere Jahrtausende zurückreicht. Und dort, wo Völker einen alten historischen Hintergrund besitzen, handelt es sich meistens um ihre Kultur. Israels Erbe aber ist der klare Beweis einer ununterbrochenen nationalen Identität mit einem geographischen Anspruch, der nicht zu leugnen ist.

Das Phänomen der Auferstehung einer Nation ist zweifellos übernatürlich, und um es zu verstehen, müssen wir unser Augenmerk auf Gottes Ziele und Verheissungen richten. Sein Wort allein bürgte für die Bewahrung Israels während mehr als 2500 Jahren von Gefangenschaft und Exil. Sein Wort allein bürgt auch heute für die Wiederherstellung Israels.

Diese nationale Wiederherstellung des Volkes in seinem eigenen Land hat ein geistliches Gegenstück. Wir sehen, dass es nach jedem Wirken Gottes am Volk Israel auch ein Wirken Gottes in Seiner Gemeinde gibt. Jedesmal, wenn der Heilige Geist auf der natürlichen Ebene etwas bewegte, bewegte Er auch etwas auf der geistlichen Ebene. Die Geschichte gibt uns dafür Beispiele.

Die Sammlung, 1897

Dr. Theodor Herzl berief die erste Zionistische Konferenz in Basel, Schweiz, ein und begründete damit die Zionistische Bewegung. Dabei handelte es sich um eine äusserst ungewöhnliche, ja übernatürliche Bewegung innerhalb des jüdischen Volkes, die zum Ziel hatte, das Volk der Juden zu sammeln und in das Land zurückzuführen, das es 1800 Jahre zuvor verlassen hatte. Auf unglaubliche Art und Weise und gegen alle Widerstände auferstand dieses zerstreute Volk, das weder Regierung noch Wirtschaft, noch eigenes Staatsgebiet besass.

Zu jenem Zeitpunkt war die frühe Immigration schon einige Jahre im Gange, und Welle um Welle kamen die jüdischen Pioniere in das damals sogenannte Palästina, darunter auch meine Grosseltern. Das Land, das sie damals antrafen und zu kultivieren und zu bevölkern begannen, war verödet, unentwickelt und von niemandem begehrt. Es war übersät mit Sümpfen, von Malaria heimgesucht und gezeichnet von der Unfruchtbarkeit als Folge von Jahrhunderten der Vernachlässigung. Jerusalem war nur noch ein halbzerstörtes Dorf.

In seinem Hotelzimmer vermerkte Theodor Herzl in seinem Tagebuch: «Heute habe ich in Basel den jüdischen Staat gegründet!» Betrachten wir den weltlichen Hintergrund und die rein politischen Motive dieses grossen Mannes, staunen wir umso mehr über den «prophetischen Mantel», den Gott auf seine Schultern gelegt hatte. Herzl diente den Zielen Gottes als ein Prophet, indem er Worte des Lebens und der Wegweisung zu einer Nation sprach, die noch gar nicht existierte. Erst fünfzig Jahre nach dieser prophetischen Erklärung Herzls in seinem Hotelzimmer erhielt Israel endlich seinen souveränen Status! Auf diese Weise wurde das ausgehende neunzehnte und das beginnende zwanzigste Jahrhundert zur Geburtsstunde jener Bewegung, die das Volk wieder in sein Land zurückbrachte.

Die Parallele dazu:

Fast auf das Jahr genau, als die Zionistische Bewegung weltweite Anerkennung und Verbreitung fand, legte Gott Seine Hand auch auf die Gemeinde. Aus Hunger nach Gottes Gegenwart gingen Scharen von Christen auf die Knie, um Ihn zu suchen. Der Himmel antwortete, und Topeka, Kansas (1900), Azuza Street (1903), Chile, China und andere Orte auf der ganzen Welt erlebten eine gewaltige Ausgiessung des Heiligen Geistes. Der Geist Gottes fiel mächtig und blieb so lange, dass unter Seiner Wirkung die Pfingstbewegung entstand. Es war ein gewaltiger heiliger Wind, der die Erde mehrfach umkreiste und eine Ernte von nahezu 300 Millionen wiedergeborener Christen einbrachte. Als die natürliche Wiederherstellung des Volkes Israel in seinem Land begann, begann auch für das geistliche Israel eine Wiedereinsetzung in sein Erbe.

Die Sprache

Das Hebräische war für fast zweitausend Jahre aus dem Sprachgebrauch verschwunden. In der Zeit des Exils wurde die eigentliche Muttersprache des jüdischen Volkes fast ausschliesslich von Rabbinern und Lehrern gesprochen und auch von ihnen nur im Zusammenhang mit ihren religiösen Pflichten und in den Synagogengottesdiensten. In den frühen Jahren des 20. Jahrhunderts – parallel zu der zunehmenden Einwanderung jüdischer Pioniere ins Land –

machte es sich ein Mann namens Elieser Ben-Yehuda (Sohn Judas) zur Aufgabe, die alte hebräische Sprache wieder neu zu beleben. Die Geschichte bezeugt seinen unbeschreiblichen Eifer und seine unerschütterliche Hingabe an diese gewaltige Aufgabe. In Tagen und Nächten unablässiger Arbeit und unter grossen persönlichen Verlusten und Opfern gab dieser Eiferer dem Volk der Bibel die Sprache der Bibel zurück. Seine Familie erlitt Spott und Verfolgung, weil er darauf bestand, dass sie mitten in einem Volk, das alles andere als Hebräisch sprach, sich ausschliesslich in Hebräisch verständigten. Sein Opfer und seine Anstrengung brachten die ersehnte Frucht, und das Hebräische wurde wieder zur offiziellen Sprache des jüdischen Volkes in seinem Land.

Die Parallele dazu:

Die Wiederentdeckung der Gabe der Sprachenrede, zusammen mit den anderen geistlichen Gaben, trat gleichzeitig in der Gemeinde auf. Als Teil des göttlichen Geschenkes während der pfingstlichen Erweckung in den früheren Jahren unseres Jahrhunderts wurde die Sprachenrede wieder in grösserem Masse geschätzt. Während Jahrhunderten hatte sich weder das Volk Israel in seiner natürlichen Sprache noch das «geistliche Israel» im Gebrauch der Sprachenrede geübt. Nun entdeckte die Gemeinde den verborgenen Schatz neu und wurde dadurch gesegnet und auferbaut (vgl. 1. Kor. 14,4). Obwohl wir wissen, dass die Gabe der Sprachenrede weder heilsnotwendig noch eine Garantie dafür ist, dass die entsprechende Person «geisterfüllt» ist, sehen wir doch das andauernde Wirken Gottes sowohl auf der natürlichen als auch auf der geistlichen Ebene.

Die Staatsgründung, 1948

Nachdem das Land durch die Briten vom muslimischen türkischen Reich, das von Natur aus den Absichten Gottes feindlich gesinnt war, befreit worden war, wurde es Stück für Stück und unter grossen Schmerzen von den jüdischen Siedlern in Besitz genommen.

Dr. Weizmann, ein jüdischer Wissenschaftler, der für das britische Verteidigungsministerium arbeitete, erhielt Englands Anerkennung für die Erfindung eines neuen Sprengstoffes während des Ersten Weltkrieges. Diese Erfindung wendete schliesslich das Blatt zu Ungunsten der Deutschen. Als er nach seinem Wunsch für eine Entschädigung gefragt wurde, antwortete er: «Ich bitte um eine Heimat für mein Volk in seinem angestammten Land.»

Durch schwierige politische Schachzüge und mit der starken Unterstützung von gläubigen britischen Politikern konnte England seiner Bitte nachkommen. Es wurde vom Völkerbund damit beauftragt, Palästina zu verwalten und es für die Errichtung eines jüdischen Staates vorzubereiten. Die Politik ist jedoch oftmals korrupt, und der wachsende Bedarf an Öl in den Industriestaaten setzte das britische Gewissen unter Druck. England begegnete den Öl-produzierenden arabischen Staaten mit Wohlwollen, und seine Politik in jener Region erfuhr grosse Veränderungen. Es diskriminierte öffentlich die jüdische Bevölkerung, und die Anfänge des Staates Israel wären beinahe im Keim erstickt worden!

Nach Jahren des Kampfes sowohl gegen die arabischen Feindseligkeiten als auch gegen die britische Unterdrückung wurde der Staat Israel gegründet und erhielt 1948 die Anerkennung als souveräner jüdischer Staat. Unmittelbar darauf folgte ein Unabhängigkeitskrieg, der durch fünf benachbarte arabische Staaten gleichzeitig eröffnet wurde. Das Leben des Volkes, das fünfzig Jahre zuvor erwacht war und nun eine rechtmässige Heimat besass, war erneut vom Auslöschen bedroht. Doch Gott hatte gesagt: *«Dann wende Ich das Geschick Meines Volkes Israel. Sie bauen die verwüsteten Städte wieder auf und wohnen darin; ... Und Ich pflanze sie ein in ihrem Land, und nie mehr werden sie ausgerissen aus ihrem Land, das Ich ihnen gegeben habe.»* (Am. 9,14.15).

Die Parallele dazu:

In den späten Vierziger- und frühen Fünfzigerjahren entstanden bedeutende international tätige Dienstzweige christlicher Werke. Einige von ihnen existieren noch heute und dienen den Menschen auf der ganzen Welt. Diese Werkzeuge Gottes halfen mit, die heutige Christenheit zu prägen und Gottes Volk weltweit zu mobilisieren. Erweckungen und Wunder geschahen, und die Salbungen des fünffachen Dienstes wurden neu entdeckt. Während der Herr Seinen Plan zur Errichtung des jüdischen Staates weiter in die Tat umsetzte, wurde auch die Gemeinde wiederhergestellt und erlebte ein kräftiges Wachstum.

Jerusalem, 1967

Erneut wurde Israel in einen Konflikt verwickelt, und der Sechs-Tage-Krieg brach aus. Feindliche Armeen machten von der ägyptischen und der syrischen Grenze her Druck, und heftige Kämpfe brachen aus. Die israelische Regierung wollte die lange Ostgrenze zu Jordanien ursprünglich kampffrei halten, um die Schlagkraft der Truppen auf die ägyptische und die syrische Grenze konzentrieren zu können. Folgende Meldung wurde von Jerusalem aus an König Hussein von Jordanien geschickt: «Wenn ihr nicht schiesst, werden wir auch nicht schiessen.»

Aber der König gab dem Druck seiner arabischen Nachbarn nach und machte den Fehler, seinen Truppen den Einsatzbefehl zu geben. Es folgten erbitterte Kämpfe an der Ostfront, die sich hauptsächlich auf die Umgebung von Jerusalem konzentrierten, und nach zwei Tagen wurde die Stadt Jerusalem von israelischen Fallschirmjägern, die durch das Löwentor einbrachen, befreit. *Nach 2500 Jahren der Unterdrückung und der Fremdherrschaft war ganz Jerusalem wieder in jüdischer Hand!*

Es scheint, als hätte jede Macht der Welt von sich geglaubt, dass Gott gerade sie zur Eroberung und Beherrschung Jerusalems bestimmt habe. Die Babylonier, die Meder, die Griechen, die Römer, die Spanier, die Araber, die Türken, die Briten und andere haben versucht, über diese Stadt zu herrschen. Sie haben Jerusalems Schätze geraubt und es geschändet, bis nur noch eine schwer gezeichnete, verlassene Ruine zurückblieb! Gott sprach durch den Propheten Sacharja diese ernüchternden Worte: «*Ich habe sie unter alle Völker verweht, die ihnen unbekannt waren. Nach ihnen verödete das Land, so dass niemand mehr darin hin- und herzog, und so haben sie das Land der Freuden zur Wüste gemacht.*» (Sach. 7,14).

Ein Sprichwort sagt jedoch: «Jerusalem ist die Stadt, in welcher Weltreiche begraben liegen.» Alle diese Weltmächte betraten die Stadt und verliessen sie wieder. Ihr Andenken ist nur noch in historischen Archiven, in der Architektur oder in der Kunst zu finden; aber die Stadt Jerusalem besteht noch immer!

Im Juni 1967 endete dieser Abschnitt in Jerusalems Geschichte. Jesus selbst hatte vorausgesagt: «*... und Jerusalem wird von den Heiden zertreten werden, bis die Zeiten der Heiden sich erfüllen.*» (Lk. 21,24). So kam Israel vor den Augen der Welt seiner Wiederherstellung erneut einen Schritt näher, als Jerusalem wieder zur Landeshauptstadt wurde.

Die Parallele dazu:

In den späten Sechzigerjahren entstand die sogenannte charismatische Bewegung. Das Feuer Gottes verbreitete sich schnell über die Christenheit, indem es sich über die Grenzen von Denominationen und Traditionen hinwegsetzte und jede Strömung und Bewegung berührte. Über Nacht kamen charismatische Katholiken, Baptisten, Anglikaner, Mennoniten, Lutheraner und viele andere unter seinen Einfluss. Mit dem Feuer Seines Geistes schuf Gott ein Erkennungszeichen innerhalb Seines Leibes auf der ganzen Welt! Obwohl die charismatische Bewegung anderen nachfolgenden Wellen von Gottes Heilung und Wiederherstellung Raum geschaffen hat, war sie ein sehr bedeutender Teil in der Erneuerung und Wiederherstellung biblischer Wahrheiten.

Der Exodus aus der Sowjetunion

In den späten Achtzigerjahren begann eine gewaltige jüdische Auswanderungswelle aus dem Sowjetblock. Mehr als eine halbe Million russischer Juden kamen als Einwanderer nach Israel, was ein plötzliches Anwachsen der Bevölkerung um rund 15 Prozent bedeutete! Dieser Auszug der russischen Juden, der bis heute andauert, war nach Jahrzehnten kommunistischer Unterdrückung völlig unerwartet möglich geworden.

Es war die Hand des Herrn, die sich auf die Kommunisten legte und die Tore des politischen Gefängnisses Seines Volkes öffnete. So wurde ein weiterer wichtiger Baustein zur Wiederherstellung Israels hinzugefügt. Es war der Prophet Jeremia, der im Blick auf diese zukünftigen Ereignisse sagte:

«Darum seht, es werden Tage kommen – Spruch des Herrn –, da sagt man nicht mehr: So wahr der Herr lebt, der die Söhne Israels aus Ägypten heraufgeführt hat!, sondern: So wahr der Herr lebt, der die Söhne Israels aus dem Nordland und aus allen Ländern, in die Er sie verstossen hatte, heraufgeführt hat. Ich bringe sie zurück in ihr Heimatland, das Ich ihren Vätern gegeben habe.» (Jer. 16,14.15).

Die Parallele dazu:

Fast gleichzeitig oder unmittelbar nach der Freilassung der russischen Juden wurden wir Zeugen einer gewaltigen Verbreitung des Evangeliums in der ehemaligen Sowjetunion, die über so lange Zeit geistlich brachgelegen hatte. Besuche westlicher Missionare und Evangelisten, grosse Feldzüge und Seminare für geistliche Leiter sind nun nicht nur erlaubt, sondern sogar dringend erwünscht. Der «natürliche Auszug» des Volkes Gottes ging einem «geistlichen Auszug» unmittelbar voraus, und grosse Menschenmengen ziehen nun aus der Gefangenschaft und der Sklaverei ihrer dunklen Vergangenheit aus.

Vollständige Heilung

Die Parallelen sind offensichtlich. Heilung und Wiederherstellung wuchsen gleichzeitig aus einer natürlichen und einer geistlichen Saat. Auch wenn der Glaube an Gott keine Wissenschaft ist und Seine Wege nicht aufgrund exakter Formeln vorauszusagen sind, fordern uns diese historischen Tatsachen doch heraus, mit Paulus zu fragen: «*Was wird erst geschehen, wenn Israel VOLLE Annahme von Gott finden wird?*»

Wenn das Auferstehen Israels als Staat (1900) seine Parallele in der mächtigen Pfingstwelle hatte, wenn die Wiedererlangung der nationalen Souveränität (1948) ihre Parallele in den Diensten der Kraft und der Offenbarung hatte und wenn die Rückeroberung Jerusalems als Hauptstadt (1967) ihre Parallele in der Ausgiessung des Heiligen Geistes hatte, «... *was wird dann erst geschehen, wenn ganz Israel zum Glauben kommt?*» (Röm. 11,12).

Wie wird es sein, wenn ganz Israel, vom Roten Meer bis zu den höchsten Höhen Galiläas zu Gottes Herrschaftsgebiet geworden ist? Wie wird es sein, wenn «*der Geist des Mitleids und des Gebets*» (Sach. 12,10) ausgegossen wird und tiefe Trauer und echte nationale Busse bewirkt? Was wird das parallele Wirken des Herrn in und an der Gemeinde zu jener Stunde anderes sein, als «Leben von den Toten»? Heilung, Wiederherstellung, Auferstehung und endgültige Versöhnung der Menschen und der Schöpfung mit ihrem Gott werden dann vollendet sein!

Was bedeutet *ihre* vollständige Annahme? Nichts weniger als *unsere* volle Annahme! Beide, Juden und Nichtjuden, werden zu «*Gottes neuem Menschen*» werden, mitten in den endzeitlichen Wehen und an der Schwelle des Erscheinens der Herrlichkeit Gottes. Dann wird das Herz des Vaters zufriedengestellt und die Schrift erfüllt sein, die sagt: «*Doch sie alle, die aufgrund des Glaubens von Gott besonders anerkannt wurden, haben das Verheissene nicht erlangt, weil Gott erst für uns etwas Besseres vorgesehen hatte; denn sie sollten nicht ohne uns vollendet werden.*» (Hebr. 11,39.40).

KAPITEL 15

ERSTLINGSFRÜCHTE

Das Natürliche zuerst

Die Bibel bezeugt: «*Aber zuerst kommt nicht das Überirdische; zuerst kommt das Irdische, dann das Überirdische.*» (1. Kor. 15,46). Die gewaltige Bewegung der Wiederherstellung, die sowohl auf die Juden als auch auf die anderen Völker dieser Welt grosse Auswirkungen hatte, begann zuerst im Natürlichen.

Die Rückführung des jüdischen Volkes nahm im ausgehenden neunzehnten und im beginnenden zwanzigsten Jahrhundert immer mehr zu. Eine Flut von Menschen brachte zahllose Juden von den vier Enden der Erde in ihre alte Heimat zurück. Ganze Gemeinden wurden oft in einem Augenblick entwurzelt, als diese grossen nationalen Umwälzungen das Schicksal des jüdischen Volkes neu bestimmten.

Ich erinnere mich an die Geschichten meiner Grosseltern, die Russland kurz vor dem Aufkommen des Kommunismus verlassen hatten, um in das damalige Palästina zu reisen. Sie liessen ihre Besitztümer, Karrieren und ihre Identität zurück, und sie gaben alles auf, um die Verheissung zu erlangen. Vergessene Schriftstellen wurden wieder lebendig, und alte Prophetien wurden plötzlich zur wichtigsten Sache der Welt.

Diese Rückführung der Juden in ihr Land geht Tag für Tag weiter, während wir mit Ehrfurcht beobachten, wie sich eine Prophetie nach der anderen buchstäblich erfüllt. Durch Jesaja hat der Geist

Gottes verheissen: «*Fürchte dich nicht, denn Ich bin mit dir. Vom Osten bringe Ich deine Kinder herbei, vom Westen her sammle Ich euch. Ich sage zum Norden: Gib her! Und zum Süden: Halt nicht zurück! Führe Meine Söhne heim aus der Ferne, meine Töchter vom Ende der Erde!*» (Jes. 43,5.6). Die Rückkehr der jüdischen Gemeinde aus Äthiopien, der anhaltende Exodus aus der früheren Sowjetunion und das allmähliche Eintreffen von jüdischen Immigranten aus der ganzen Welt bezeugen, dass diese Prophetie sich nun erfüllt.

Die im Natürlichen sichtbaren Dimensionen dieses eindrucksvollen Werkes der Wiederherstellung, das die Sammlung des Volkes, die Wiedererrichtung des Staates und die Erhaltung der territorialen Integrität umfasst, sind jedoch erst der Anfang. Die Verheissungen, welche die geistliche Wiederherstellung Israels betreffen, müssen sich noch erfüllen – und die Erfüllung hat bereits begonnen.

Wir lesen in der Prophetie Hesekiels, dass die natürliche Heilung der geistlichen Heilung Israels vorangehen wird. Der Prophet beschreibt, dass das Volk zuerst von den vier Enden der Erde gesammelt und dann wieder in sein altes Land eingepflanzt wird, um es ganz zu beanspruchen und zu kultivieren, und erst dann wird Israel auch geistlich wiederbelebt werden. «*Ich hole euch heraus aus den Völkern, Ich sammle euch aus allen Ländern und bringe euch in euer Land. Ich giesse reines Wasser über euch aus ... Ich reinige euch von aller Unreinheit ... Ich schenke euch ein neues Herz und lege einen neuen Geist in euch ... Ich lege meinen Geist in euch ...*» (Hes. 36,24–27). Es gibt eine Trennlinie zwischen der natürlichen und der geistlichen Wiederherstellung Israels, einen Dreh- und Angelpunkt, an welchem sich Israels schliessliche Heilung entscheidet.

Nachdem der Prophet kühn die Rückführung des Volkes *ins* Land voraussagt, erklärt er, dass «*dann*» das geistliche Werk beginnen wird! Erst «*dann*» wird reines Wasser fliessen, ein neues Herz geschenkt und Gottes Geist neu in die Herzen der Nation hineingelegt werden. Es kommt tatsächlich zuerst die Rückführung *ins* Land, dann folgt die Wiederherstellung *im* Land! Wie geschrieben steht: «*Zuerst kommt das Irdische, dann das Überirdische.*»

Der israelische Leib der Gläubigen

Wenn wir die Entfaltung von Gottes prophetischem Wort über Israel und dem jüdischen Volk beobachten, so tun wir dies im Wissen, dass niemand bisher diese Prophetien – vor ihrer tatsächlichen Erfüllung, wie wir sie heute erleben – wirklich angemessen interpretieren konnte. Es ist eine biblische und historische Tatsache: *«Keine Weissagung der Schrift darf eigenmächtig ausgelegt werden.»* (2. Petr. 1,20). Im Zusammenhang mit der Erfüllung von Prophetien treten jedoch stets Menschen auf, die zu erklären vermögen, *«was vom Heiligen Geist getriebene Menschen im Auftrag Gottes geredet haben».*

So wurde zum Beispiel das Erscheinen des Lammes Gottes in der Person des Messias von den meisten Seiner Zeitgenossen nicht verstanden, und dies trotz der zahlreichen Verheissungen auf Sein Kommen und auf Seinen Dienst. *Nach* Seinem Tod, Seinem Begräbnis und Seiner Auferstehung wurde diese Offenbarung jedoch von vielen Menschen verstanden. Nachdem sie die Erfüllung der Schrift gesehen hatten und durch den Heiligen Geist erleuchtet worden waren, konnten sowohl die Jünger als auch die Menschenmenge, die sich ihnen anschloss, die Offenbarung erkennen und die Prophetien korrekt auslegen.

Wenn wir den Wachstumsprozess der israelischen Gläubigen in unserer Generation von diesem Blickwinkel aus betrachten, müssen auch wir sagen: «Das ist es, wovon die Propheten gesprochen haben.» Hesekiel hat eine geistliche Reinigung verheissen, und wir sehen den Beginn der Erfüllung, indem die entstehenden israelischen Gemeinden gereinigt werden und wachsen. In ganz Israel kann man Gläubige finden, die in der Christusähnlichkeit und in der Hingabe an Gott wachsen. Das, was Israel auf nationaler Ebene verheissen worden ist, entsteht nun auch bei den israelischen Gläubigen. Lasst uns den Tag der kleinen Anfänge niemals verachten oder übersehen!

Paulus prophezeite: *«Ebenso werden auch jene, wenn sie nicht am Unglauben festhalten, wieder eingepfropft werden; denn Gott hat die Macht, sie wieder einzupfropfen ... ihrem eigenen Ölbaum ...».* (Röm. 11,23.24).

Die israelische Gemeinde und andere Gemeinschaften messianischer Juden rund um die Welt zeugen von den Anfängen dieses «Eingepfropft-Werdens», welches ihnen verheissen ist. Die Prophetie ist dabei, erfüllt zu werden, und die Erlösung Israels sollte nicht mehr länger nur als zukünftiges Ereignis betrachtet werden. Die Erlösung hat bereits begonnen und muss als eine Realität angesehen werden, die zu unterstützen wir uns verpflichten, und zwar nicht nur im Glauben, sondern auch mit der Tat!

Während unserer Arbeit in Israel in den späten Siebziger- und frühen Achtzigerjahren hatten wir das Vorrecht, Zeugen der Entstehung von lokalen Gemeinden zu werden, die sich schnell über das ganze Land ausbreiteten. Hebräisch sprechende Gemeinden wurden mit Erfolg gegründet, oftmals durch ein souveränes Wirken des Heiligen Geistes, und viele Lichter erhellten nun die geistlich dunkle Landschaft.

Es gab jedoch schon vor dieser Zeit ein starkes christliches Zeugnis in Israel. Allein in unserem Jahrhundert hat fast jede grössere Denomination im sogenannten «Heiligen Land» einen Brückenkopf errichtet, Gemeindehäuser gebaut und an Schlüsselstellen christliche Zufluchtstätten eröffnet. Diese Arbeiten, auch wenn sie ernsthaft angepackt wurden, durchdrangen kaum das menschliche Gefüge der entstehenden Nation und brachten wenig Frucht. Der Zeitpunkt Gottes war noch nicht gekommen.

In den späten Siebzigerjahren schenkte uns Gott neue Gnade und eine frische Salbung. Diese Salbung führte dazu, dass lokale israelische Gemeinden gegründet wurden, welche nun ihre charakteristischen Merkmale entfalteten und ihre eigenen Visionen empfingen. Anstelle der ausländischen Missionare berief der Geist nun einen lokalen Mitarbeiterstab, der sich aus Einheimischen zusammensetzte.

Nach Jahren anhaltender, treuer Fürbitte kam diese Salbung auf verschiedene Gruppen junger Israelis. Auf den Gebieten der Anbetung, der Fürbitte, der Einheit, des Kampfes und der Leiterschaft wurden wir von Durchbruch zu Durchbruch geführt. Während einiger Jahre schien es, als würde der Himmel mehr Leben auf uns herabschütten, als unsere irdischen Gefässe fassen konnten. Nach beinahe 1800 Jahren der Abwesenheit wurde eine lebensfähige, fruchtbringende Gemeinde wiedergeboren, welche ihre Wurzeln tief in das Gefüge der Nation hineingrub. In weniger als einem Jahrzehnt erlebten wir, wie der Herr Menschen aussandte und über das ganze Land Israel Gemeinden errichtete. Heute können wir in jeder grösseren Stadt, in einigen kleineren Dörfern und in vielen ländlichen Gegenden Gruppen von Gläubigen finden – einige zählen mehrere hundert Menschen, andere bestehen aus nur einer oder zwei Familien. Die meisten Gemeinden werden von einer Ältestenschaft geleitet, die sich am biblischen Modell des fünffachen Dienstes von Epheser 4,11 orientiert. Der Aufbau geschieht langsam und behutsam, je nachdem, wie der Herr Gnade dazu gibt. Während ich diese Zeilen schreibe, gibt es bereits ungefähr vierzig solcher Gemeinden von Einheimischen. Einige dieser kostbaren Gruppen besitzen ein eigenes Versammlungshaus, andere sind zur Miete und wieder andere kommen in Privathäusern zusammen.

Statistisch gesehen wuchs die Zahl der wiedergeborenen Christen in Israel in den vergangenen zehn Jahren um rund 2000 Prozent! Die israelische Gemeinde multiplizierte sich beinahe zwanzig Mal und darf wahrscheinlich das Prädikat der schnellstwachsenden Gemeinde der Welt für sich in Anspruch nehmen! Dennoch muss man verstehen, dass die Gemeinde der Gläubigen erst einen ganz kleinen Prozentsatz der Gesamtbevölkerung darstellt.

Junge israelische Männer und Frauen – einige von ihnen waren früher «Ausgestossene» der Gesellschaft – sind durch die Offenbarung des Werkes und der Person des Messias zur Liebe des Vaters hingezogen worden. Viele von ihnen stehen derzeit für die Ziele Gottes in Israel an vorderster Front. Viele brennen vor Eifer und dienen dem Herrn und Seinem Leib, und einige sind gesalbt und beauftragt, im vollzeitlichen Dienst zu stehen. Sie spornen die Gläubigen an und rüsten sie zu; andere sind Hirten für die Herde, Älteste, die «in den Toren sitzen» und treu den vielfältigen Bedürfnissen der wachsenden Gemeinden nachkommen.

Diese neue Generation steht beständig im Riss: sie leistet Fürbitte und gibt ihr Leben für die israelische Nation hin. Diese Gläubigen erkennen das prophetische Wirken des Herrn in einer sehr praxisbezogenen Art, da sie selbst inmitten von erfüllten Prophetien leben. Diese jungen Gemeinden und Dienste sind sich bewusst, dass sie die Erstlingsfrüchte sind, welche sich im Glauben und im Kampf für den Rest der Ernte hingeben!

Der Kampf ist tatsächlich hart. Die jahrhundertealte Decke der Blindheit, des Leidens und des Unglaubens lässt sich nicht so leicht wegnehmen. Manchmal brechen Wellen der Verfolgung über das Land herein: Reifen werden aufgeschlitzt, Versammlungshallen brennen und Gläubige verlieren auf Grund ihres Glaubens die Arbeit. Fanatische und militante orthodoxe Splittergruppierungen schikanieren die Gemeindeglieder. Zu den natürlichen Kämpfen kommen noch anhaltende geistliche Angriffe hinzu, gegen die sich diese jungen Gläubigen wehren müssen. Sie stehen als eine Art geistlicher «Puffer» zwischen den Mächten des Bösen und der Nation Israel.

Was für eine wunderbare Gemeinde! Sie sind unsere israelischen Freunde und Kameraden, die wir zurückliessen, als uns der Herr in die Vereinigten Staaten berief. Sie werden von Christen aus dem Westen finanziell unterstützt, und zweimal jährlich besuchen wir sie zusammen mit Teams von Fürbittern, die für Israel und für die Gläubigen im ganzen Land beten. Es ist für uns eine Freude und eine Ehre, Zeugen von diesem Wirken Gottes zu sein. Er baut die alten Ruinen wieder auf, heilt das Land und bereitet die Nation auf Sein Wiederkommen vor.

KAPITEL 16
DIE ARMEN IN JERUSALEM

*«D*enn Mazedonien und Achaia haben eine Sammlung beschlossen für die Armen unter den Heiligen in Jerusalem. Sie haben das beschlossen, weil sie ihre Schuldner sind. Denn wenn die Heiden an ihren geistlichen Gütern Anteil erhalten haben, so sind sie auch verpflichtet, ihnen mit irdischen Gütern zu dienen.»* (Röm. 15,26.27).

Als Paulus die Gemeinde in Rom daran erinnerte, wie sehr die nichtjüdischen Gläubigen ihren jüdischen Brüdern gegenüber *zur Dankbarkeit verpflichtet* sind, geschah dies nicht bloss aus einer spontanen Gefühlsregung heraus; auch war dies keine blosse regionale Angelegenheit. Historische Tatsachen zeigen, dass sich die Gemeinde seit den Tagen der ersten Apostel – über Konstantin bis zum ersten katholischen Papst – in ganz Kleinasien und Europa im Fluss des Gebens für die Heiligen in Judäa befunden hat.

Als das prophetische Wort in Apostelgeschichte 11 voraussagte, *«eine grosse Hungersnot werde über die ganze Erde kommen»* (Apg. 11,28), war die Antwort der Brüder in Antiochien folgende: *«Man beschloss, jeder von den Jüngern solle nach seinem Vermögen den Brüdern in Judäa etwas zur Unterstützung senden.»* (Apg. 11,29). Sicherlich wurden damals auch viele andere notleidende Gemeinden in jener Gegend von Antiochien unterstützt. Aber in jedem Fall herrschte ein klares Verständnis darüber, dass die Brüder in Judäa von den nichtjüdischen Gemeinden besondere Hilfe empfingen.

Offensichtlich war diese Tradition, die jüdischen Brüder in ihrem Heimatland zu unterstützen, eine bemerkenswerte und andauernde apostolische Tradition geworden. Wir sprechen also nicht nur von einer Gabe an eine arme, notleidende Gemeinde – davon gibt es viele auf dieser Welt. Wir sprechen vielmehr von einer geistlichen Verpflichtung der nichtjüdischen Zweige gegenüber ihren jüdischen Brüdern, die schon vor ihnen in Gottes Ölbaum waren.

Auch wenn sie immer schwächer wurde, hielt sich diese kostbare apostolische Tradition über viele Jahre. Es war der machthungrige zweite Papst, der jede finanzielle Hilfe an die Heiligen in Jerusalem abschnitt. Er tat dies aus Furcht vor den Nachkommen der ersten Jünger, die noch immer in Israel lebten und dienten. Er befürchtete, dass sie die *Autorität* in der Gemeinde weiterhin bei sich behalten könnten, die er exklusiv in Rom haben wollte (aus Aufzeichnungen von Malachi Martin, einem römisch-katholischen Historiker). Hier kommt dieser Konflikt zwischen dem alten Rom und Jerusalem an die Oberfläche, der am Ende dieses Zeitalters zu seinem absoluten Höhepunkt kommen wird!

Tragischerweise wurde die nichtjüdische Gemeinde von diesem Punkt an sowohl in ihrer Politik als auch in ihren offiziellen Erklärungen immer antisemitischer. Einhundert Jahre nach dem offiziellen Ende der Unterstützung der Juden durch den Leib Christi versank die Welt für tausend Jahre in geistliche Blindheit. Es gibt in der Tat einen direkten Zusammenhang zwischen der Distanzierung von den jüdischen Brüdern und dem gefallenen geistlichen Zustand der Gemeinde.

Dieses Abdriften von der anfänglichen apostolischen Autorität, welche den Leib Jesu unter der Führung des Geistes des Herrn hielt, wurde zu Lebzeiten von Paulus, Petrus, Judas und Johannes sichtbar. Sie alle warnen in ihren späteren Jahren nicht so sehr vor der Gefahr der Judaisierer als vielmehr vor der Gesetzlosigkeit, die in den nichtjüdischen Zweigen aufkam. Dieses Abdriften von ihren Wurzeln brachte der Gemeinde unvorstellbare Katastrophen und viele vergeudete Jahrhunderte.

Die Nichtjuden hatten im Leib Christi so lange die Mehrheit, dass die Geschichte unsere Perspektive verdunkelt und uns die Wahrheit verhüllt hat, dass «*die Heiden an ihren* (der Juden) *geistlichen Gütern Anteil erhalten haben.*» (Röm. 15,27). Tatsache ist, dass die gute Nachricht und die Offenbarung von Jesus Christus über Jerusalem zu den Nichtjuden kam, um so viele von ihnen in den geistlichen Völkerbund von Israel einzufügen. Deshalb sind wir überzeugt, dass die Heilung und Wiederherstellung der Gemeinde vom Herrn her schnell geschehen wird, wenn sie diese Wahrheiten erkennt und akzeptiert. Aufgrund dieser *biblischen geistlichen* Schuld sind die nichtjüdischen Zweige «*verpflichtet, ihnen* (den jüdischen Brüdern) *mit irdischen Gütern zu dienen*». (Röm. 15,27).

Es geht um den Menschen

Wenn es auch eine gewisse Anerkennung dieser Dankesschuld gegeben hat, so war diese Unterstützung für Israel sicherlich oftmals «blauäugig» und unrealistisch. Der Teil der Gemeinde, der sich in der Unterstützung der «israelischen Sache» engagiert, schafft es oft nicht, zwischen einer sentimentalen Haltung gegenüber dem traditionellen Judaismus, dem säkularen Staat Israel und dem Herzen Gottes für den wahren Leib der Gläubigen in diesem Land zu unterscheiden. Da es unter den Christen so viel Faszination für den Wiederaufbau des Tempels gibt, greifen viele tief in ihre Taschen, um den orthodoxen Judaismus zu unterstützen, ohne überhaupt etwas von dem «lebendigen Tempel» zu wissen, der in diesen Tagen dort gebaut wird.

Die Ermutigung und Unterstützung der Gemeinde für die israelischen Brüder muss sich in der Fürbitte, in wirklicher Mühe *und* in der finanziellen Unterstützung der Heiligen ausdrücken. Der wachsende Leib von Gläubigen in Israel befindet sich im Zentrum des gewaltigsten geistlichen Wirbelsturms, den unsere Welt je zu sehen bekommen wird. Diese entstehende israelische Gemeinde bildet die Erstlingsfrucht für die ganze Nation und die Speerspitze von Gottes gewaltigem Wirken in dieser Region. Diese Gemeinschaften verkörpern sowohl die Verheissungen für die nationale Wiederherstellung mit ihren weltweiten Auswirkungen als auch den intensiven Kampf, der damit einhergeht.

Während sich mehr und mehr Teile des Leibes Christi für diese Offenbarung öffnen, wird es notwendig, einen häufigen Fehler zu korrigieren. Einige hatten den Grundsatz, Gottes Wirken in Israel nach dem Motto: «Hilfe nur durch unsere Repräsentanten» zu unterstützen. Mit anderen Worten, ausländische Missionare, Programme und kulturelle Angebote werden von anderen Ländern importiert. Auch wenn es oft nicht absichtlich geschieht, ist die Haltung, «wie ein Bandenführer nach Israel zu gehen, um die Juden zu bekehren», arrogant, unbiblisch und hatte bisher nur katastrophale Folgen.

Die Schrift beschreibt einen einzigartigen Auftrag gegenüber dem jüdischen Volk, der in seiner spezifischen Art wahrgenommen werden sollte. Es gibt spezielle Salbungen, die nur für das jüdische Volk bestimmt sind. Als Paulus sein Apostelamt in Jerusalem verteidigte, sagte er: «... *dass mir das Evangelium für die Unbeschnittenen* (die Nichtjuden) *anvertraut ist wie dem Petrus für die Beschnittenen* (die Juden).» (Gal. 2,7).

Es gibt einen Unterschied zwischen der Salbung, den nichtjüdischen Nationen zu dienen, und der Salbung, die jüdische Nation wieder herzustellen. Wenn wir also nun von unserer biblischen und moralischen Verpflichtung reden, *«ihnen auch mit irdischen Gütern zu dienen»*, erkennen wir, dass wir jene unterstützen sollen, denen das *«Evangelium für die Beschnittenen»* anvertraut worden ist.

Als der Herr zu unserem Herzen sprach, dass es um einzelne Menschen geht, fanden wir heraus, dass die effektivste Hilfe, die wir bieten können, darin liegt, Personen zu unterstützen, nicht Projekte oder Programme. Gottes Salbung und Segnung zielt nicht auf Programme und Besitz, sondern immer auf die richtige Person mit dem richtigen Herzen am richtigen Platz. Deshalb war es unser Bemühen, einige Diener Gottes in Israel von der Not freizusetzen, in der wirtschaftlich schwierigen Situation in Israel für ihren Lebensunterhalt sorgen zu müssen, damit sie sich ganz dem Herrn weihen können.

Grundbedürfnisse, Transportkosten und Wohnen sind in Israel extrem teuer. Die Steuern sind sehr hoch, da mehr als die Hälfte des Staatsbudgets für das Verteidigungsministerium verwendet wird, um für Sicherheit zu sorgen und die militärischen Kosten zu tragen. Auch die gewaltige Einwanderung aus der ehemaligen Sowjetunion stellt zusätzlich zu den bestehenden Schwierigkeiten eine grosse Herausforderung dar. Wohnungen, Arbeit, Sprache, soziale und kulturelle Anpassung sind nur ein paar dieser Herausforderungen.

Auf dem Hintergrund dieses Wissens kann die nichtjüdische Gemeinde sich an diesem göttlichen Austausch beteiligen, an dieser Transaktion, bei der die Geldmittel gesalbt und zweckbestimmt sind für aktuelle, göttliche Anliegen in Israel. Diese Art des Gebens ist wie ein lieblicher Duft vor Gott, wenn wir wie Paulus beten: *«... dass mein Dienst in Jerusalem von den Heiligen dankbar aufgenommen wird ...»* (Röm. 15,31).

Im Kontext der Wiederversammlung Israels wird sich eines Tages auch diese Verheissung erfüllen: *«Du wirst es sehen, und du wirst strahlen, dein Herz bebt vor Freude und öffnet sich weit. Denn der Reichtum des Meeres strömt dir zu, die Schätze der Völker kommen zu dir.»* (Jes. 60,5) Und weiter verheisst das prophetische Wort: *«Was die Völker besitzen, werdet ihr geniessen, mit ihrem Reichtum könnt ihr euch brüsten.»* (Jes. 61,6). Auch wenn diese Verheissungen alle Auserwählten Gottes miteinschliessen, so beziehen sie sich doch zuallererst auf die wiederhergestellte Nation Israel.

Bis der Herr selber auf wunderbare Art und Weise wirtschaftliche Erleichterung und Wohlstand für Israel bringen wird, müssen wir unseren Teil dazu beitragen! Egal wie klein oder wie gross unser persönlicher oder gemeinschaftlicher Anteil an diesem Ausgleich auch sein mag, können wir sicher sein, dass es die Freude und das Ziel des Herrn ist, die israelische Gemeinde durch die Unterstützung der nichtjüdischen Brüder zu bauen. (Wir würden uns freuen, wenn wir Ihnen helfen könnten, Ihre Gabe an das richtige Ziel weiterzuleiten, wenn Sie dazu unser Büro anrufen.)

IV

Der Kampf
um die Wiederherstellung

EINLEITUNG

Wie es überall im Leben und in der Schöpfung der Fall ist, ist die Entstehung von neuem Leben immer von Mühe und Arbeit begleitet. Und oft kann man sagen: je grösser der Kampf, desto grösser der Gewinn! Wenn wir das Tierreich beobachten, stellen wir fest, dass die niederen Lebensformen im Normalfall das Leben einfach und ohne Komplikationen an die nächste Generation weitergeben, betrachten wir nur einmal eine Fliege oder einen Wurm. Auf der anderen Seite gilt, dass je höher entwickelt und komplexer eine Kreatur ist, desto riskanter und anstrengender ist der Geburtsprozess. Wir finden einen noch grösseren Unterschied zwischen den Tieren, die sich auf der Erde fortbewegen und den Vögeln, die am Himmel fliegen.

Jene, die dazu bestimmt sind, die Erde zu verlassen und durch die Lüfte zu segeln, müssen die Schwierigkeiten und den Kampf auf sich nehmen, sich ihren Weg durch die Eierschale oder durch den Kokon zu bahnen, die ihre frühere Form bewahrt haben. Tatsächlich führt jeder Versuch, ihnen herauszuhelfen, etwa die Eierschale aufzubrechen oder den Kokon aufzuschneiden, nur dazu, die Kreatur zu schwächen und die Fähigkeit, ihren Auftrag zu erfüllen, zu zerstören. Ein gewisser Kampf ist natürlich und notwendig.

Wenn wir die wundersame Geburt des Staates Israel und das Aufbrechen der zweitausend Jahre alten Muschel von Blindheit und Isolation betrachten, müssen wir mit Widerstand, Schwierigkeiten und Kampf rechnen, die dieses Geschehen begleiten. Dieser Kampf konzentriert sich auf das Land Israel, auf die Rückführung des Volkes in sein Land in diesem Jahrhundert und auf die geistliche Erweckung der Nation in diesem Land.

KAPITEL 17
DER KAMPF UM DAS LAND

Es wäre sehr einfach, das Geheimnis der Juden zu analysieren und zu definieren, wenn es sich auf den mystisch geistlichen Bereich beschränken liesse. Man könnte Bücher schreiben, Vorlesungen halten und Konferenzen veranstalten, ohne je die eigenen Überzeugungen konkret umsetzen zu müssen. In anderen Worten: Wenn Israel bloss eine heimatlose Volksgruppe und das Judentum bloss eine religiöse Kultur wäre, könnte man die ganze Angelegenheit auf abstrakte und himmlische Bereiche reduzieren. Aber Israel ist eben auch ein Land – ein sehr handfestes reales Gut –, in welchem Träume Wirklichkeit werden, theologische Spekulationen in Tatsachen des Alltags übertragen werden und geistliche Überlegungen ein sehr echtes und praktisches Aussehen bekommen.

Jesaja schrieb in seiner Vision über das kommende messianische Zeitalter: «*An jenem Tag wird der Herr Seine Hand von neuem erheben, um den übriggebliebenen Rest Seines Volkes zurückzugewinnen, von Assur und Ägypten, von Patros und Kusch, von Elam, Schinar und Hamat und von den Inseln des Meeres. Er stellt für die Völker ein ZEICHEN auf, um die Versprengten Israels wieder zu sammeln, um die Zerstreuten Judas zusammenzuführen von den vier Enden der Erde.*» (Jes. 11,11.12).

In der Vorbereitung der gesegneten messianischen Herrschaft von Jesus über die ganze Erde betont Jesaja die Tatsache, dass die Rückführung des jüdischen Volkes von den vier Enden dieser Erde als «*Zeichen für die Völker*» dienen wird. An die Schwelle zur grössten geistlichen Erweckung und zu den grössten Konflikten (die beide die letzten Tage kennzeichnen werden), hat Gott auf souveräne Weise dieses übernatürliche Ereignis gesetzt: die Rückführung Israels, die als Zeichen dienen soll – eine göttliche Botschaft, um die Aufmerksamkeit der Nationen und die Liebe der Gemeinde auf die Herrschaft und Treue des Herrn zu lenken.

Gott hat sich vorgenommen, am Beispiel von Israel einer bösen und ungläubigen Welt die Realität seiner unendlichen Liebe und souveränen Autorität in Sachen Menschen und Nationen zu beweisen. Die Tatsache, dass geistliche Prinzipien die politische, wirtschaftliche und strategische Entwicklung des Mittleren Osten heute bestimmen, ist ein Beweis für die Realität Gottes und für seinen ewigen Plan.

Wessen Land?

Obwohl der gegenwärtigen Auseinandersetzung über nationale Ansprüche sowohl der Juden als auch der Araber auf dieses Land viel Aufmerksamkeit geschenkt wird, beginnt das Problem nicht erst da. Der Ursprung von Israels Besitzanspruch geht weiter zurück, als es die Geschichte offenbart und der menschliche Verstand begreifen kann. Tatsache ist, dass das Land Israel keiner speziellen Volksgruppe gehört!

In der prophetischen Warnung durch Mose beschrieb Gott im Detail die Katastrophe und die grosse Verwüstung, die Israel treffen würde, wenn es Ihm den Rücken zukehren sollte: «*Dann werden sie die Schuld eingestehen, die sie selbst und ihre Väter begangen haben... Ihr unbeschnittenes Herz muss sich dann beugen... Dann werde Ich Meines Bundes mit Jakob ... Isaak ... Abraham ... und Meines LANDES gedenken.*» (Lev. 26,40–42).

Hier sehen wir, dass sich Gott schon um dieses Land gekümmert hat, bevor Israel für das gelobte Land kämpfte und bevor in Kanaan ein «nationaler Brückenkopf» errichtet worden war. Er sagte, dass

Er nicht allein an das Volk, an die Patriarchen und an die Bünde denken werde, sondern «*an das LAND werde Ich denken*».

Was hatte es mit diesem speziellen Stück Land auf sich, das ihm im göttlichen Plan des Allmächtigen, der ja das ganze Universum besitzt, eine so grosse Bedeutung gab? Warum dieses grosse Interesse an diesem speziellen Stück Erde, das so klein und so unbedeutend ist?

Joels Prophetie gibt uns einen einzigartigen Einblick in dieses Geheimnis: «*Denn seht, in jenen Tagen, in jener Zeit, wenn Ich das Geschick Judas und Jerusalems wende, versammle Ich alle Völker und führe sie hinab zum Tal Joschafat; dort streite Ich im Gericht mit ihnen um Israel, Mein Volk und Meinen Erbbesitz. Denn sie haben es unter die Völker zerstreut und Mein Land aufgeteilt.*» (Joel 4,1.2).

In diesem dramatischen Endzeit-Szenario von Gericht und Gerechtigkeit identifiziert sich Gott selber mit Israel als «*Mein Volk*» und «*Mein Erbe*». Gottes abschliessende Anklage gegen die gottlosen Nationen ist, dass sie «*Mein Land*» aufgeteilt haben. An dieser Stelle definiert Gott in klaren Worten, wessen Eigentum Israel ist. Er sagt: Es ist «*Mein Land*». Somit nennt Gott es viele Jahrhunderte, nachdem Er es Abraham und seinen Nachkommen versprochen hatte, immer noch «*Mein Land*», um so seinen Besitzanspruch auf dieses Gebiet eindeutig zu betonen und klarzustellen.

Wem ist es gegeben?

Die Tatsache, dass das Territorium des alten Kanaan Abraham und seinen Nachkommen, die von Isaak abstammen, per Bundesschluss zugesprochen wurde, kann nicht geleugnet werden (vgl. Gen. 15,18; 17,8.19–21; 26,4).

Die gleiche tiefe Verpflichtung und Intensität, die die von Gott geschaffene Beziehung zwischen dem Volk Israel und dem Land Israel kennzeichnet, finden wir auch im Psalm 105: «*Ewig denkt Er an Seinen Bund, an das Wort, das Er gegeben hat für tausend Geschlechter, an den Bund, den Er mit Abraham geschlossen, an den Eid, den Er Isaak geschworen hat. Er bestimmte ihn als Satzung für*

Jakob, als ewigen Bund für Israel. Er sprach: Dir will Ich Kanaan geben, das Land, das dir als Erbe bestimmt ist.» (Ps. 105,8–11). In diesen Versen wird die Übereignung des Landes an die Nation Israel in biblischen und juristischen Ausdrücken beschrieben, die das volle Gewicht von Gottes ewigem Vorsatz zum Ausdruck bringen. Sein Wort, Sein Schwur, Seine Satzung und Sein ewiger Bund sind Sicherheiten, die wie Wächter aufgestellt sind, um die Heiligkeit dieser Handlung aufrechtzuhalten und zu schützen. Somit ist das territoriale Erbe, das Gott Israel in Form dieses Landes gegeben hat, nicht in Frage zu stellen und gilt für ewig.

Wir können die Bedeutung dieser Worte nicht genug betonen. Aus der Sicht Gottes, des Landbesitzers, ist das Territorium einem spezifischen Volk anvertraut worden. Sie erhielten den Auftrag, das Land in Besitz zu nehmen und darin zu wohnen, und um dort ihr nationales Leben gemäss seinen Satzungen und Geboten zu leben. *Das Land gehört Gott!* Israel ist per Gesetz nicht autorisiert, ja es ist ihm verboten, das Land wegzugeben, zu verkaufen oder mit irgendeinem Teil davon Handel zu treiben. Auch hier wieder prallen die göttliche Realität und politische Ambitionen, menschliche Machenschaften und dämonische Verführungen aufeinander.

Auch wenn das Land Abraham und seinen Nachkommen, die von Isaak abstammen, durch einen Bundesvertrag gegeben worden war, waren dennoch Bedingungen an den Besitz desselben geknüpft. Die Bibel bezeugt, dass sich das alte Israel selber disqualifiziert hat, um für das Land, das ihm von Gott gegeben worden war, zu sorgen, und im Laufe der Geschichte wurde das Volk hinausgeworfen und ins Exil geschickt. Wie vorhergesagt, begann sowohl für das Volk als auch für das Land eine Zeit der Verwüstung.

Das jüdische Volk wurde unter die Nationen zerstreut, um dort Jahrtausende lang in ständiger Angst, Unsicherheit und Verfolgung zu leben (vgl. Num. 26). Entsprechend dem prophetischen Wort verkam auch das Land, war verlassen und verwüstet. Die verschiedenen Reiche und Herrscher, die diese Region von 70 bis 1948 nach Christus besetzt hielten, kümmerten sich nie so um das Land, als ob es ihr Eigentum wäre. So war das Land grösstenteils vernachlässigt und buchstäblich seiner Produkte und Ressourcen beraubt, bis es beinahe unbewohnbar wurde.

1835 berichtete ein Reisender mit Namen Alphonso de Lamartine: «Ausserhalb der Tore Jerusalems begegneten wir keinem lebendigen Wesen, hörten wir keinen Ton von Leben.» Zu jener Zeit – und schon über viele Jahrhunderte vorher – war Jerusalem nicht mehr als ein halb verfallenes Städtchen, das in Ruinen lag. Mark Twain bereiste die Gegend 1867 und beschrieb sie in seinem Buch, The Innocents Abroad: «Ein verwüstetes Land, dessen Boden zwar reich ist, das aber vollständig dem Unkraut überlassen ist – eine stille, traurige Ebene. Auf dem ganzen Weg begegneten wir keiner einzigen Menschenseele.»

Sowohl das Land als auch das Volk zogen während dieser langen Zeit der Schande den Fluch Gottes auf sich. Der Segen wurde zurückgezogen, die Niederschläge gingen dramatisch zurück, und das Land, in dem einst Milch und Honig flossen, wurde vom Sand erobert, der von den Ostwinden aus der Arabischen Wüste herangeweht wurde. Aber die gleichen Bibelstellen, die diese Katastrophe vorausgesagt haben, geben auch Hoffnung für eine zukünftige Wiederherstellung, Heilung und Fruchtbarkeit.

Bedingungen für die Fruchtbarkeit

In Hesekiel 36 haben wir eine äusserst ungewöhnliche Prophetie vor uns. Gott spricht direkt zum wirklichen Land Israel und sagt: *«Darum, ihr Berge Israels, hört das Wort Gottes, des Herrn: So spricht Gott, der Herr, zu den Bergen und Hügeln, den Schluchten und Tälern, zu den verfallenen Ruinen und den verlassenen Städten: Weil ihr von den übrigen Völkern ringsum ausgeplündert und verspottet worden seid ... werde Ich mit glühender Leidenschaft über die übrigen Völker und über ganz Edom reden... Voll Frohlocken haben sie sich mein Land angeeignet. Voll Schadenfreude haben sie das Weideland erbeutet.»* (Hes. 36,4.5). Obwohl der Herr einerseits den Weg für Sein zukünftiges Gericht ebnet (wie wir es in Joels Prophetie gesehen haben), betont Er hier wiederum, dass Ihm das Land gehört, indem Er sagt: «*Mein Land*».

Aber Gottes erstaunliches Wort über das Land Israel geht noch weiter: «*Ihr aber, ihr Berge Israels, sollt wieder grün werden und Früchte hervorbringen für Mein Volk Israel; denn es wird bald zurückkommen. ... dann ackert und sät man wieder auf euch, und Ich lasse viele Menschen dort leben, das ganze Haus Israel. Die Städte werden wieder bewohnt sein und die Ruinen aufgebaut.*» (Hes. 36,8–10).

Diese Prophetie reicht nicht nur Tausende von Jahren in die Zukunft, nämlich bis zur heutigen Zeit, in der die grosse Rückführung stattfindet, sondern sie ist auch eine spezifische Verheissung, dass das Land wieder fruchtbar werden soll. Diese Fruchtbarkeit ist aufs engste an die Rückkehr des jüdischen Volkes und an dessen liebevolle Kultivierung des Landes geknüpft. «*Viele Menschen, Mein ganzes Volk Israel, lasse Ich zu euch kommen, und sie werden euch in Besitz nehmen; ihr werdet für immer ihr Erbbesitz sein und ihnen nie mehr ihre Kinder wegnehmen.*» (Hes. 36,12). Dieses symbolische Bild über das Volk und das Land beinhaltet die ganze Dynamik der Leidenschaft, der Intimität und der gegenseitigen Beziehung zwischen Mann und Frau. Nur wenn sie zusammenkommen, werden sie aufblühen und wieder Frucht bringen.

So unglaublich es auch scheinen mag: Gott spricht weiterhin zu Seinem Land, tröstet es und verheisst ihm Heilung und Leben. Er legt die Bedingungen für zukünftige Fruchtbarkeit und zukünftigen Wohlstand dar und spricht auch zur Erde: «*Du sollst nie mehr anhören müssen, wie die Völker dich beschimpfen, und nie mehr ertragen müssen, dass die Nationen dich verhöhnen. Du wirst deinem eigenen Volk nicht mehr die Kinder wegnehmen – Spruch Gottes, des Herrn.*» (Hes. 36,15) Hörst du die tiefe Leidenschaft und die sanfte Fürsorge in Gottes Herz für Sein eigenes Land? In diesen Versen tröstet und ermutigt der Herr Sein Land und schenkt ihm neue Hoffnung, diesem Land mit seinen Bergen, Tälern und Ebenen.

Gleichzeitig spricht das prophetische Wort im selben Kapitel die Wiederherstellung des Volkes Israel an: «*Ich hole euch heraus aus den Völkern, Ich sammle euch aus allen Ländern und bringe euch in euer Land. Ich giesse reines Wasser über euch aus, dann werdet ihr rein. Ich reinige euch von aller Unreinheit und von allen euren Götzen. Ich schenke euch ein neues Herz und lege einen neuen Geist in euch. ... Ich lege meinen Geist in euch ...»* (Hes. 36, 24–27).

Die Verheissung für Israel lautet, dass seine geistliche Wiederherstellung ganz *sicher* stattfinden wird, aber erst *nach* seiner Rückkehr in das Land! Diese geheimnisvolle Beziehung, die nur zwischen dem Volk Israel und dem Land Israel besteht, ist für die Heilung beider ausserordentlich wichtig. Tatsächlich gibt es keine andere Volksgruppe oder Nation auf dieser Erde, der je eine nationale geistliche Wiederherstellung verheissen worden wäre, die eng an ihre Rückkehr in ihre alte Heimat geknüpft und davon abhängig gemacht worden wäre!

Ja, die Zeit der Schande ist zu Ende. Sowohl das Volk als auch das Land werden nun, von ihrer Unreinheit gereinigt, von ihren Wunden geheilt und wiederhergestellt. Ihre Wiedereinsetzung in Gottes Ordnungen, in Seine Segnungen und Seine Herrlichkeit ist untrennbar damit verbunden, dass beide, das Volk und das Land einander vollständig zurückerstattet werden.

KAPITEL 18
SCHMUTZIGE SPUREN AM HEILIGEN ORT

Eine Lektion in Geschichte

Um das Wunder der Rückführung des Volkes Israel in sein Land und auch die Intensität des hasserfüllten Widerstandes im Feindeslager begreifen zu können, dürfte es hilfreich sein, einen kurzen Blick auf den geschichtlichen Hintergrund dieser Region zu werfen.

Als sich meine Grosseltern am Anfang dieses Jahrhunderts als Pioniere in das verheissene Land auf den Weg machten, nannte man das Gebiet «Palästina». Der Ursprung dieses Begriffes «Palästina» kann auf den römischen Eroberer Hadrian zurückgeführt werden, der nach dem endgültigen Sieg Roms im Jahre 135 n.Chr. den Namen «Judäa» in «Syrisches Palästina» umänderte. Zu jener Zeit sind viele jüdische Bewohner ins Exil geschickt, ihr Eigentum beschlagnahmt und das Territorium umbenannt und der römischen Provinz Syrien angegliedert worden. Jerusalem wurde dem Erdboden gleichgemacht und als römische Stadt mit dem Namen «Aelia Capitolina» wiederaufgebaut.

All diese Schritte wurden mit der klaren Absicht unternommen, die Wahrheit zu verdunkeln, die Fakten der biblischen Geschichte zu verzerren und so den jüdischen Anspruch auf dieses Gebiet auszulöschen. Die jüdische Wurzel sollte vollkommen von dem Land Israel abgetrennt werden. Dieser teuflische Plan, der von der römischen

Politik in Gang gesetzt wurde, um das Wort Gottes zunichte zu machen, war nicht erfolgreich. Tatsächlich blieb durch die ganzen folgenden Jahrhunderte fremder Herrschaft eine jüdische Präsenz im Land, die sogar oft die Mehrheit der wenigen Einwohner ausmachte. Durch die Jahrhunderte hindurch lösten sich fremde Mächte in der Herrschaft über das Land Israel ab. Nachdem Judäa von den Römern zerstört und sein Name verändert worden war, herrschten zunächst die Römer darüber, bis ihr Reich auseinanderbrach und das byzantinische Reich 315 n.Chr. entstand. Danach wurde die Region von den Byzantinern regiert, bis der Islam kam und das Land im Jahre 637 n.Chr. eroberte. Von da an wurde das Land bis 1072 n.Chr. von verschiedenen muslimischen Kalifen regiert, die aber ihre Hauptstädte in anderen Ländern hatten. So wurde das Land Israel – oder Palästina, wie es damals genannt wurde – über mehrere Jahrhunderte hinweg von Arabien, Syrien, Irak und später Ägypten aus regiert.

Für eine kurze Zeit regierten die Seleukiden, danach fiel das Land 1099 n.Chr. an die Kreuzfahrer, die es bis 1291 n.Chr. regierten. Von da an bis 1516 n.Chr. wurde das Land von den Mameluken aus Ägypten beherrscht. Danach eroberte das Ottomanische türkische Reich die gesamte Region und kontrollierte sie, bis die Türken 1918 von den Briten abgelöst wurden. So kam das Gebiet unter das Britische Mandat, das vom Völkerbund (dem Vorläufer der Vereinten Nationen) beauftragt wurde, die ganze Region wiederaufzubauen und gemäss der Balfour-Erklärung von 1917 in Palästina eine nationale Heimstätte für das jüdische Volk vorzubereiten. Nach vielen Debatten, Kämpfen und dem Horror des Holocaust wurde am 14. Mai 1948 der souveräne Staat Israel ausgerufen.

Imperien und Königreiche haben hier geherrscht. Mächtige Armeen erschütterten die ganze Region mit ihren Feldzügen. Aber sie alle gibt es nicht mehr. Es ist wahr: *Jerusalem ist die Stadt, in der Weltreiche begraben liegen!* Als Sacharja die prophetische Schau von Gottes grosser Befreiung Israels am Ende der Zeit entfaltete, sagte er: «*An jenem Tag mache Ich Judas Anführer gleich einem Feuerbecken im Holzhaufen und gleich brennenden Fackeln in den Garben. Sie fressen alle Völker ringsum, rechts und links,*

Jerusalem aber wird weiterhin an seinem Ort bleiben, in Jerusalem.» (Sach. 12,6). Der letzte Satz heisst im hebräischen Originaltext: *Jerusalem wird bleiben, wo Jerusalem immer gewesen ist.* Keiner dieser Herrscher schenkte der alten Heimat des jüdischen Volkes viel Beachtung. Während fremde Armeen durch das Land hin und her marschierten, seine Bewohner misshandelten und vertrieben, blieb der Boden unkultiviert, wurden Quellen verstopft und wurde sogar Salz auf die Felder gestreut, um eine künftige Fruchtbarkeit zu verhindern. Wälder wurden systematisch abgeholzt, das ganze ökologische System wurde ernsthaft verletzt, die Niederschläge nahmen massiv ab, die Erdoberfläche versandete und wurde weggeweht, die lebenspendenden Flüsse verwandelten sich in malariaverseuchte Sümpfe.

Keine einzige der Eroberungsmächte investierte etwas in dieses Land oder verlegte ihre Regierungshauptstadt dorthin. Für Tausende von Jahren war das sogenannte Land Palästina nicht mehr als nur ein provinzieller Distrikt für vorübergehende heidnische Weltreiche. Die Worte Hesekiels, die er über das Land Israel prophezeite, bekamen eine eindrucksvolle und schreckliche Bedeutung durch die ganze Geschichte: *«So spricht Gott, der Herr: Weil ihr verödet seid, weil man von allen Seiten nach euch geschnappt hat, so dass ihr jetzt Besitz der übrigen Völker seid, weil ihr ins Gerede gekommen und zum Gespött der Leute geworden seid ...»* (Hes. 36,3).

Die palästinensische Frage

Beinahe eintausendneunhundert Jahre sind vergangen, seit die Zeit des Gerichts und der Schande für Israel begann. Es waren Jahre der Verwüstung und der Verzweiflung, sowohl für das Volk als auch für das Land, da das eine vom anderen und auch von Gott getrennt war. Während wir uns nun schrittweise der Zeit der Wiederherstellung nähern, wird dem heilenden Handeln Gottes von den geistlichen Fürstentümern und Gewalten erneut Widerstand geleistet, und es wird von feindlichen Regierungen und Bewegungen bekämpft. Israels uralte Feinde sind in diesem Jahrhundert gleichzeitig mit an die Oberfläche gekommen, und erneut werden illegale Ansprüche auf das Land geltend gemacht.

Die arabischen Nationen, die Israel umgeben, sind relativ junge Nationen. Sie wurden nach dem Ersten Weltkrieg von den Briten und Franzosen aus dem Osmanischen Reich heraus geschaffen. Da diese Nationen noch immer unter dem Einfluss des islamischen Geistes stehen, ist es für sie religiös unzumutbar, als gleichberechtigte Partner (ohne die Oberherrschaft innezuhaben) neben einem Volk mit einem anderen Glauben in derselben Region zu leben. Somit wird der anhaltende Konflikt der arabischen Nationen mit Israel, wie wir in Kapitel neunzehn noch näher zeigen werden, von nichts anderem genährt als von einer dämonisch verursachten religiösen Aggression.

Im Kontext des gesamten arabischen Panoramas werden wir uns besonders mit dem palästinensischen Anspruch auf nationale und territoriale Integrität befassen. Dieser Anspruch, der in direkter Konkurrenz zu der Existenz und dem Überleben von Israel steht, ist in den letzten Jahren als derart normal akzeptiert worden, dass die Wahrheit dahinter vom Durchschnittsbürger kaum je in Frage gestellt wird. Gab es je ein arabisches Land mit dem Namen «Palästina»? Gab es je ein «palästinensisches Volk», das ein erkennbares nationales Leben besessen hat?

Die Sprecher der palästinensischen «nationalen Bewegung» und vor allem die Leitung der Palästinensischen Befreiungs-Organisation (PLO) haben gemerkt, dass eine Lüge durchaus als Wahrheit angenommen wird, wenn sie nur laut genug und oft genug geäussert wird. Tatsache ist, dass der Mythos des historischen palästinensischen Staates, der über die Jahre so geschickt konstruiert worden ist, weltweite Anerkennung erlangt hat und sogar diejenigen hinters Licht führt, die es eigentlich besser wissen müssten. Dieser mythische Staat ist mittlerweile von den Vereinten Nationen anerkannt worden und hat dort einen Beobachterstatus bekommen. Yasser Arafat wurde zu seinem Präsidenten erklärt, und in verschiedenen Staaten dieser Welt hat dieser mythische Staat sogar einen Botschafterstatus!

158

Die wahre Tragödie spielt sich allerdings bei den einfachen Menschen ab, die hinter der politischen Propaganda und hinter den Schlagzeilen der Medien leben und ihre Kinder grossziehen. Tatsächlich besteht die palästinensische Bevölkerung mehrheitlich aus unschuldigen Familien und Sippen, die im Machtkampf des Nahen Osten gefangen sind. Sie werden in Unwissenheit gehalten, von bösen Menschen manipuliert und irregeleitet.

Während der gesamten Zeit der aufgezeichneten Geschichte ist das Land «Palästina» nie von «Palästinensern» regiert worden. Tatsache ist, dass – abgesehen von der jüdischen Präsenz im Land – seine Einwohner von 135 bis 1948 n.Chr. lediglich die Soldaten der jeweiligen Siegermacht und ihre Sklaven waren.

Jahrhundert für Jahrhundert wechselten die Kultur, das soziale Gefüge und die Identität der Einwohner mit den wechselnden Herrschern. Auf der anderen Seite sind die Juden die einzigen Überlebenden der alten Bevölkerung dieses Landes. Nur sie haben seit Beginn der Geschichtsschreibung eine ununterbrochene Verbindung zum Land aufrechterhalten.

Wer sind die Palästinenser?

Vor 1948 hatte der Begriff «Palästina» lediglich regionale Bedeutung, ohne jeglichen nationalen Bezug; und gleicherweise beinhaltete auch der Begriff «Palästinenser» nie einen nationalen Status. Es gab nie eine palästinensische Regierung, Sprache, Hymne oder irgendwelche nationalen Traditionen. Alle Menschen, die in jener Region lebten, wurden Palästinenser genannt.

Ironischerweise wurde diese Identität meistens für die jüdischen Einwohner der Region unter dem britischen Mandat verwendet, und die nationale Zeitung, die heute «The Jerusalem Post» heisst, hiess damals «The Palestine Post». Nach 1948 nahmen die jüdischen Bewohner des neuen Staates Israel den Namen «Israeli» an, während die arabischen Einwohner die alleinigen Rechte auf den Namen «Palästinenser» beanspruchten, um dadurch neben den anderen arabischen Nationalitäten der Region eine eigene Identität zu entwickeln.

Heute unterteilen sich die palästinensischen Araber in drei Gruppen:

Zuerst sind da die israelischen Araber, die während der Staatsgründung auf israelischem Territorium lebten. Sie machen rund 20 Prozent der israelischen Bevölkerung aus und sind Bürger mit vollen Rechten in diesem demokratischen Staat. Diese Araber haben israelische Pässe, haben Zutritt zu jeder israelischen Institution und haben die gleichen Rechte und Pflichten wie die israelischen Juden – wie z.b. wählen, öffentliche Ämter bekleiden und einen Sitz im Parlament einnehmen.

Die zweite Gruppe sind jene, die in Judäa, Samaria und im Gazastreifen leben, Gebiete, die im Sechs-Tage-Krieg 1967 erobert worden sind. Die meisten von ihnen leben in eigenen Häusern, einige auch in Flüchtlingslagern, die die Jordanier und die UNO 1948 errichtet haben. Diese Lager wurden gebaut, um die arabische Bevölkerung aufzunehmen, welche den Staat Israel während des Unabhängigkeitskrieges 1948 verlassen hatte. Im Vertrauen auf die Zusagen der Führer der angreifenden arabischen Truppen zogen sich diese Familien aus den jüdischen Dörfern zurück. Sie erwarteten einen schnellen arabischen Sieg sowie ihre eigene Rückkehr, um dann jüdischen Besitz zu erbeuten und zu besitzen.

Israel gewann aber in diesem verzweifelten Krieg die Oberhand über seine Nachbarn, und die geflohenen arabischen Familien kehrten nie wieder in ihre Häuser zurück. Es ist wichtig, daran zu erinnern, dass die Verantwortlichen der jüdischen Gemeinschaft zu jener Zeit die fortziehenden Araber baten, in ihren Häusern und Geschäften zu bleiben, um eine friedliche und demokratische Regierung vorzubereiten. Tragischerweise wurden Tausende von Familien in die Irre geführt, nur um in die Falle der Flüchtlingslager zu tappen.

Die dritte Gruppe von palästinensischen Arabern besteht aus jenen, die vollständig aus der Region in die umliegenden arabischen Länder und in andere Staaten rund um die Welt emigrierten. Je nach Gastland fanden diese Familien Unterkunft und Auskommen, manchmal weit mehr als ihre Verwandten, die sie im Nahen Osten zurückgelassen hatten.

Die Vorfahren der meisten dieser palästinensischen Araber sind erst in den letzten ein- oder zweihundert Jahren in «Palästina» angekommen. Es ist gut dokumentiert, dass arabische Menschenmassen aus dem ganzen zerfallenden Osmanischen Reich nach Palästina strömten, um dort Arbeit zu suchen, die von jüdischen Handels- und Entwicklungsorganisationen angeboten wurde, die in den späten Jahren des 19. Jahrhunderts begannen. Der Mythos einer eingeborenen palästinensischen arabischen Bevölkerung, die über Generationen zurückgeht, ist ein Irrtum und eine Lüge. Auch wenn es gewisse Familien und Sippen gibt, die ihre Wurzeln im Land nachweisen können, bilden sie nur einen kleinen Teil der ganzen arabisch-palästinensischen Bevölkerung von heute.

Palästina war nie eine ausgemachte arabische Nation, die von den Zionisten gewaltsam beseitigt worden wäre, wie dies von arabischen Propagandisten so oft behauptet wird. Vielmehr fühlten die arabischen Familien, die der Arbeit wegen kamen, keinerlei politische Bindung an das Land. Und bis 1920 gab es überhaupt keinen nationalen Zusammenschluss in Palästina. Aus diesem Grund verpflichteten sowohl Englands Balfour-Erklärung von 1917 als auch das Mandat des Völkerbundes die jüdische Bevölkerung in Palästina, die zivilen und religiösen Rechte der Minderheiten in dem Land zu garantieren. Es gibt keinerlei Erwähnung irgendeines bestimmten «nationalen» Rechtes dieser Minderheiten, da von allen Seiten klar erkannt wurde, dass der einzige nationale Anspruch auf das Gebiet den Juden gehörte.

Es ist interessant zu sehen, dass in all den Jahren muslimischer Vorherrschaft Palästina und speziell Jerusalem nie Brennpunkt irgendwelcher nationaler Interessen war. Palästina war immer eine unterentwickelte, vernachlässigte und unbedeutende Provinz des muslimischen Reiches gewesen. Jerusalem war weder jemals eine muslimische Hauptstadt noch ein kulturelles Zentrum, obwohl es auf dem Gelände des alten jüdischen Tempels einen muslimischen heiligen Ort gibt. Die Praxis, sich jüdische Ländereien und Städte anzueignen, zog sich durch die Jahrhunderte, und die Archäologen haben entdeckt, dass die Namen von Hunderten von scheinbar arabischen Orten tatsächlich nur arabische Abänderungen alter biblischer hebräischer Namen waren.

Bis zur Errichtung des Staates Israel konnten in Palästina keinerlei Zeichen nationaler Identität gefunden werden. Das Land selber war, wie schon beschrieben, vernachlässigt und unentwickelt. Sogar die Araber selbst erkannten im ersten Viertel dieses Jahrhunderts das Land als Heimat für die Juden an und äusserten – im allgemeinen – ein herzliches Willkommen.

In einem Abkommen zwischen Emir Feisal von Arabien und Dr. Chaim Herzog von der Zionistischen Weltorganisation kommt das deutlich zum Ausdruck. Der Emir, ein anerkannter Sprecher der Araber zu jener Zeit, redete mit viel Wohlwollen von der künftigen Zusammenarbeit zwischen Arabern und Juden, wenn sie ihre Staaten gründen würden. In Artikel 1 des Abkommens sagte der Emir: «Der arabische Staat und Palästina (der jüdische Staat) werden in all ihren Beziehungen und Unternehmungen von herzlichstem Wohlwollen und Verständnis geleitet sein.» Der Emir identifizierte sich in aller Klarheit mit der Entstehung einer jüdischen Nation in Palästina und hiess sie willkommen, parallel zum Wachstum der arabischen Staaten in Arabien und dem Rest der Region unter britischem und französischem Mandat.

In einem Brief an Felix Frankfurter, einem Richter des Obersten Gerichts der Vereinigten Staaten, schrieb der Emir 1919: «Wir spüren, dass die Araber und die Juden von ihrer Herkunft her verwandt sind, dass sie ähnliche Unterdrückung erlitten haben ... und durch glückliche Umstände in der Lage sind, den ersten Schritt zum Erreichen ihrer nationalen Ideale gemeinsam zu unternehmen. Die Araber blicken mit tiefster Sympathie auf die Zionistische Bewegung. ... Wir werden den Juden ein ‹herzliches Willkommen zuhause!› wünschen.»

Dieser tiefe Einklang und die Grossherzigkeit veränderten sich in den folgenden Jahren dramatisch, als die Briten anfingen, im Nahen Osten ihre eigennützigen Ziele zu verfolgen. Tatsache ist, dass das zusammenbrechende britische Reich den Mythos eines «palästinensischen Nationalismus» für seine eigenen politischen und wirtschaftlichen Ziele schuf. England erlag dem arabischen Druck, weil sein Bedarf an arabischem Erdöl wuchs und sich der Zweite Weltkrieg bedrohlich am Horizont abzuzeichnen begann.

Land für (falschen) Frieden

Der Ausdruck «Land für Frieden» ist zu einem ganz normalen Wort in den Diskussionen rund um die Problematik des Nahen Ostens geworden. Es handelt sich dabei nicht um einen neuen Ausdruck, sondern er hat schon eine lange historische Geschichte. Im Blick auf das Land machten die Briten zwei Versprechen: eines an die Moslems und eines an die Juden. Diese offiziellen Zusagen waren in ihrem Ursprung absolut vereinbar.

Es ist nun eine interessante historische Tatsache, dass – zwischen dem Ersten Weltkrieg und der Aufteilung «Palästinas» durch die UNO 1947 – die Versprechen an die Araber in der Region grosszügig erfüllt, die Versprechen gegenüber der jüdischen Bevölkerung aber immer wieder gebrochen wurden. Die Araber wurden bevorzugt, als die Briten nahezu zwanzig Staaten künstlich aus dem ehemaligen Türkischen Reich heraus errichteten. Tatsächlich hatten diese neuen Nationen – wie etwa Syrien, Irak, Jordanien oder Kuwait – zuvor keinerlei nationale Geschichte oder eigene Kultur.

Daneben nahm die Entwicklung desjenigen Teils von «Palästina», der den Juden von den Grossmächten zugesprochen war, eine ganz andere Richtung. Das erste «Land für Frieden»-Abkommen fand statt, als vier Fünftel des versprochenen jüdischen Heimatlandes von den Briten der Haschemitischen Familie gegeben wurde, einer arabischen Königslinie aus Saudiarabien. Sie wurden 1946 als regierendes Geschlecht im jetzigen Königreich Jordanien eingesetzt und erhielten achtundsiebzig Prozent jenes Landes, das dem jüdischen Volk vom Völkerbund als Heimat zugeteilt worden war. Der Staat Israel besteht heute auf dem verbliebenen Fünftel des ursprünglich versprochenen Landes. Allerdings brachte dieser Landverlust keinen Frieden.

Während der Dreissigerjahre, als Hitler in Deutschland an die Macht kam, fanden beinahe 100 000 deutsche Juden Unterschlupf in Palästina. Dies verursachte unter den arabischen Fürsten grosse Aufregung, verbunden mit mörderischen Aktionen, durch welche während dreier aufeinanderfolgender Jahre ganze jüdische Siedlungen in Palästina terrorisiert und niedergemetzelt wurden. Die Briten – darauf bedacht, die Araber im Krieg gegen das nationalsozialistische Deutschland auf ihre Seite zu ziehen – verabschiedeten das berüchtigte «McDonald White Paper» von 1939, welches einen totalen Stopp der jüdischen Immigration verfügte. Europa war bereit, der jüdischen Bevölkerung eine Falle zu stellen und sie zu zerstören, und es gab keinen Ort, wohin sie hätte fliehen können.

Noch schlimmer: Die Briten versprachen den Arabern entgegen allen vorangegangenen internationalen Vereinbarungen, dass das «westliche Palästina» (das heutige Israel) innerhalb von zehn Jahren ein souveräner arabischer Staat werden würde. Natürlich würde den Juden erlaubt sein, dort zu wohnen, aber nur so lange, wie sie nicht mehr als ein Drittel der dortigen Bevölkerung ausmachen würden. Das ursprüngliche Mandat, das der Völkerbund England übertragen hatte, wurde damit letztlich zutiefst verletzt!

Während Millionen von Juden in Europa in der Falle sassen, verlangten die Leiter der jüdischen Gemeinschaft das Ende des Britischen Mandates. Auf der anderen Seite forderten die Araber, dass ganz Palästina eine einzige Nation mit arabischer Mehrheit werden sollte. Als diese Angelegenheit in der erst kurz vorher gegründeten UNO debattiert und entschieden wurde, ergab die Abstimmung die Gründung eines souveränen jüdischen Staates.

Nach wie vor gab es ernsthafte Probleme mit diesem Plan der UNO, da das kleine Territorium, welches nur noch zweiundzwanzig Prozent der ursprünglich versprochenen Fläche enthielt, noch einmal in zwei Staaten – nämlich in einen palästinensischen und in einen jüdischen – aufgeteilt wurde. Der neu gebildete jüdische Staat bestand dabei aus drei unzusammenhängenden Regionen, und der grösste Teil davon war Wüste. Judäa, Samarien, Gaza und ein grosser Teil von Galiläa waren verloren, und Jerusalem sollte eine internationale Stadt innerhalb des palästinensischen Staates werden. Nach langen hitzigen Debatten akzeptierte die jüdische Führung schliesslich den Plan, und am 14. Mai 1948 wurde die Unabhängigkeit des Staates mit dem Namen Israel erklärt. Allerdings brachte dieses Landopfer nicht den ersehnten Frieden! Die Araber lehnten den Teilungsplan der UNO ab, weil sie das ganze Land wollten! Am 15. Mai griffen die Armeen Libanons, Jordaniens, Syriens, Ägyptens und des Irak den erst einen Tag alten Staat Israel an, nachdem der Mufti von Jerusalem (ein arabischer religiöser Führer) erklärt hatte: «*Ich erkläre einen heiligen Krieg, meine muslimischen Brüder! Tötet die Juden! Tötet sie alle!*»

Es ist reine Ironie, dass fünf Nachbarstaaten mit einer Gesamtfläche von 3 108 000 Quadratmeilen versuchten, die winzige Nation von gerade 20 720 Quadratmeilen zu verschlingen! Nach beinahe einem Jahr erbittertsten Krieges gewann Israel (das etwa 1:1000 unterlegen war) Teile von Galiläa, Judäa, Samarien zurück und eroberte das halbe Jerusalem. Viele der kämpfenden Soldaten waren Menschen, die gerade erst aus den europäischen Konzentrations- und Todeslagern angekommen waren, fast ohne Ausbildung und ohne Kenntnis der hebräischen Sprache. Der Sieg dieser untrainierten und ärmlich ausgerüsteten Armee war tatsächlich nichts anderes als ein Wunder.

Als sich die arabischen Armeen zurückzogen und in einen Waffenstillstand einwilligten, annektierte Jordanien den Rest von Judäa, Samarien und Ostjerusalem. Dieser illegale Akt ist von der UNO nie anerkannt worden, und schon bald wurden diese Gebiete zu Brutstätten terroristischer Angriffe auf Israels Zivilbevölkerung. Ironischerweise besetzten Jordanien und Ägypten auch noch die West Bank und den Gazastreifen, genau jene Gebiete, die der Teilungsplan der UNO 1947 den arabischen Palästinensern zugesprochen hatte und den sie damals selber verworfen hatten. Auf diese Weise sind die arabischen Einwohner dieser Gebiete praktisch von ihren eigenen muslimischen Brüdern erobert und von diesem Zeitpunkt an als unterworfenes Volk behandelt worden.

Leider hat die «Land für Frieden»-Formel nie funktioniert. Es scheint, als ob jener Geist, der hinter dem territorialen arabischen Expansionsdrang steht, überhaupt nicht am Land interessiert ist, sondern an der totalen Auslöschung des jüdischen Staates. Aus diesem Grund wird er sich nie mit Teilabkommen zufrieden geben! Tatsache ist, dass Gott in Seiner Liebe für das arabische Volk ihnen grosse Teile des Landes gegönnt hat. Das Land der Söhne Ismaels ist 672mal grösser als der Staat Israel. Es ist doppelt so gross wie die Vereinigten Staaten von Amerika, denn es umfasst den ganzen Norden Afrikas und die Arabische Halbinsel, und es hat grosse Ölschätze. Dennoch verfolgt dieser treibende Geist hinter den verblendeten Massen weiterhin die Zerstörung Israels. Das Land ist nicht sein eigentliches Ziel, und der Friede mit Israel keine Option.

Die palästinensische Tragödie

Die arabischen Bewohner von Judäa, Samarien und dem Gazastreifen wurden nach der Niederlage von 1948 in grausamer Weise und ohne jedes menschliche Mitleid von ihren eigenen Brüdern als Flüchtlinge gefangen gehalten. Mit dem Ziel der politischen Manipulation hielten die benachbarten arabischen Staaten diese arabischen Palästinenser unterprivilegiert und ohne Chance, ihre Lebensumstände zu verbessern.

Diese armen Flüchtlinge flohen aus Israel, ohne je zurückzukehren, um die verlassenen jüdischen Dörfer zu plündern und zu zerstören, wie es ihre Führer versprochen hatten. Nun waren sie gefangen in einem Gefängnis von schmutziger Politik, Erpressung und Missbrauch. Man gab ihnen kaum wirtschaftliche Möglichkeiten, wenig Bildung und keinerlei industrielle Infrastruktur. Sie sind zu einer politischen Karte in den Händen böser Menschen geworden, die versuchen, die Welt zu betrügen und Israel zu Kompromissen zu zwingen.

166

Warum wurden sie bis 1967 unter derart improvisierten Umständen gehalten, bis Israel jene Gebiete zurückeroberte? Warum erlaubte man ihnen nicht, sich unter die umliegenden arabischen Gesellschaften zu mischen, in denen sie sich wohl und zuhause gefühlt hätten? Warum hat Jordanien in den neunzehn Jahren, in denen es die West Bank regierte, dort nie einen unabhängigen palästinensischen Staat errichtet?

Diese und viele andere Fragen müssen beantwortet werden. Die Tragödie und das Leid des palästinensischen Volkes hätte problemlos abgewendet werden können, wenn das Problem von den arabischen Führern in jener Zeit auf ordentliche Weise angegangen worden wäre. Es hätte wohl das einfachste Flüchtlingsproblem unseres Jahrhunderts werden können, da die Möglichkeit bestanden hätte, diese Flüchtlinge ohne Schwierigkeiten in die benachbarten Völker mit gleicher Kultur, Religion, Sprache und Tradition einzugliedern.

Aber wir haben es hier nicht mit menschlichen Überlegungen zu tun, sondern mit dämonischen Mächten und Gewalten, die sich Gott und Seinem Plan für diese Region widersetzen. Der chronische palästinensische Aufschrei, der zunehmende Druck und Stress, den er erzeugt, und die tiefe Verführung, mit der er verbunden ist – alle diese Dinge zeugen von dem dämonischen Ursprung dieser Tragödie. Als Christen müssen wir ein barmherziges Herz und eine Haltung der Fürbitte für dieses missbrauchte und leidende Volk behalten.

Tatsache ist, dass man im Nahen Osten niemals «Frieden für Land» kaufen kann. Trotz ihrer vor kurzem erfolgten öffentlichen Anerkennung des Existenzrechtes Israels (einer Erklärung, die nur für die westlichen Politiker abgegeben wurde) hat die PLO die Ausradierung des Staates Israel nach wie vor als ihr erklärtes Ziel. Gemäss dem «Phasenprogramm» der PLO, das von der Palästinensischen Nationalversammlung 1974 angenommen und 1988 erneut bestätigt worden ist, wird die PLO in Phasen vorgehen, um ihr strategisches Ziel, nämlich die «Befreiung aller Palästinenser», zu erreichen!

Da sie nicht in der Lage ist, Israel durch einen Blitzangriff zu besiegen, besteht der betrügerische Plan darin, in Etappen vorzugehen. Das erste Ziel ist es, die Kontrolle über die West Bank und über den Gazastreifen zu erlangen, um dort einen von der PLO regierten palästinensischen Staat zu errichten und danach Israel in die unvorteilhaften Grenzen des UNO-Teilungsplanes von 1947 zurückzudrängen. Für diesen Fall, in dem Israel so klein werden würde, dass es kaum noch zu verteidigende Grenzen hätte, hofft der Feind, dass Israel unter einem Angriff der vereinigten Araber zusammenbrechen und vollkommen von dem Boden des Nahen Ostens ausradiert werden würde. Dieser erste Schritt der Errichtung eines palästinensischen Staates in der West Bank und in Gaza ist lediglich eine Zwischenstation im Phasenprogramm, das zum Ziel hat, Israel auszulöschen – ein Ende zu machen mit der jüdischen Bevölkerung und das Land zu dominieren.

In der Zwischenzeit sind mehr als eine Million palästinensische Araber in diese dämonische Falle getappt und dienen diesem bösen Spiel als Pfand. Dennoch finden wir Trost im Wort Gottes, welches nicht nur die Position des Fremdlings in Seinem Land schützt, sondern auch eine zukünftige Harmonie zwischen den beiden Konfliktparteien verspricht.

Land gegen (wahren) Frieden

Wie wir wissen, galt diesem winzig kleinen Territorium – dem einzigen Ort auf der ganzen Erde, welcher der jüdischen Nation durch biblische Verheissungen als Heimat und Zuflucht versprochen worden ist – während der vergangenen fünfzig Jahre das ganze internationale Interesse. Ein Drittel aller UNO-Resolutionen seit 1948 befasst sich mit Jerusalem. Woher kommt diese unverhältnismässige Beachtung? Warum ein solcher Stachel im Fleisch einer vorwiegend gottlosen Welt?

Könnte es sein, dass sich Jesajas alte Prophetie vor unseren Augen erfüllt? Handelt es sich nicht um das verheissene *«Zeichen für die Völker»* (vgl. Jes. 11,12), welches Gott vor einer bösen und ungläubigen Generation mit dem Versuch aufrichtet, die Menschheit mit Seiner Wahrheit und Herrschaft vertraut zu machen? Könnte es sein, dass Satan den Plan Gottes kennt und versucht, alles, was er hat, in die Schlacht zu werfen, um den Gang der Ereignisse zu verhindern? Es ist wahrhaftig so! Da die Rückkehr Israels in sein Land in Gottes grossem Plan eine zentrale Rolle spielt, widersteht ihm die ganze Hölle. Da ein erlöstes Israel eine Schlüsselfunktion in Gottes Strategie für die letzten Tage darstellt und weil Israels Erlösung eng mit seinem Besitz des Landes verknüpft ist (vgl. Hes. 36), ist dieses Land zum Angriffsziel hochrangiger dämonischer Fürsten geworden. Wenn nur die Menschen zerstört werden könnten, wie es die Nazis im Holocaust versucht haben, oder wenn ihnen nur das Land versagt werden könnte, wie es die palästinensische Verschwörung will – dann könnte Gottes Plan verhindert werden.

Wir wissen aber, dass Gott triumphieren wird! Sein Wort steht in den Himmeln fest von Ewigkeit zu Ewigkeit und muss sich erfüllen. Dennoch gibt es im Plan Gottes einen weiten Raum für Glauben, Gehorsam und für Opfer, die von einer liebenden und gläubigen Gemeinde aufsteigen, wenn sie gelernt hat, nach Gottes Absichten Fürbitte zu tun. Diese Gebete und Bitten sind der eigentliche geistliche Muskel, der der Erfüllung des prophetischen Wortes Macht verleihen und es gewährleisten kann.

Es gibt «Land für Frieden» im Nahen Osten. Gott hat in Seiner Freundlichkeit und Treue verfügt, dass das Land Israel in den alleinigen Besitz des Volkes Gottes zurückkommen werde. Nach 1900 Jahren blüht das Land wieder auf. Nach 1900 Jahren wohnen die Menschen wieder unter ihren eigenen Feigenbäumen und Weinstöcken. Auch wenn das ganze Szenario noch sehr unvollkommen und voller Herausforderungen ist, weist es dennoch auf die vollkommene Erfüllung aller biblischer Verheissungen hin und hat diese zum Ziel.

Israel wird zu Gott zurückkehren. Er wird diese Nation für Sich selber reinigen und läutern und dann Seinen heiligen Namen in ihrer Mitte vor den Augen einer staunenden und verwirrten Welt verherrlichen (vgl. Hes. 36,23.24). Dieses erschütterte Land wird Frieden hervorbringen – ewig anhaltenden Frieden – für alle, die an Seinen Namen glauben.

KAPITEL 19
ESAU UND JAKOB VERSÖHNT!

Während wir die Konflikte und die vielen Herausforderungen betrachten, die im Nahen Osten noch vor uns liegen, richten wir unsere Augen auf eine der grössten und edelsten Offenbarungen, die Gott gegeben hat. Zum einen müssen wir nicht nur glauben, dass Jesus am Kreuz die Trennwand zwischen Juden und Nichtjuden (die Araber mit eingeschlossen) abgebrochen hat. Gleichzeitig müssen wir erkennen, dass uns nach Jesaja 19,23–25 eine Verheissung für Frieden und Harmonie in diesem Landstrich gegeben worden ist. Auch finden wir in der Geschichte von Esau und Jakob ein prophetisches Bild für die Versöhnung zwischen Juden und Arabern. Diese Offenbarung wird unter den heutigen Fürbittern dieser Tage weitestgehend geteilt, und sie ist eine bedeutende biblische Bestätigung für die Versöhnungsbewegung zwischen den Gläubigen dieser beiden Gruppen.

In Genesis 23 und 33 finden wir den Bericht von Jakobs Rückkehr in das Land seines Vaters nach vielen Jahren des Exils. Es verleiht uns Einsicht und Inspiration für die Fürbitte, wenn wir das Wesen und die innere Dynamik dieses Geschehens als eine prophetische Entsprechung mit der heutigen Rückkehr des jüdischen Volkes in seine Heimat vergleichen. Esau steht für die Araber, die in dieser Gegend leben. Jakob steht für das jüdische Volk, das nach Jahren des Exils zurückkehrt.

Das Trauma

Zweifellos war Jakobs Herz voll grosser Freude und Erwartung, als er sich dem Land seiner Väter näherte. Seine Wurzeln waren bereits aus dem heidnischen Boden von Labans fragwürdiger Gastfreundlichkeit ausgerissen, und mit seinen Frauen, Kindern und allem Besitz zog er nach Westen. Gleichzeitig war er voller Sorge, wie es sein würde, seiner dubiosen Vergangenheit, seinen Verwandten und insbesondere seinem verletzten Bruder Esau zu begegnen.

Jakobs Gebet: *«Entreiss mich doch der Hand meines Bruders, der Hand Esaus!»* (Gen. 32,12) gewährt uns Einblick in den Kampf in seiner Seele. Ja, da ist Freude in seinem Herzen! Ja, da sind hoffnungsvolle Erwartungen in den Herzen der zurückkehrenden Juden! Aber es besteht auch eine grosse Furcht und eine Sorge vor der Vergeltung der Araber.

Es ist nicht klar, ob Esau geplant hatte, Jakob Schaden zuzufügen, dennoch war Jakobs Furcht sehr real, dass er konkrete Aktionen vornehmen könnte. In gleicher Weise, auch wenn es für die arabischen Nationen nicht glaubhaft erscheinen mag, ist die Militär- und Aussenpolitik Israels hauptsächlich vom Anliegen motiviert, zu überleben. Israels politische und strategische Überlegungen sind durch das dringende Bedürfnis bestimmt, die eigene Existenz zu sichern.

Wie wünschte ich mir, dass der arabische Geist dieses Trauma begreifen könnte! Wie hoffe ich für die Welt, dass sie Israels Reaktion auf die anhaltende Bosheit und den jahrhundertealten Hass von Esaus Nachkommen verstehen würde! Die Bibel ist wirklich wahr, wenn sie Gottes Zorn über die arabischen Feindseligkeiten beschreibt: *«Weil du eine ewige Feindschaft mit den Söhnen Israels hattest und sie zur Zeit ihres Unglücks, zur Zeit der endgültigen Abrechnung, dem Schwert ausgeliefert hast, darum lasse Ich dich bluten, so wahr Ich lebe – Spruch Gottes, des Herrn, Blut soll dich verfolgen. Du hast dich nicht gescheut, Blut zu vergiessen; darum soll Blut dich verfolgen.»* (Hes. 35,5.6).

Der Schrei zu Gott

Der zunehmende Druck, der nie nachzulassen, sondern immer grösser zu werden schien, zog Jakob zu Gott hin. Nachdem er seine Familie und sein Vermögen in zwei Teile geteilt hatte, schrie er zu Gott: *«Du Gott meines Vaters Abraham und Gott meines Vaters Isaak, Herr, du hast mir gesagt: Kehr in deine Heimat und zu deiner Verwandtschaft zurück; Ich werde es dir gut gehen lassen.»* (Gen. 32,10.11). Wie erfrischend ist es doch, im Herzen dieses Mannes echte Demut und Dankbarkeit zu finden. Für Jakob war klar, dass Gott ihn in sein Land zurückgerufen hatte und dass ihn der Konflikt mit Esau nur näher zu Gott gezogen hat.

Könnte es sein, dass die gegenwärtigen Schwierigkeiten mit den palästinensischen Arabern dazu dienen sollen, das jüdische Volk wieder zu Gott zurückzubringen? Es war Gottes Idee, das jüdische Volk wieder in das Land zurückzuführen; Gott wusste um die Präsenz der Araber in dieser Region und um die kommenden Schwierigkeiten. So können wir die Schlussfolgerung ziehen, dass es nicht nur Gottes Wille ist, dass das jüdische Volk in das Land seiner Väter zurückkehrt und sich mit den Arabern versöhnt, die bereits dort wohnen, sondern dass der Konflikt über diese Versöhnung hinaus dazu dient, sie zu Ihm selber zurückzubringen.

Es wird immer Araber geben, die nicht wollen, dass die Juden in ihr Land zurückkehren, genauso wie es auch immer Juden geben wird, die sich nicht mit den Arabern versöhnen wollen. Dennoch spricht Gott den Auftrag für die jüdische Bevölkerung im Land Israel deutlich aus, sich persönlich und als Volk zu versöhnen, genauso wie die Schriften des Neuen Testamentes auch uns dazu aufrufen.

Gemäss dem biblischen Vorbild können wir sagen, dass Jakob nie völlig im Land seiner Väter wiederhergestellt werden kann, ohne sich zuerst mit seinem Bruder Esau zu versöhnen! Es scheint, als ob die Herausforderung der Versöhnung mit den Arabern (soweit es in einer Situation jemals möglich ist) fast eine Voraussetzung dafür ist, dass das jüdische Volk in die Fülle seiner Berufung kommen kann. Und obwohl es so scheint, als sei dies in absehbarer

Zukunft auf natürlichem Weg unmöglich, so schaut Gott doch in die Herzen der Menschen, um zu sehen, ob sie Seinen Willen tun wollen. Wahre Versöhnung verlangt immer tiefe Demut und grossen Mut, die aus einem Glauben an den lebendigen Gott und Seine Verheissungen entstehen.

Jesus selber hat uns gelehrt, dass wir uns zuerst um die Versöhnung mit unserem Bruder kümmern müssen, bevor wir Gott in der Anbetung begegnen können (vgl. Mt. 5,23.24).

Begegnung mit Gott

Die Unmöglichkeit, Esau zu besänftigen, war für Jakob genauso frustrierend und niederschmetternd, wie es die Unmöglichkeit für die Juden heute ist, die Araber zu besänftigen. Jakob sandte Geschenke und teilte dann sein Lager in zwei Gruppen, um seine Habe zu schützen, aber nichts schien zu helfen. In gleicher Weise gibt es keine menschlichen Lösungen für den gegenwärtigen Konflikt im Nahen Osten. Weder Selbstverteidigung noch politisches Taktieren noch Konzessionen bezüglich des Landes bieten die Lösung.

Als Jakob betete: *«Ich will ihn mit der geschenkten Herde, die vor mir herzieht, beschwichtigen»* (Gen. 32,21), verwendete er die hebräische Wurzel «KAPAR», das Wort, das für Busse verwendet wird. Er versuchte, vor seinem Bruder Busse zu tun für seine Sünde. Aber ohne göttliches Eingreifen gibt es keine Busse.

Schliesslich blieb Jakob mit sich selbst allein und konnte nur noch auf Gottes Eingreifen hoffen. Er hatte alles unternommen, was er unternehmen konnte, und er hatte jede menschliche Manipulation versucht. Nun musste er sich und seinem Gott ins Auge schauen!

Als er alleine wegging, stellte sich ihm der Engel Gottes gegenüber, mit dem er die ganze Nacht hindurch kämpfte (vgl. V. 24). Diese Nacht diente nicht nur dazu, den Ausgang des Konfliktes mit Esau zu bestimmen, sondern sie wurde auch zu einem Wendepunkt in Jakobs Leben und in seiner Beziehung zu Gott.

Der Engel Gottes, der sowohl Gott als auch Mensch genannt wird, zwang Jakob, seine Identität zu offenbaren. Dies war in der Tat eine Art Bekenntnis, denn der Name Jakob bedeutet «Fersenhalter» und beschrieb seinen fleischlichen und manipulativen Charakter. Auf dieses Bekenntnis hin änderte der Engel Jakobs Namen in Israel, was bedeutet «einer, der mit Gott kämpft», aber auch «einer, der ein Prinz Gottes ist».

So, wie es bei Jakob war, den die zunehmenden Schwierigkeiten dazu zwangen, den Gott seiner Väter zu suchen, sich mit seiner eigenen fleischlichen Natur auseinanderzusetzen und sein eigenes Schicksal zu betrachten, so wird es auch mit dem jüdischen Volk in den letzten Tagen sein. Während sich die Juden in den Klauen eines scheinbar unlösbaren Konfliktes mit den arabischen Verwandten befinden, werden auch sie in der Dunkelheit ihrer Nacht mit einem geheimnisvollen gottmenschlichen Gesandten kämpfen. Auch sie werden ihre Sünden und ihre fleischliche Natur bekennen, und auch sie werden im Morgengrauen eines neuen Tages mit neuer Lebenskraft und Identität wiederauferstehen.

Nach der prophetischen Aussage dieses biblischen Bildes wird der jüdisch-arabische Konflikt und der Kampf um Versöhnung am Ende das geistliche Wiedererwachen der Kinder Israels bewirken. Die Fülle der verheissenen Erweckung wird Israel erst dann überfluten, wenn die Nation diese geistliche Dynamik erkennt und sich in ihrer Verzweiflung ganz auf den Herrn wirft.

Versöhnt

Als er aus der verändernden Gegenwart mit dem lebendigen Gott herauskam, heisst es: *«Die Sonne schien bereits auf ihn, als er durch Penuel zog; er hinkte an seiner Hüfte.»* (Gen. 32,32). Ein neuer Tag und ein neuer Mensch! Nun war Jakob bereit, Esau zu begegnen. Ohne Angst und voller Gnade verbeugt er sich siebenmal bis zur Erde vor seinem ehemaligen Feind. Wie wunderbar ist es doch, wenn jemand so mit sich selber und mit Gott im Reinen ist, dass er sich vor seinem älteren Bruder demütigen und ihn ehren kann. Wer mit der arabischen Kultur vertraut ist, wird verstehen, dass diese respektvolle Geste wie Balsam ist, der viele Wunden und Verletzungen heilen kann. Wie antwortet Esau? Was ist die einzige Antwort, wenn man dieser Fülle von Gnade, Demut und Vertrauen gegenübersteht, die die Salbung Gottes mit sich bringt? Die Bibel sagt: *«Esau lief ihm entgegen, umarmte ihn und fiel ihm um den Hals; er küsste ihn, und sie weinten.»* (Gen. 33,4).

Ganz gewiss ist tief im Herzen der Juden und der Araber ein Verlangen verborgen, sich zu versöhnen und dem Krieg ein Ende zu machen. Hinter aller politischen Rhetorik, hinter allen geschichtlichen Verletzungen und hinter aller dämonischen Verführung des fleischlichen Denkens liegt diese Hoffnung auf wahren Frieden. Und wenn die Zeit kommt, in der der moderne «Jakob» mit dem Gott seiner Väter gekämpft und sich gedemütigt hat und auch wieder auferstanden ist, weil er seinen Messias erkannt hat, werden sich die beiden Völker umarmen und sich unter Tränen um den Hals fallen.

Diese Begegnung mit seinem Bruder war so tief, dass Jakob sagte: *«Denn dafür habe ich dein Angesicht gesehen, wie man das Angesicht Gottes sieht.»* (Gen. 33,10). Für Jakob war die Heilung dieser alten Familienwunde eine Erinnerung an seine Begegnung mit dem Gottmenschen in der vorangegangenen Nacht. Das leibliche Gesicht Esaus erinnerte ihn an das Gesicht Gottes! So tief wird die wahre Versöhnung zwischen Arabern und Juden sein, dass sie uns allen helfen wird, Gottes Angesicht zu sehen.

KAPITEL 20
DER ISLAM – DER GEISTLICHE KAMPF

Die Bibel sagt über die Gerichte Gottes: *«Seine Stimme hat damals die Erde erschüttert, jetzt aber hat Er verheissen: Noch einmal lasse Ich es beben, aber nicht nur die Erde erschüttere Ich, sondern auch den Himmel. Dieses Nocheinmal weist auf die Umwandlung dessen hin, das, weil es erschaffen ist, erschüttert wird, damit das Unerschütterliche bleibt.»* (Hebr. 12,26.27).

Die grosse Erschütterung

Eine der vielen Verheissungen für die letzten Tage ist diejenige, die uns eine grosse Erschütterung voraussagt. Diese verheissene Erschütterung hat offensichtlich bereits begonnen, und sie stellt die Fundamente unserer Gesellschaften und Kulturen auf die Probe. Während ich diese Zeilen schreibe, wird jede ideologische, soziale, politische und wirtschaftliche Struktur auf der ganzen Welt erschüttert und durch und durch geprüft. Während sich nationale Bewegungen erheben, die gewaltsam darum kämpfen, nach Jahrhunderten der Unterdrückung selber die Herrschaft zu übernehmen, stellt sich die Menschheit Fragen, die sie nicht beantworten kann.

Nun beschränken sich diese übernatürlichen Beben, die Teil der grossen Geburtswehen in der Endzeit darstellen, nicht nur auf die irdische oder natürliche Schöpfung. Die Verheissung der Bibel besagt, dass sich diese Erschütterungen auch auf die Himmelswelt ausdehnen werden. *«Noch einmal lasse ich es beben, aber nicht nur die Erde erschüttere Ich, sondern auch den Himmel.»* Demnach erleben nicht nur menschliche Regierungen und irdische Systeme diese Prüfungen Gottes, sondern auch *«Gewalten ... Mächte ... Beherrscher dieser finsteren Welt ... böse Geister des himmlischen Bereichs»*, deren Aktivität im geistlichen Bereich die Oberhand über die Massen einer nicht urteilsfähigen Menschheit gewinnen und diese ausbeuten (vgl. Eph. 6,12). Die Stimme des Herrn donnert bereits in der himmlischen Welt. Er stellt seine Truppen für die letzten Kämpfe dieses Zeitalters auf, die die Festungen der Hölle erschüttern und niederreissen werden. Der Kommunismus zum Beispiel ist ein Hauptfürstentum und eine Weltmacht, welche Gott durch Sein Gericht zu Fall gebracht und so Millionen von Menschen von ihrer Unterdrückung befreit hat. Eine Nation nach der anderen wird von dieser gottlosen, antichristlichen Verschwörung und ihrem terrorisierenden Zugriff erlöst, und ganze Nationen erlangen die Freiheit.

Jesaja spricht von diesen nie dagewesenen Zeiten. Indem er schreibt: *«Die Erde birst und zerbirst, die Erde bricht und zerbricht, die Erde wankt und schwankt. Wie ein Betrunkener taumelt die Erde, sie schwankt wie eine wacklige Hütte. Ihre Sünden lasten auf ihr ... An jenem Tag wird der Herr hoch droben das Heer in der Höhe zur Rechenschaft ziehen und auf der Erde die Könige der Erde.»* (Jes. 24, 19–21).

Die Welt ist dabei, das Mass ihrer Übertretungen zu füllen, und Gottes gerechten Gerichte zeigen sich in zunehmenden weltweiten Katastrophen. Nach dieser Schriftstelle finden Seine Gerichte zuerst in der unsichtbaren Welt und dann erst auf der Erde statt! Es besteht ein nicht zu leugnender Zusammenhang zwischen dem geistlichen Einfluss dieses gefallenen Heeres in der Höhe und dem Zustand der *«Könige der Erde»*.

Der Psalmist zeigt uns eine andere Perspektive dieser Erschütterung: *«Als Israel aus Ägypten auszog ... Die Berge hüpften wie Widder, die Hügel wie junge Lämmer ... Vor dem Herrn erbebe, du Erde, vor dem Antlitz des Gottes Jakobs.»* (Ps. 114,1.4.7). Als Gott Sein Volk aus der Sklaverei befreite, zitterte sogar die Erde wegen Seines Gerichtes und Seiner Befreiung. Der Herr selber ging vor Seinem Volk her als *«Herr der Heerscharen»*, als Hauptmann der Armeen des Allerhöchsten Gottes, und die Erde erzitterte vor Ihm! Es wurden ja nicht nur die Könige Ägyptens durch die geistliche Kampfführung von Mose niedergeschlagen – und dadurch das mächtigste Reich jener Tage zerstört –, sondern auch die Natur reagierte auf das Wirken des Herrn. Während die erlösende Kraft von Jesus heute über die Nationen und über Israel ausgegossen wird, bringt Er die Gefangenschaft Seines Volkes zu einem Ende! Und wiederum erzittert die Schöpfung, wenn er Seine Ernte einbringt und Seine Feinde richtet.

Wir, die wir in Christus sind, sind wirklich privilegiert, zu dieser Generation zu gehören. Zu diesem Privileg gehört aber auch eine Verpflichtung, denn Gott beruft uns, an Seinem Plan teilzuhaben und in Seinem Willen mitzuarbeiten. So singt der Psalmist über Menschen, die Gott kennen: *«Loblieder auf Gott in ihrem Mund, ein zweischneidiges Schwert in der Hand, um die Vergeltung zu vollziehn an den Völkern, an den Nationen das Strafgericht, um ihre Könige mit Fesseln zu binden, ihre Fürsten mit eisernen Ketten, um Gerichte über sie zu halten, so wie geschrieben steht. Herrlich ist das für all Seine Frommen. Halleluja!»* (Ps. 149,6–9). Ja, es ist unsere Ehre und unser Lohn, an der Ausführung von Gottes Willen mitzuwirken! Wir müssen die Natur des Konfliktes im Nahen Osten verstehen. Einer dieser «Weltherrscher», gegen den der Herr kämpft – ein Fürstentum mit globaler Autorität und Einfluss – ist der Geist des Islam, der den Mittleren Osten grimmig beherrscht und auch versucht, den Westen zu durchdringen.

Der Konflikt im Nahen Osten ist nicht in erster Linie politisch, wirtschaftlich oder militärisch, auch wenn all diese Elemente sicher vorhanden sind. Der eigentliche Kriegsgrund in diesem Konflikt ist geistlicher Natur. Sein wahrer Ursprung liegt in der Himmelswelt, und das Resultat wird von unseren Gebeten und von unserem gesalbten geistlichen Kampf abhängen.

Was ist Islam?

Der Islam ist eine Weltreligion, die im 7. Jahrhundert n.Chr. in der Stadt Mekka in Arabien entstanden ist. Mohammed, sein wichtigster

Prophet und Gründer, handelte auf Grund von «Offenbarungen» und «Visionen», die er von «Allah» erhielt, während er in einer Höhle versteckt lebte. «Allah» war einer von Hunderten von Halbgöttern, die von den verstreuten arabischen Stämmen jener Zeit verehrt wurden. Dieser Dämon befahl Mohammed, die übrigen Götzen zu zerstören, und «Allah» wurde so zum «grossen Gott» des arabischen Volkes. So entstand eine Weltreligion, die einen monotheistischen Anschein hatte.

Der Koran, das heilige Buch des Islam, wurde anschliessend von Mohammed verfasst, um die letzte Autorität in allen Belangen des Lebens und des Gottesdienstes auszuüben. Mohammed schenkte den biblischen Wahrheiten viel Anerkennung, indem er seine Ableitungen sowohl vom Alten als auch vom Neuen Testament machte. Er erkannte sogar Gottes Bündnisse mit Israel an.

Immerhin lehrte der «Prophet», dass beide Gruppen, Juden wie Christen, Gott nicht genügten. Er lehrte, dass deren Abfall Gott dazu veranlasste, die Bündnisse mit ihnen zu brechen, und dass «Allah» nun das arabische Volk als *das Volk des letzten Bundes* erhob, indem er ihm die letzte Offenbarung, die muslimische Lehre, schenkte!

Das Wort *Islam* bedeutet *«Unterwerfung»,* und genau das ist das Herzstück dieser Religion. Die grösste Mission des Islam und sein erklärtes Ziel ist es, alle Menschen sowie die Welt als Ganzes zur Unterwerfung unter «Allah» zu bringen. Die Methoden, deren sich dieser Geist bedient, sind «Seelen-Gewinnung» (mit einer superreligiösen, selbstgerechten Fassade) und der «Jihad» (territoriale Ausdehnung durch Heiligen Krieg). Ob so oder so, sie bestehen darauf, dass sich die Welt schliesslich «Allah» unterwerfen muss!

So unglaublich es auch ist, so stellt der Islam heute die zweitgrösste Religion der Welt dar und wächst sehr schnell. Beinahe eine Milliarde Menschen haben sich heute dem «grossen Allah» «unterworfen», und die Zahlen steigen. Nun haben wir aber den Herrn sagen hören: «Es ist genug!»

Dieses Fürstentum, das erfolgreich in beinahe jeden Winkel unserer Erde eingedrungen ist und ein Fünftel der Weltbevölkerung beherrscht, ist vehement antichristlich. Eine weithin anerkannte Lehre des Islam behauptet, dass der Prophet, von dem in Deuteronomium

18,15–19 die Rede ist, kein anderer sei als Mohammed. Wir wissen, dass Mose in diesem Abschnitt eindeutig über Jesus, den Messias, prophezeit hat, in dessen Mund Gott Sein Wort legen werde. Der Islam hingegen behauptet, dass Mohammed diese künftige Erfüllung dieser Prophetie von Mose ist und dass in seinem Mund das Wort Gottes gefunden werde. Satan ist wirklich ein Lügner und ein Dieb, der versucht, Gottes Wort zu verdrehen und die Unwissenden zu verführen.

Der Islam baute seinen drittheiligsten Ort, den Felsendom, auf den Berg Moria in Jerusalem, genau an den Ort, an dem der alte hebräische Tempel stand. Er lehrt, dass an diesem Ort Abraham seinen Sohn Ismael (nicht Isaak) geopfert habe und dass Mohammed später von diesem Ort aus auf seinem weissen Pferd in den Himmel aufstieg. Diese offensichtliche Verdrehung der Wahrheit verzerrt die biblischen Berichte über die Opferung Isaaks und die Himmelfahrt des Herrn nach Seiner Auferstehung!

Der Islam behauptet, an den historischen Jesus zu glauben, *leugnet aber vehement Seine Göttlichkeit, Seinen stellvertretenden Tod am Kreuz und Seine Auferstehung von den Toten.* Er lehrt, dass der «grosse Allah» Jesus, den Propheten, vom Kreuz «wegwischte», bevor Er starb, und ihn in den Himmel nahm. Nach islamischer Lehre war Jesus ein grosser Lehrer und Prophet wie Mose, Mohammed oder andere geistliche Führer. Der muslimische Glaube wird sich niemals der Herrschaft von Jesus, dem Messias, dem Retter und Sohn des lebendigen Gottes, unterordnen.

Ganz oben am Felsendom auf dem Berg Moria in Jerusalem finden sich Inschriften in arabischer Sprache, die sagen: *«Gott ist nie gezeugt worden und er zeugt nie. Gott hat keinen Sohn; er brauchte keinen Sohn. Betet ‹Allah› allein an.»* Diese Aussagen, gefolgt von vielen ähnlichen, sind Zitate aus dem Koran, von dem die Moslems glauben, dass er das ungeschaffene ewige Wort Gottes sei. Was für eine Tragik, dass diese Inschriften diesen muslimischen Ort der Anbetung in Jerusalem schmücken, in der Stadt, in der unser Herr Jesus gekreuzigt wurde und auferstanden ist.

Wie bereits gesagt, glauben die Moslems, dass sie die Juden und die Christen als das gegenwärtige Bundesvolk Gottes ersetzen. Folglich können wir die Kränkung und den Hass besser verstehen, die durch die Gegenwart des jüdischen Israel und des «christlichen» Libanon im arabischen Herzland, im Nahen Osten, hervorgerufen werden. Die beiden Staaten Israel und Libanon sind die beiden hauptsächlichen des Nahen Ostens, in denen das Evangelium offen und legal gepredigt werden darf und auch wird. Somit ist es kein Wunder, dass sie beide von den Flammen eines ungezügelten dämonischen Hasses und ebensolcher Gewalt umgeben sind. Für den fundamentalistischen Islam sind die territoriale und souveräne Präsenz von Israel und dem Libanon im Nahen Osten nicht tolerierbar, da allein schon ihre Existenz das letzte islamische Ziel der Weltherrschaft bedroht und ihm widersteht. Und genau an diesem Punkt kommt der «Jihad», der Heilige Krieg, ins Spiel.

Der verstorbene Ajatollah Khomeini von Iran wird folgendermassen zitiert: «Israel ist Satan und die USA sind der grosse Satan.» Dieser Glaube ist unter vielen hingegebenen Moslems weitverbreitet. Interessanterweise herrschte Khomeini über den Iran, der gerade keine arabische Nation im klassischen Sinn des Wortes ist! Dieses Land war einst Persien, regiert vom liberalen Schah, wurde aber eine Generation zuvor vom fundamentalistischen Islam überrollt. Seither ist eine Nation nach der anderen von diesem gewalttätigen Geist in Besitz genommen worden. Heute ist beinahe die ganze arabische Welt (die nicht vollständig muslimisch war) eingehüllt in den dämonischen Geist der «islamischen Revolution». Arabische Regierungen werden von muslimischen Fanatikern, die den Koran zum Gesetz des Landes machen wollen, manchmal bis hin zu ihrer Niederlage eingeschüchtert.

Zudem ist eine «muslimische Erweckung» über den Rest der Welt hereingebrochen. Die Unwissenden schlucken deren Lügen, während die Gemeinde sie toleriert, da wir die Macht dieses Fürstentums nicht erkannt haben. Allein in den USA leben drei Millionen praktizierende Moslems, von denen einige öffentlich nach Leitungspositionen im politischen System streben und dafür kämpfen. Ihr erklärtes Ziel ist es, man höre und staune, *Amerika zur Unterwerfung unter den «grossen Allah»* zu bringen, indem sie das geistliche Vakuum füllen, das die Kirche füllen sollte. Wir glauben nicht, dass dies geschehen wird; dennoch müssen wir dieses zerstörerische geistliche Fürstentum mit seinen alles vereinnahmenden Absichten und der totalen Hingabe bis zur Gewalttätigkeit einiger seiner extremistischen Leiter und Nachfolger ernst nehmen. Diese Weltmacht ist der Hauptgegner von Gottes Absichten im Nahen Osten von heute. Sein erbitterter Hass und seine ungeheure Gewalt übertreffen bei weitem die Mächte, die Israel in früheren Zeiten entgegengestanden haben, und er zeigt sich offen in den immerwährenden Kriegen und Konflikten in der Region. Keine politischen Verhandlungen, keine territorialen Kompromisse, keine Interventionen der Supermächte können den Hunger dieses geistlichen Fürstentums je befriedigen. Es ist eine Tatsache, dass selbst dann, wenn Israel von der Bildfläche verschwinden würde, die arabische Welt noch immer feindschaftlich in ihre verschiedenen Nationen und Splittergruppen zerteilt wäre. *Wettstreit, Verrat, Gewalt und Armut quälen die arabischen Massen fortwährend, da dieses Fürstentum seine eigenen Sklaven verschlingt.*

Leider verbieten diese muslimischen Staaten jeden Versuch, das Evangelium des Reiches Gottes zu verbreiten, und bestrafen solche Versuche hart. So geht das Elend weiter und weiter. Israel und Libanon sind die einzigen Staaten des Nahen Ostens, in denen arabische Moslems legal und offen für Christus gewonnen werden können, was auch geschieht. Es ist eine Ironie, dass verschiedene Missionsgesellschaften ihre Methoden und die Ausbildung ihrer Arbeiter für die Evangelisation der Araber in Israel ausprobieren und ausbilden.

Die Befreiung durch den Herrn

Es ist gut möglich, dass die sich ständig verändernden Umstände im Nahen Osten von heute dazu dienen, den Geist des Islam «aufzuwirbeln», damit er sich offenbart. Es gehört zum Plan Gottes, jedes Weltsystem in die Knie zu zwingen, seine Massen zu befreien, während sich die Vollendung dieses Zeitalters nähert. 1991 war die westliche Welt zum ersten Mal in diesem Jahrhundert gezwungen, sich der Verführung, dem Verrat und der Gewalt zu stellen, die dem islamischen Geist eigen sind und sich im Golfkrieg offenbarten. Es schien, als wäre die verzweifelte Lage Israels für einen kurzen Moment besser verstanden worden.

Einige der arabischen Führer wie Assad von Syrien, Gaddhaffi von Libyen oder der momentane Ajatollah des Iran, die alle unter dem vollen Einfluss dieses Geistes und anderer dämonischer Mächte stehen, sind die Hauptfiguren, durch die dieses geistliche Fürstentum herrscht und seinen Einfluss verbreitet. Indem sie allem, was irgendwie christlich oder jüdisch ist, widerstehen, brüten sie einen Hass gegen die Offenbarung des wahren, liebenden und lebendigen Gottes aus.

Der Herr hat sich vorgenommen, eine Ernte aus jedem Stamm, jeder Nation und jedem Volk dieser Erde einzubringen, und wir erwarten auch eine grosse Anzahl von Seelen aus den arabischen Staaten. Damit diese Seelen die gute Nachricht hören und in Freiheit und mit Glauben darauf reagieren können, muss das herrschende Fürstentum überwunden werden. Dies geschieht nicht durch politische Manöver oder wirtschaftliche Sanktionen. *Es geht in allererster Linie um einen geistlichen Kampf, der in der unsichtbaren Welt gekämpft und gewonnen wird.*

Noch werden Kriege in den weiten Ebenen, Bergen und Wüsten des Nahen Ostens geführt, aber wir wissen ganz gewiss, dass es die inbrünstige Fürbitte des Volkes Gottes sein wird, die Seine Gnade und Seinen Triumph in diese menschlichen Auseinandersetzungen bringen wird. Der Sieg der betenden Gemeinde auf dem geistlichen Schlachtfeld wird sowohl Israels Überleben als auch die Verkündigung des Evangeliums für die arabischen Massen sichern.

Unser Herr, *«weil Er nicht will, dass jemand zugrunde geht, sondern dass alle sich bekehren»* (2. Petr. 3,9), wird unsere Hände in diesem Kampf stärken. Wenn Gebete und Flehen einhergehen mit gottgesandten Teams von Erntearbeitern, wird das geistliche Fürstentum des Islam, ein Weltherrscher des Bösen, fallen!

Niemand soll auf Grund eines furchtsamen oder ungläubigen Herzens disqualifiziert werden. Jesus selber hat Sein Gebet und Sein Feuer in das Herz der Gemeinde gelegt. Gottes Wort an Seine Diener, die in den Riss treten, lautet: *Wachet und betet, betet und wachet, und dann betet noch einmal!*

KAPITEL 21
DIE DECKE WIRD WEGGENOMMEN

*«*W*eil wir eine solche Hoffnung haben, treten wir mit grossem Freimut auf, nicht wie Mose, der über sein Gesicht eine Hülle legte, damit die Israeliten das Verblassen des Glanzes nicht sahen. Doch ihr Denken wurde verhärtet. Bis zum heutigen Tag liegt die gleiche Hülle auf dem Alten Bund, wenn daraus vorgelesen wird, und es bleibt verhüllt, dass er in Christus ein Ende nimmt. ... Sobald sich aber einer dem Herrn zuwendet, wird die Hülle entfernt.»* (2. Kor. 3,12–16).

Eine einzigartige Decke macht das Volk Israel blind. Diese Decke wurde zu einem göttlichen Zweck über ihre geistlichen Augen gelegt. Allerdings ist die biblische Verheissung klar und lässt keinen Raum für Zweifel – die Decke wird weggenommen werden!

Die geistliche Wiederherstellung des Volkes Israel, das Öffnen ihrer Herzen, um die Offenbarung des lebendigen Gottes und Seine Gnade im Messias anzunehmen, ist direkt mit ihrer Umkehr zum Herrn verknüpft. Der Geist rief durch den Propheten Jesaja aus: *«Wendet euch Mir zu, und lasst euch erretten, ihr Menschen aus den fernsten Ländern der Erde; denn Ich bin Gott, und sonst niemand.»* (Jes. 45,22). Wenn Israel sich aus seiner echten Not zum Herrn wendet, wird die Blindheit weggenommen werden.

Auch als Petrus zu der Menge im Tempel redete, forderte er sie auf: *«Also kehrt um, und tut Busse, damit eure Sünden getilgt werden.»* (Apg. 3,19). Wenn Israel als Nation, durch die Überführung des Heiligen Geistes, die Absicht, die Identität und die Majestät des Messias erkennt, wird die Decke endgültig weggenommen werden! Der humanistische Geist wird sich überlegen: «Wie kann Gott von denen, die nichts sehen, erwarten, dass sie sich zu ihm wenden? Wie kann er von ihnen verlangen, zu sehen? Das ist nicht gerecht! Das ist unmöglich!» Aber die Bibel ist bezüglich Gottes Gebot unerschütterlich: *«Ihr, die ihr taub seid, hört, ihr Blinden, blickt auf, und seht her!»* (Jes. 42,18). Wenn Israel dem Wort Gottes voll und ganz gehorsam wird, wenn es sich vor Ihm, dem Retter und Herrn, demütigt, wird die Heilung kommen – auch zu einem Volk, das Jahrtausende blind gewesen ist!

Es ist der demütige Glauben, der Seele öffnet, um die Herrlichkeit des Messias zu erkennen. Die alte Decke wird weggenommen werden. Unglaube, Furcht und Scham werden verschwinden, Glaube, Liebe und Hoffnung werden ihren Platz in der Seele der Nation einnehmen. Allerdings muss die Gemeinde die verschiedenen «Schichten» dieser alten Decke verstehen, um in Vollmacht für deren Entfernung beten und arbeiten zu können.

Sünde!

Die erste Schicht

Die tiefste und älteste Schicht dieser Decke ist jene, die allen Menschen gemeinsam ist – es ist jener Zustand des menschlichen Herzens, der die Autorität Gottes über die eigene Seele ablehnt und die Notwendigkeit eines Retters leugnet. Dieser gefallene Zustand wird in den Worten Luzifers am besten dargestellt, wenn er sagt: *«Ich ersteige den Himmel, dort oben stelle ich meinen Thron auf ... um dem Höchsten zu gleichen.»* (Jes. 14,13.14). Dieses Höher-sein-Wollen als alles, was heilig und göttlich ist, ist nicht nur unentschuldbar, es zieht auch verheerende Konsequenzen nach sich.

Somit sehen wir, dass die erste Schicht, die Israel für Gottes Wahrheit blind macht, die «Ursünde» ist! Dieser sündige Zustand ist so ursprünglich und allumfassend, dass wir in der Bibel folgende tragische Beschreibung finden: *«Alle sind sie abtrünnig und verdorben, keiner tut Gutes, auch nicht ein einziger.»* (Ps. 14,3). Wie bedauerlich ist es, dass diese schmerzhaften Worte in der Heiligen Schrift aufgezeichnet werden mussten! Sie sind das traurige Zeugnis einer gleichgültigen, ungläubigen und unweisen Menschheit. Und für diese Sünde, in die hinein wir alle geboren worden sind, gibt es nur ein Heilmittel – das Blut Christi! Nur das Blut von Gottes ewigem Bund kann die Konsequenzen unserer Sünde und deren Auswirkungen auf unser Leben sühnen und beseitigen!

Damit wir sehen können, wie diese Schicht der Decke beiseite geschoben wird, muss das Evangelium in seiner Ganzheit und Fülle gepredigt werden. Es gibt kein anderes Mittel zum Heil! Paulus erklärte: *«Denn ich schäme mich des Evangeliums nicht: Es ist eine Kraft Gottes, die jeden rettet, der glaubt, zuerst den Juden, aber ebenso den Griechen.»* (Röm. 1,16). Auch Petrus hatte keine andere Botschaft an die jüdische Bevölkerung seiner Tage, als er in Jerusalem predigte: *«Mit Gewissheit erkenne also das ganze Haus Israel: Gott hat Ihn zum Herrn und Messias gemacht, diesen Jesus, den ihr gekreuzigt habt. ... Kehrt um, und jeder von euch lasse sich auf den Namen Jesu Christi taufen zur Vergebung der Sünden; dann werdet ihr die Gabe des Heiligen Geistes empfangen.»* (Apg. 2, 36.38). Nur eine volle Erkenntnis unserer Sündhaftigkeit und unserer totalen Hilflosigkeit kann uns dahin bringen, das Geschenk der Gerechtigkeit des Messias dankbar anzunehmen. Erst dann können wir den Heiligen Geist empfangen und von neuem geboren werden. Das gilt gleichermassen für Juden und Nichtjuden!

Lasst uns nie davor zurückschrecken, dem jüdischen Volk das Evangelium zu predigen. Natürlich mag es anstössig sein für Herzen, die auf Grund einer schmerzhaften Vergangenheit voreingenommen und gefühllos sind. Es dürfte Widerstand, Hass und Gotteslästerung bewirken. Und dennoch müssen wir daran denken, dass nur die Wahrheit Menschen freisetzen kann!

Menschliche Traditionen

Die zweite Schicht

Die zweite Schicht des Vorhanges besteht aus den Inhalten rabbinischer Lehre und Traditionen, die sich über die vielen Jahrhunderte angesammelt haben und die Israel für das Verständnis von Gottes Plan blind gemacht haben. Dieses komplexe und ausgeklügelte Labyrinth von Ethik, Bräuchen und Regeln, die jeden Aspekt des Lebens abdecken, entstand im babylonischen Exil. In Babylonien begannen jüdische Gelehrte, ihre Konzepte für das jüdische Leben und dessen Tradition zu entwickeln und auszuarbeiten. Sie versuchten, zu identifizieren und zusammenzustellen, was das eigentliche Wesen des Judentums ausmacht, ohne dabei den gefallenen Zustand der Nation, ihre Schande und ihren Selbstbetrug zu jener Zeit zu erkennen!

Unter Gottes Gericht und Reinigung, weit weg von der Heimat, entwickelten diese Weisen und Gelehrten ein philosophisches Gedanken-System, das die prophetische Salbung, Gottes gegenwärtiges und lebendiges Wort, im Leben der Nation ersetzen sollte. Tragischerweise wurde der prophetische Dienst, der allein in der Lage gewesen wäre, die Nation zu Gott zurückzuwenden, durch menschliche Lehre ersetzt. Vielleicht ist dies einer der Gründe, warum jeweils nur eine kleine Zahl von Menschen auf den prophetischen Aufruf von Esra und Nehemia reagierten, aus Babylon in das Land Gottes zurückzukehren!

Während Hunderten von Jahren wurden diese rabbinischen Schriften immer umfangreicher und legten das Fundament für den Kurs und die Ausrichtung des Judaismus. Viele dieser Schriften sind das reine Produkt ausgeklügelter menschlicher Überlegungen mit wenig biblischer Substanz. Tatsächlich wurde den Worten der Rabbis in vielen Fällen mehr Gewicht und Einfluss zugemessen als dem Wort Gottes selber.

Ein gutes Beispiel dafür stellt der religiöse Aufruhr dar, der durch die wundersame Rückkehr der äthiopischen jüdischen Gemeinde nach Israel vor wenigen Jahren verursacht wurde. Diese Neuankömmlinge praktizieren einen Judaismus, der noch auf die Zeit vor den rabbinischen Schriften zurückgeht und von seiner Natur her viel mosaischer und schriftgetreuer ist! Ihr Glaube und ihre religiösen Praktiken bedrohten die rabbinischen Autoritäten unserer Tage und lösten einen Sturm der Unsicherheiten, des Stolzes und der Manipulationen aus. Dieser Machtkampf geht heute noch weiter. Die Rabbis versuchen, die äthiopischen Juden zu «bändigen» und der rabbinischen Kultur und den Traditionen «konform» zu machen.

Aus eben diesem Grund rief Stephanus in seinem herzzerreissenden Aufschrei gegenüber der religiösen Hierarchie seiner Tage aus: *«Ihr Halsstarrigen, ihr, die ihr euch mit Herz und Ohr immerzu dem Heiligen Geist widersetzt ... Welchen der Propheten haben eure Väter nicht verfolgt? ... Ihr, die ihr durch die Anordnung von Engeln das Gesetz empfangen, es aber nicht gehalten habt.»* (Apg. 7,51–53). Wir können uns ein Bild machen vom Kontrast zwischen dem heiligen Zorn, der durch das Herz des Stephanus ging, und der schäumenden Wut in den Herzen seiner Verfolger. *«Als sie das hörten, waren sie aufs äusserste über ihn empört und knirschten mit den Zähnen, ... hielten sich die Ohren zu, stürmten gemeinsam auf ihn los ... und steinigten ihn.»* (Apg. 7,54–58).

In der Tat ist dieser verführte und dämonisierte Mob ein typisches und zugleich tragisches Bild für die Art und Weise, wie religiöse Traditionen und humanistische Philosophien oftmals auf die Gegenwart Jesu in Seinen Jüngern reagieren! Wenn wir die eben beschriebene Dynamik betrachten, können wir diese schreckliche Konfrontation zwischen Licht und Finsternis nicht übersehen, die über diesem Platz vor dem alten Jerusalem stattgefunden hat. Diese Menge, von einer dämonischen Wut erfüllt, war dabei, einen heiligen Mann zu töten, und zwar in der festen Überzeugung, Gott zu dienen! So real ist diese zweite Schicht der Decke!

Und ebenso real lag diese Decke über Saulus von Tarsus, der ein Spitzenschüler von Rabbi Gamaliel und der Hauptverfolger der frühen Gemeinde war. Als Ananias ihm in der Stadt Damaskus nach seiner Begegnung mit dem Herrn seine Hände auflegte, *fiel es wie Schuppen von seinen Augen, und er sah wieder; er stand auf und liess sich taufen. ... Sogleich verkündete er Jesus in den Synagogen und sagte: Er ist der Sohn Gottes.* (Apg. 9,18–20).

Als diese «Schicht» von toten Traditionen und humanistischen Lehren auf übernatürliche Weise von seinen Augen weggenommen worden war, wurde Saulus ein Paulus, und der Verfolger der Gemeinde wurde ein Botschafter des Evangeliums. Was für eine wunderbare Verwandlung!

Wir müssen daran denken, dass unser Kampf nicht gegen Menschen, nicht gegen «Fleisch und Blut» gerichtet ist, sondern dass es sich wie bei Paulus um einen geistlichen Kampf handelt. Und auch wenn Menschen selber zu Kanälen dieser verführerischen und blindmachenden Lehren des Antichristen werden, ist es doch die geistliche Macht, die durch sie hindurch wirkt und gegen die wir kämpfen!

Die Lüge der Geschichte

Die dritte Schicht

Die dritte Schicht der Decke betrifft – wie die zweite – ausschliesslich die Juden, denn sie besteht aus den Sorgen, den Leiden und der tiefen Ablehnung, die dieses Volk über Jahrtausende erlebt hat. Historisch gesehen nahm die Nation Israel Jahrtausende von Hass, Verfolgung und mehrfachen Versuchen der Auslöschung in ihr Selbstverständnis als Juden auf.

Das jüdische Volk wurde durch die Hände seiner Verfolger von Nation zu Nation, von Jahrhundert zu Jahrhundert getrieben – vom Pharao bis zu Amalek, von Balak bis zu den Philistern und von Haman bis zu Hitler. Tragischerweise wurden einige der schlimmsten Grausamkeiten und Angriffe der letzten zweitausend Jahre von «Christen» und unter «christlicher» Fahne begangen.

Mit der Zeit entwickelte sich in der Seele der jüdischen Nation eine Barriere, welche die Annahme jeder positiven und tröstenden Botschaft von den Nationen der Welt verhindert. Nicht einmal die

Wahrheit der Errettung konnte diese Decke der Qual und der Desillusionierung durchdringen.

Leider kommen im kollektiven Gedächtnis Israels die wahren Botschafter des Evangeliums hinter einer langen und schrecklichen Reihe von Erinnerungen. Diese Erinnerungen reichen von den antisemitischen Päpsten der katholischen Inquisition über die blutigen Kreuzzüge, die Verfolgung unter Martin Luther, die weitverbreiteten europäischen Wellen mörderischer «Pogrome» bis hin zu Hitler und den heutigen «Saddams».

Es waren christliche Kreuzfahrer, die im Jahr 1099 nach Christus jüdische Familien in die grosse Synagoge in Jerusalem einschlossen, sie anzündeten und dann darum herum marschierten und sangen: «Christus, wir beten dich an.» Martin Luther, der Vater der Reformation, schrieb in seinem Buch *Die Juden und ihre Lügen:* «Was sollen wir Christen nun mit dieser verdammten, verstossenen Rasse der Juden anfangen? Da sie unter uns leben und wir von ihren Lügen, Gotteslästerungen und Flüchen wissen, können wir sie nicht tolerieren, wenn wir nicht an ihren Lügen, Flüchen und Gotteslästerungen teilhaben wollen ... Wir müssen betend und ehrfürchtig eine gnädige Strenge üben.» Es erstaunt somit nicht, dass Hitler der Überzeugung war, Gottes Willen zu tun bei dem Versuch, das jüdische Volk auszulöschen, wenn er Luther zitierte!

Eine ausgezeichnete Studie über dieses historische jüdische Trauma findet sich in dem Buch *Our Hands Are Stained With Blood* von Michael L. Brown, erhältlich im Messiah Biblical Institute Bookstore, P.O. Box 7163, Gaithersburg, MD 20890-7167.

Offen gesagt: Kann man tatsächlich erwarten, dass Israel jetzt plötzlich den Nationen vertraut? Kann Israel glauben, dass die christlichen Botschafter sich plötzlich verändert haben und nun eine gute Nachricht für die Juden bringen? Die Geschichte hat das Gegenteil bewiesen!

Diese Macht von Ablehnung, die dämonischen Ursprungs ist, hat das Denken und die Seele Israels so durchdrungen, dass die Nation nun darauf konditioniert ist, die Absichten anderer grundsätzlich anzuzweifeln, zu beargwöhnen und abzulehnen. Diese Macht lähmt Israels Fähigkeit, sein Herz gegenüber der christlichen Botschaft, gegenüber den christlichen Botschaftern und gegenüber Christus selber zu öffnen. Zu viel Narbengewebe von zu vielen schmerzlichen Erinnerungen macht die Nation blind für ihre Vision und hindert sie daran, die liebende Hand Gottes, die mit Erbarmen und Heilung für Israel gefüllt ist, anzunehmen.

Diese dritte, tödliche Schicht der Decke kann nur durch einen echten Beweis aufopferungsvoller und bedingungsloser göttlicher Liebe entfernt werden. Die Wunden der Ablehnung und der Isolation reichen so tief in die Seele Israels, dass nur Gottes Liebe und Annahme, geboren aus menschlichen Gefässen, Heilung bringen kann. Nur die Liebe wird den Hass besiegen, und nur volle Annahme wird die tiefe Ablehnung überwinden!

In den Riss treten

Genau das ist die Herausforderung für die Gemeinde heute. Wir müssen Gottes Wahrheit mit so viel Liebe erweisen, dass sie überzeugt und die alten Wunden mit Erbarmen heilt. Nichts weniger als der Geist von Christus selber in Seinem und durch Sein Volk genügt für diese Aufgabe. Nur Liebe kann diese Eisdecke wegschmelzen! *«Da riss der Vorhang im Tempel von oben bis unten entzwei. Die Erde bebte, und die Felsen spalteten sich.»* (Mt. 27,51). Wie der Vorhang im Tempel zerriss, so wird auch diese Decke, die gegenwärtig noch über den Augen und den Herzen der Juden liegt, von oben nach unten zerreissen!

Dies ist ein Aufruf zur Fürbitte! Das Entfernen dieser Decke beginnt in der himmlischen Welt, wo die Gebete der Heiligen siegen – und damit die Umstände auf der Erde verändern – werden. Alle Verheissungen Gottes für uns sind «ja» in Jesus Christus, und durch Ihn gibt die betende Gemeinde in der Fürbitte das «Amen» dazu. So wirkt sie daran mit, die Erfüllung dieser Verheissung zu erlangen.

KAPITEL 22

DAS BOLLWERK DER ABLEHNUNG

Israel: ausgesondert

Auch wenn Israel als Nation gegenwärtig von Gottes Heilung und Wiederherstellung erfasst ist, so kommt doch immer wieder ein tiefer Schrei aus seiner verwundeten Seele. Wenn wir seine Isolation und Ablehnung betrachten, bringen Davids Worte jenen nationalen Kummer, der durch die Korridore der Zeit hallt, schmerzlich und realistisch zum Ausdruck: *«Wende dich mir zu und sei mir gnädig; denn ich bin einsam und gebeugt. Befrei mein Herz von der Angst, führe mich heraus aus der Bedrängnis! Sieh meine Not und Plage an, und vergib mir all meine Sünden! Sieh doch, wie zahlreich meine Feinde sind, mit welch tödlichem Hass sie mich hassen!»* (Ps. 25,16–19). So lange war dies das traumatische und kummervolle Bekenntnis dieser Nation.

Seit den Zeiten Abrahams vor beinahe 4500 Jahren war dies der Schrei Israels, das immer wieder Einsamkeit, Bedrängnis, Leid und Hass von anderen erlitten hat. Natürlich verursachte Israel die Schwierigkeiten auch oftmals selber, wodurch es sich so Gottes Gerichte auf sich zog. Und dennoch kann man die göttliche Souveränität nicht übersehen, die eine Nation erwählt, sie von den anderen aussondert – «aussondert» für andauernde Einsamkeit, Verwundung und Ablehnung. Warum? Mit welchem Ziel? War der göttliche Plan so hart, dass Gottes Auserwählung und Aussonderung zu Israels weltweiter und andauernder Ablehnung führen sollte?

Bei der Unterweisung der Söhne Israels über die Besitznahme des verheissenen Landes und die Ausrottung der heidnischen Nationen erklärte der Herr: *«Daher habe ich euch gesagt: Ihr seid es, die ihren Boden in Besitz nehmen sollen. ... Ich bin der HERR, euer Gott, der euch von diesen Völkern AUSGESONDERT hat ... damit ihr Mir gehört.»* (Lev. 20,24.26). Die Nation wurde von den übrigen ausgesondert, göttlich berufen und erwählt, um Gottes Herrschaft sichtbar zu machen, indem sie einer gefallenen Welt Seine Göttlichkeit, Seine Heiligkeit und Seine Herrlichkeit zeigen sollte.

Aussonderung gebiert Ablehnung

Zusammen mit der Ehre, Gottes auserwählte Nation zu sein, trank Israel auch aus dem bitteren Kelch des Widerstandes und der Ablehnung. Anscheinend hat die Gegenwart eines befreiten, anbetenden Volkes den dämonischen Bereich so provoziert und Satans Herrschaft so bedroht, dass er im Gegenzug Schwierigkeiten über Schwierigkeiten anzettelte, um das Volk zu entmutigen und erneut zu versklaven!

Wenn wir die Geschichte Israels studieren, stossen wir auf ein starkes nationales Bollwerk, Tausende von Jahren alt, welches bis auf den heutigen Tag Israels Wahrnehmung von sich selbst, von anderen Nationen und von Gott prägt: *Es ist das Bollwerk der Ablehnung.*

Betrachten wir Abraham: Schon bei der Entstehung der Nation herrschte das unauslöschliche Gefühl, ein Fremder zu sein. Ohne je voll angenommen oder integriert zu sein, von seinen Zeitgenossen nur gerade toleriert, wanderte Abraham durch das verheissene Land und schlug sich mit seiner Sippe immer wieder durch. Es scheint so, als ob diese Leute von der Welt abgelehnt wurden, weil sie von Gott für Seine Ziele erwählt worden waren. Was von Gott anerkannt ist und woran Er Freude hat, ist in den Augen der Welt geringgeschätzt und verachtungswürdig.

Danach kam Isaak, die zweite Generation des Bundesvolkes, die Erfüllung der Verheissung von Nachkommen. In ihm waren die Verheissung und die Zukunft verkörpert. Was für eine gewaltige Berufung trug er! Und wo führte sie ihn hin? Zuerst auf den Altar, auf den er gebunden wurde, und zu dem Messer, das über ihn erhoben. Isaaks Erwählung hatte eine sehr ungewöhnliche Seite und musste ihm zu diesem Zeitpunkt eher als Ablehnung erscheinen!

Jakob wurde geboren, und als Folge seiner göttlichen Vorsehung erlitt er Jahre der Ablehnung und des Hasses von seinem Bruder. Und in seinem Exil wurde er selber geprüft, gedemütigt und geläutert. Auch Josef, Jakobs Lieblingssohn, den Gott aussonderte, um ihm grosse Autorität zu geben, erlitt Ablehnung. Die Eifersucht und der Hass seiner Brüder steigerten sich zum mörderischen Wahn, während Josef sich seiner Berufung und seiner Zukunft immer bewusster wurde! Ihr Groll erreichte den Punkt unkontrollierter Wut, und die Ablehnung fand ihren vollen Ausdruck in dem Ruf: «Tötet ihn!»

Von Patriarch zu Patriarch, von Generation zu Generation drang die Erfahrung der Ablehnung tiefer und tiefer in die sich entwickelnde gemeinsame Seele der Nation Israel. Was für Gott «ausgesondert und erwählt» bedeutete, verdrehte der Feind in «verhasst und abgelehnt».

Nachdem Jakobs Familie während der Herrschaft Josefs vorübergehend in Ägypten Unterschlupf gefunden hatte, folgten Hunderte von Jahren der nationalen Sklaverei, in denen sie weder Rechte noch Hoffnung oder einen Ausweg sahen. Diese Bedingungen gipfelten in dem «nationalen Todesurteil» des Pharao, der anordnete, dass alle männlichen Babys in den Nil geworfen werden sollten, in dem es überdies nur so von Krokodilen wimmelte.

Kann jemand die Tiefe ihres verzweifelten Kampfes und ihre Seelennot ergründen, als sie von ihren «Gastgebern» solche Ablehnung erfuhren und auch noch von Gott vergessen zu sein schienen? Aber genau in diesen Momenten der Verzweiflung schrien sie zu ihrem Herrn und wurden in ihrer Not erhört. Dies ist ein geschichtliches Muster, das sich von diesem Punkt an immer wieder wiederholen sollte.

Betrachten wir Israels Jahre in der Wüste, nachdem es aus der ägyptischen Gefangenschaft und Sklaverei entkommen war und das Joch des Pharao abgeschüttelt hatte. Nachdem sie – endlich befreit von der Sklaverei des Pharao – frei waren, um Gott anzubeten, begannen die Israeliten, die Feindschaft der umliegenden Völker auf sich zu ziehen. Unmittelbar nachdem sie diese Freiheit erreicht hatten, starteten die unreinen und heidnischen Stämme der Region den hasserfüllten Versuch, Israel zu entmutigen. Auch in Freiheit erlebte Israel Widerstand und Ablehnung.

Sicher wurden viele dieser Schwierigkeiten von der Nation selber verursacht, und sie zog sich die Züchtigungen eines gerechten, liebenden Gottes zu. In der Geschichte erkennen wir das fortlaufende Thema der Ablehnung, das tief in das nationale Bewusstsein Israels eindringt und ihm immer und immer wieder Narben zufügt. Es gibt keine andere Nation auf dieser Welt, die von anderen Völkern so oft und so lange Isolation und Hass erfahren hat. Ja, kaum eine andere Nation hat so lange existiert, um eine so tragische Vergangenheit anzusammeln! Und dennoch sind sie die Ausgesonderten, die Erwählten, die Auserlesenen! Werden sie sich mit diesen Widersprüchen je versöhnen können? Können sie ihrem Gott je wieder ins Angesicht schauen?

Wie die Geschichte zeigt, wird Israel auch weiterhin abgelehnt, gehasst und angegriffen. Nicht nur die benachbarten Staaten, kleinere Königtümer oder Weltreiche versuchten, es zu unterwerfen und zu versklaven, sondern auch seine eigenen Propheten sprachen das göttliche Gericht über Israel aus.

Die schlimmste dieser Prophezeiungen dürfte jene von Hosea sein, die er an das abtrünnige Haus Israel, das Nordreich, richtete: *«Weil du die Erkenntnis verworfen hast, darum verwerfe auch Ich dich als Meinen Priester.»* (Hos. 4,6). Die eigentliche Identität der Nation, nämlich ihre Berufung, eine Priesterschaft vor Gott für die übrigen Nationen zu sein (vgl. Ex. 19,5.6), wird hier widerrufen! Wie ermutigend ist es andererseits, sich Gottes ewige Freundlichkeit und Seine Treue in Erinnerung zu rufen, denn der gleiche Prophet sagt auch die endgültige Wiederherstellung Israels vorher (vgl. Hos. 1,10.11; 14,1–9).

Im Laufe der Geschichte – ohne göttliche Offenbarung und ohne den Heiligen Geist, der sie hätte auslegen können – sank die Ablehnung tiefer und tiefer in das Herz der Nation. Und diese Erfahrung – wie jedes andere Lebensprinzip auch – bringt ihre eigene Frucht hervor. Generation für Generation damit gesättigt, eignete sich die abgelehnte Nation diese Ablehnung als Lebensmuster und Mittel zum Überleben an. Wenn es normal wird, verfolgt zu werden, beginnt man auch damit zu rechnen; und genau diese Erwartung gebiert wiederum neue Ablehnung. Es war Ijob, der bekannte: *«Was mich erschreckte, das kam über mich, wovor mir bangte, das traf mich auch.»* (Ijob 3,25). Wie in einem geschlossenen Kreislauf bringen Ursache und Wirkung sich gegenseitig hervor. So wurden ungesunde soziale Entwicklungen und kulturelle Normen geformt, als sich diese Wechselwirkung von Ablehnung und Isolation über die Jahrhunderte verfestigte und die Seele von Israel und seinen Zeitgenossen entsprechend formte.

Und was lässt sich zur jüngeren Geschichte Israels sagen – zu den letzten zweitausend Jahren? Wir erkennen, dass das, was in der Seele der Nation als Teil ihres Wesens Wurzeln geschlagen hat, sich immer wieder ereignete. Nach der Zerstörung des nationalen Lebens und der Vertreibung aus dem Land 70 n.Chr. wurden die jüdischen Flüchtlinge von Nation zu Nation gejagt. Sie waren immer unterwegs, nie ganz willkommen oder akzeptiert. In späteren Jahrhunderten traf sie Verfolgung, wo immer sie hingingen, insbesondere seit der Regierungszeit von Kaiser Konstantin. Er machte das Christentum im vierten Jahrhundert zur offiziellen Religion des Römischen Reiches, wodurch die Voraussetzungen geschaffen wurden, dass die Gemeinde in eine tausendjährige geistliche Dunkelheit eintauchte.

Kaiserliche antijüdische Gesetzgebung, gestützt von der falschen theologischen «Ersatzlehre» von Augustinus, pflasterte den Weg des Antisemitismus und endete in jahrhundertelangen Greueltaten. Diese falschen Lehren, die die Gemeinde seit dem dritten Jahrhundert beeinflussen, sagen im Prinzip, dass Gott das jüdische Volk abgeschrieben hat. Sie bestehen darauf, dass der ganze Zorn Gottes auf den Juden liegt und dass all Seine Segnungen den nichtjüdischen Gläubigen gelten.

Über die Jahrhunderte fanden zahlreiche Verfolgungen im Namen Christi statt, die schliesslich dazu führten, dass Zehntausende von Juden durch die Kreuzfahrer abgeschlachtet und die Überlebenden als Sklaven verkauft wurden. Die dämonisch aufgeblähten, blutrünstigen

Geschichten, in denen die Juden fälschlicherweise angeklagt wurden, christliche Kinder ihres Blutes wegen ermordet zu haben, schwappten jahrhundertelang über das europäische Festland, England und Spanien und stachelten die unwissenden Massen zum Mord auf. Wieder regierte die Ablehnung!

Den Juden wurde auch die Schuld für die Pest in die Schuhe geschoben, die im vierzehnten Jahrhundert in Europa wütete und ein Drittel der Bevölkerung dahinraffte. Sie wurden auch von Martin Luther öffentlich geschmäht und verurteilt, welcher in seinen späten Jahren vorschlug, alle ihre Synagogen niederzubrennen, ihre Häuser zu zerstören und ihnen ihr Geld, Silber und Gold wegzunehmen.

Durch die ganze Geschichte hindurch haben die Juden, ob gerechtfertigt oder nicht, mit einem echten und anhaltenden Komplex der Ablehnung gelebt. Der Aufstieg des nationalsozialistischen Deutschlands und seine teuflische Behandlung der Juden war keineswegs atypisch, sondern lediglich eine Frucht der tiefen Wurzel der antijüdischen Vorurteile und der Propaganda, die sich fast über den ganzen Kontinent verbreitet hatte. Jede europäische Nation, von Russland im Osten bis nach England im Westen, tolerierte oder förderte zu irgendeiner Zeit die Verfolgung der Juden. England beispielsweise – mit Ausnahme von Deutschland – übertraf sie alle, als es den jüdischen Flüchtlingen verbot, in ihrer Heimat Unterschlupf zu finden, um so den Todeslagern Hitlers im Zweiten Weltkrieg entgehen zu können. Erneut wurde Gottes erwähltes Volk bis zum Äussersten verfolgt, gehasst und abgelehnt.

Als Israel 1948 endlich sein Land erhielt und es zu einem souveränen Staat erklärt wurde, stieg ein heftiger Seufzer der Erleichterung aus der alten und betrübten Seele empor – aber nur für einen Tag. Am Tag nach der Unabhängigkeitserklärung griffen fünf feindliche arabische Staaten Israel an mit dem Ziel, es auszulöschen, und so brach der acht Monate dauernde Unabhängigkeitskrieg über die junge Nation herein.

Der teuflische Hass gegen Israel dauert an, gemeine, terroristische Anschläge lassen nicht nach, und ein Krieg folgt dem anderen, im Durchschnitt mehr als ein Krieg pro zehn Jahre. Während einige arabische Führer des Nahen Ostens ihrer Wut gegen die auserwählte Nation freien Lauf lassen, antworten die Weltmächte mit kühler Diplomatie und schauen oftmals bewusst weg.

So viel Isolation und so viel Missbrauch über eine so lange Zeit! Wie kann das irgendein anderes Volk verstehen? Keine andere Nation der Welt wurde dazu berufen, eine so schwere Last durch die ganze Geschichte zu tragen. Der Schrei Davids ist der Schrei der Nation: *«... denn ich bin einsam und gebeugt ... führe mich heraus aus der Bedrängnis ... sieh doch, wie zahlreich meine Feinde sind ... mit welch tödlichem Hass sie mich hassen.»* (Ps. 25,16–19).

Das Heilmittel

Dieses Bollwerk der Ablehnung und Isolation ist dämonischen Ursprungs und unterhöhlte mit der Zeit die Berufung, ein ausgesondertes Volk zu sein. Es hat den Geist und die Seele Israels so sehr durchdrungen, dass die Nation darauf konditioniert ist, allen anderen mit Zweifel, Argwohn und Infragestellung zu begegnen. Dieses Bollwerk hat Israel nicht nur für lange Zeit blind gemacht, es hat auch sein Herz gelähmt, sodass es nicht mehr in der Lage ist, auf Gottes Liebe zu reagieren.

Das einzige Heilmittel für ein verwundetes Herz ist Liebe – und die einzige Waffe, um das Bollwerk der Ablehnung niederzureissen, ist *Annahme* – bedingungslose Liebe und totale Annahme! Können wir Christen, die wir diese Gnadengaben vom Herrn selber empfangen haben, es uns leisten, Israel weniger als das weiterzugeben?

Damit die Juden angemessen auf die frohe Botschaft von Gottes Reich antworten können, müssen sie zuerst Annahme erfahren. Jesus selber nahm die Sünder an, drückte sie voller Mitleid an Sein Herz und forderte sie dann auf, Busse zu tun, ihr Kreuz zu tragen und Ihm nachzufolgen. Die heranreifende Gemeinde hat diesen Schlüssel zum Herzen Israels. Wir glauben, dass es sich um einen der Endzeitschlüssel handelt, der die jüdische Nation von ihrer Täuschung, ihrer geistlichen Blindheit und ihrer Isolation befreien kann.

Nimm die Juden an! Anerkenne, was Gott in ihnen, durch und für sie getan hat. Lerne es, Israel als echte Nation mit realen Menschen anzunehmen und es nicht nur als prophetisches «Zeichen der Zeit» anzusehen. Der Herr hat nicht für prophetische Zeichen gelitten und ist auch nicht dafür gestorben. Er starb, um Seelen zu retten, Seelen die es dringend nötig haben, durch gnädige Annahme an Sein Herz zurückgezogen zu werden.

Ablehnung ist eine Art von Tod! Gerade weil Gott dabei ist, Israel Leben und Auferstehung einzuhauchen, hat Satan eine Mauer von Ablehnung darum herum gebaut. Seine Strategie besteht darin, diese eine Nation von den anderen und von ihrer Berufung, ihnen zu dienen, abzuschneiden, aber noch viel mehr, sie von Gott abzuschneiden! Der Ankläger flüstert ständig: «Hat Gott dich abgetrennt und ausgesondert? Dann *sei abgetrennt – sei abgeschnitten!»*

Diese Lüge kann nur die reife Gemeinde durchschauen und niederreissen. Und sie wird sie niederreissen; im geistlichen Kampf, verbunden mit Taten der Liebe und der Annahme.

Die Gemeinde muss in die Realität des Wortes des Herrn hineinkommen, das er durch den Propheten Jeremia im Blick auf die Heilung von Juda und Jerusalem geredet hat: *«Seht, Ich bringe ihnen Genesung und Heilung; Ich mache sie wieder heil und gewähre ihnen beständiges Wohlergehen. Ich wende das Geschick Judas und Jerusalems und baue sie auf wie ehedem. ... Ich vergebe ihnen alle ihre Verfehlungen. ... Dann wird Jerusalem Meine Freude sein, Mein Lobpreis und Ruhm bei allen Völkern der Erde, wenn sie von all dem Guten hören, das Ich tue; sie werden zittern und beben wegen all des Guten und des Heils, das Ich ihm erweise.»* (Jer. 33,6–9).

Wir glauben, dass die Zukunft zahlreiche Gelegenheiten für mächtige Taten der Liebe und der Versöhnung gegenüber Israel und dem jüdischen Volk bringen wird. Was Europa während des Holocaust der Nazis an vereinzelten Taten christlicher Tugend und aufopfernder Liebe sehen konnte, wird in der kommenden Zeit um ein Vielfaches übertroffen werden. *Die reife Gemeinde ist Gottes Werkzeug der Heilung und Wiederherstellung Israels.* Wirst du dein Herz, dein Leben und deine Hände für dieses Wunder zur Verfügung stellen?

V

Der prophetische Ruf

EINLEITUNG

*«D*as hat der Herr gesehen, und Ihm missfiel, dass es kein Recht mehr gab. Er sah, dass keiner sich regte, und war entsetzt, dass niemand einschritt. Da half Ihm Sein eigener Arm, Seine eigene Gerechtigkeit war Seine Stütze.»* (Jes. 59,15.16).

Worum es bei jeder Offenbarung letztlich geht, ist folgendes: Wie wirkt sie sich auf unser Leben aus? Wie verwandelt sie unsere Seele? Und wie verändert sie uns, damit wir in das Bild von Jesus umgestaltet werden und seine Ziele verstehen?

Gott verlangt von seinem Volk nicht nur, dass es mit Ihm übereinstimmt, indem es Seinem Wort geistig Zustimmung zollt, sondern Er möchte, dass wir mit Ihm unter das gleiche Joch gehen und Seine Ziele verfolgen. Jene, die in Christus sind, müssen ihre Identität und ihr Ziel in Ihm wiederentdecken und praktische Mittel finden, um Ihm zu dienen.

KAPITEL 23
DIE ANTWORT DER GEMEINDE

Jedes echte Werk Gottes erfordert das Säen des Samens, eine Zeit der Reifung, Mühe und Arbeit und erst dann die Geburt einer neuen Schöpfung. Wenn wir die Entstehung der Gemeinde Jesu auf der Erde betrachten, die seiner Auferstehung folgte, erkennen wir, dass diese Gemeinde weder «vom Himmel fiel» noch in einem Vakuum gebildet wurde. Die Gemeinde, die Gemeinschaft der Erlösten, die im Blut des Lammes gewaschen und durch den Geist geheiligt sind, wurde *geboren!*

Der Mutterleib

Die Geburt der Gemeinde verlangte einen Geburtsprozess mit all den dazugehörigen Abläufen. Der göttliche Same, der Messias, musste einem irdischen Mutterleib anvertraut werden. Dieser Mutterleib, in welchem Er heranwuchs und aus welchem die Gemeinde hervorging, war nichts anderes, als die Nation Israel.

Während das physische Exil Israels der vergangenen neunzehnhundert Jahre von vielen anerkannt wird, bemerken nur wenige, dass das Volk auch ein «geistliches Exil» durchgemacht hat. Seine Berufung, seine Aufgabe, vor Gott zu stehen, und seine Salbung wurden auf eine andere Volksgruppe ausgedehnt, als der «Stab» an die Apostel weitergegeben wurde. Aus Israel heraus gebar Gott einen neuen Repräsentanten, durch welchen Er der verlorenen Welt von da an seine Freundlichkeit und Gnade erweisen wollte. Somit ist die Gemeinde in die Priesterrolle Israels für die Völker der Welt eingepfropft worden, während Gott die jüdische Nation für eine Weile beiseite genommen hat.

Wie bei einer Geburt die zunehmenden Kontraktionen, der Schmerz und das Hingeben des eigenen Lebens ihren Tribut fordern, so war es auch, als die Gemeinde geboren wurde. Israel, erschöpft und ausgelaugt von der Geburt, brach zusammen und wurde weggenommen. Die junge lebenssprühende und gesalbte Gemeinde verbreitete sich und trug das himmlische Leben in die nichtjüdischen Völker hinein. Aber was geschah mit dem alten Mutterleib? Er sollte keineswegs für immer aufgegeben werden: *«Hat Gott Sein Volk verstossen? Keineswegs!»* (Röm. 11,1).

Der alte Mutterleib wird noch ein letztes Mal auf dieser Erde auferstehen und der letzten Schöpfung Gottes das Leben schenken, genauso wie das erste Mal! Nun aber braucht diese Nation, die einst geboren hatte, selber einen Mutterleib, der sie zur Welt bringt. Wer wird das sein?

Der prophetische Atem

Wir müssen unbedingt verstehen, dass Israels Ablehnung und Wiederherstellung in zwei Phasen verlaufen. So wie es sowohl aus seinem physischen als auch aus seinem geistlichen Erbe ins Exil musste, wird es heute auch im physischen und im geistlichen Bereich wiederhergestellt. Eines der deutlichsten Bilder dieser in zwei Phasen ablaufenden Wiederherstellung finden wir in der Prophetie Hesekiels in Kapitel 37.

Der Prophet erhält beim Anblick eines Tales, das angefüllt ist mit leblosen, hoffnungslosen, unzusammenhängenden und vertrockneten Knochen, von Gott den Auftrag, deren Wiederherstellung zu prophezeien. *«Da sagte Er zu mir: Sprich als Prophet über diese Gebeine, und sag zu ihnen: Ihr ausgetrockneten Gebeine, hört das Wort des*

Herrn! ... Ich selbst bringe Geist in euch, dann werdet ihr lebendig. Ich spanne Sehnen über euch und umgebe euch mit Fleisch; Ich überziehe euch mit Haut und bringe Geist in euch, dann werdet ihr lebendig. Dann werdet ihr erkennen, dass Ich der Herr bin.» (Hes. 37,4–6). Tatsächlich prophezeit die Bibel sowohl eine physische als auch eine geistliche Heilung für Israel, aber die physische kommt ganz klar zuerst. *«Und als ich hinsah, waren plötzlich Sehnen auf ihnen, und Fleisch umgab sie, und Haut überzog sie. Aber es war noch kein Geist in ihnen.»* (Hes. 37,8). Auch wenn die geistliche Heilung das Endresultat ist, muss die physische vorausgehen (vgl. 1. Kor. 15,46). Diese Knochen, *«die das ganze Haus Israel»* sind (Hes. 37,11), reagierten auf das Wort des Herrn und erlebten eine körperliche Auferstehung.

Der Prophet bemerkte allerdings mit Bestürzung, dass diese Knochen zwar mit einem neuen Ziel aus ihrem Gemeinschaftsgrab aufstanden, *«aber es war noch kein Geist in ihnen»* (Hes. 37,8), und die Beschreibung in Vers 9 besagt, dass sie noch immer *«Erschlagene»* waren. Das hebräische Wort *«harrogim»* meint «jene, die getötet wurden, tot, ohne jede Hoffnung». Die natürliche Wiederherstellung Israels ist erst eine teilweise, auch wenn sie wundersam und überwältigend ist.

In Vers 8 hat der prophetische Prozess die «Mitte» erreicht, und wir finden ein Volk im Zwischenstadium – im natürlichen Bereich lebendig, aber geistlich noch ohne Leben. Dies ist die präzise Beschreibung des Zustandes des jüdischen Volkes in unserem Jahrhundert. Auf der natürlichen Ebene hat ein gewaltiges Zusammenkommen mit allen Anzeichen physischen Lebens stattgefunden. Aber auf der geistlichen Ebene herrscht immer noch Blindheit und Herzenshärte vor.

Gott antwortet auf den Schrei des Propheten mit den Worten: *«Rede als Prophet zum Geist, rede, Menschensohn. ... So spricht Gott, der Herr: Geist, komm herbei von den vier Winden! Hauch diese Erschlagenen an, damit sie lebendig werden.»* (Hes. 37,9). Gehorsam prophezeit der Prophet, was ihm aufgetragen wurde: *«... und es kam Geist in sie. Sie wurden lebendig und standen auf – ein grosses, gewaltiges Heer.»* (Hes. 37,10).

Das Wort Gottes hört nicht auf, zu diesen wiederhergestellten Menschen zu reden: *«So spricht Gott, der Herr: Ich öffne eure Gräber und hole euch, Mein Volk, aus euren Gräbern herauf. Ich bringe euch zurück in das Land Israel. ... Ich hauche euch Meinen Geist ein, dann werdet ihr lebendig, und Ich bringe euch wieder in euer Land.»* (Hes. 37,12–14). In diesen Worten verheisst der Herr nichts weniger als das Wunder des Auferstehungslebens, welches Er dem Volk durch Seinen Geist schenken will.

Noch hängt diese Verheissung von der Entstehung und Vollendung des Dienstes dieser prophetischen *Menschensohngesellschaft* ab, die das lebenspendende Wort Gottes über Israel prophezeien soll. Heute ruft der Herr Fürbitter verstärkt auf, gemeinsam zu Israels leblosen, hoffnungslosen, trockenen Knochen prophetisch zu sprechen, bis die Vision vollendet sein wird. In Seiner Weisheit und Souveränität ruft der Herr der wahren Gemeinde von Jesus zweifelsohne zu, Israel in ihrem Mutterleib der Fürbitte zu tragen und sich mit diesem «historic baby» abzumühen, bis es sicher geboren ist.

Kapitel 24
Der Freund

Es gibt umfassende Beweise, die bezeugen, dass viele der Leiter des modernen Israel durch die Fürbitte und die Mühen von Gottes treuen Dienern unterstützt, geleitet und inspiriert wurden. Seit den frühen Tagen der zionistischen Erweckung bis zu den heutigen Angelegenheiten des Staates Israel halfen leidenschaftliche Gebete voller Glauben, Israels Geschichte zu formen. Helden, deren Namen nie in den Schlagzeilen standen, die aber für ewig im Himmel aufgezeichnet sind, haben viel zum Schwung und zur Stärke von Israels Wiederherstellung beigetragen.

Ein solcher prophetischer Held war ein britischer Offizier namens Ord Wingate, der im damals sogenannten «Palästina» während des Britischen Mandates zwischen den beiden Weltkriegen Dienst tat. Die Region wurde damals von England verwaltet, das vom Völkerbund den Auftrag hatte, sie als nationale Heimat für das jüdische Volk vorzubereiten. Zu jener Zeit gab es viel Aufruhr und Gewalt im Land, als die arabischen Feindseligkeiten gegenüber den jungen jüdischen Siedlern zunahmen und sogar die Briten von ihnen schikaniert wurden.

Wingate war nicht nur ein britischer, sondern auch ein christlicher Offizier, der in der Armee des Königs der Könige eingeschrieben war. Er war bekannt für seine einzigartige und nonkonformistische Persönlichkeit, seine grosse Hingabe an die Bibel und seine Leidenschaft für den Zionismus! Er verstand den Plan Gottes für das jüdische Volk, und er liebte das Land Israel. Viele Male durchwanderte er das Land in seiner Länge und Breite auf eigene Faust, machte Entdeckungen, unternahm Forschungen und freute sich an den berühmten biblischen Schlachten, wenn er sie sich noch einmal vor Augen führte und durchlebte.

An einem bestimmten Punkt während seines Dienstes empfand Wingate den Ruf, bei der Gründung und Ausbildung einer jüdischen Armee zu helfen. Dies sollte eine Untergrundorganisation sein, die in der Lage war, die jüdischen Siedler erfolgreich zu verteidigen und die aufkommenden arabischen Feindseligkeiten abzuwehren. Verteidigung war die einzige Strategie, welche die Siedler gegen die mörderischen arabischen Banden einsetzten. Ein Offensivschlag existierte gar nicht in ihrem Vokabular. Wingate war entschlossen, das zu ändern.

Wingate hielt sein Herz fest auf dieses göttliche Ziel fixiert und begann, sich selber, seine Erfahrung und sein militärisches Fachwissen in jene jungen jüdischen Soldaten zu investieren, die er aus den Untergrundorganisationen rekrutierte. Nachdem er das Vertrauen der Leiter der jüdischen Gemeinde gewonnen hatte, ging Wingate daran, diese hochmotivierten, aber armselig ausgerüsteten Kämpfer zu trainieren.

Sie trafen sich heimlich, und ihre Ausbildung fand oft nachts statt. Waffen, persönliche Disziplin und Ethik, Kampfstrategie und körperliche Fitness waren nur ein Teil seiner Tagesordnung. Dieser Mann war so eifrig und so überzeugt von der biblischen und prophetischen Richtigkeit seiner Aktivitäten, dass ihn nichts aufhalten konnte.

Seine ersten «Jünger» berichten, dass sie von ihm in den Hügeln im unteren Galiläa ausgebildet wurden. In der Dunkelheit der Nacht übernahm er das Kommando und führte sie bei Angriffen auf feindliche Lager, durchbrach den grossen «Arabischen Aufruhr» und brachte die mörderischen Feldzüge gegen die sich ausbreitenden jüdischen Siedler zu einem Ende. Mit der offenen Bibel in der Hand las er Schriftstellen vor und rief: *«Lauft ihr Söhne Judas, erhebt euch ihr Söhne Josefs!»* Für ihn war dies die Erfüllung eines göttlichen Auftrages, denn er glaubte, dass der Herr, sein Gott, ihn

210

gesandt hatte, um die israelischen Soldaten gemäss dem Vorbild ihrer grossen hebräischen Vorfahren aufzubauen und auszubilden. Diese frühen Schüler Wingates wurden später zu einigen der Hauptführer und Befehlshaber in der israelischen Verteidigungsarmee. Dieser von Gott gesandte Engländer bildete sie nicht nur aus und lehrte sie kämpfen, sondern er *hauchte* ihnen auch den Odem des Lebens ein! Wie viele andere auch, spielte er eine entscheidende Rolle in der *«Gemeinschaft des Menschensohns»*, die über den trockenen Knochen prophezeit und sie wieder zum Leben ruft!

Tatsache war, dass jene, die er ausbildete, nicht nur unerfahren und schlecht ausgerüstet waren, sondern dass sie die Nachfahren eines Volkes waren, das über 1900 Jahre keine militärische Erfahrung gemacht hatte. In den Jahrhunderten der Zerstreuung verlor das jüdische Volk sowohl jedes Wissen über Kriegsführung und Selbstverteidigung als auch seine kämpferische Salbung! *Geistlich gesehen war das, was Wingate tat, nichts weniger als massgeblich an der «Neu-Schöpfung» des kämpferischen Herzens Israels beteilt zu sein!*

Sein Leben und seine Taten sind in einem kleinen Buch in hebräischer Sprache aufgezeichnet, das den Titel trägt: *Der Freund.* Was für ein grösseres Kompliment könnten die wiederversammelten Juden einem christlichen Zeugen machen, als ihn mit dem noblen Titel «Freund» zu bezeichnen? Nach Jahrhunderten von Enttäuschung und Leiden durch sogenannte Christen begann Gottes Gnade in diesem Jahrhundert, die wahren Christen und Juden – im Zuge der Wiederherstellung und der prophetischen Erfüllung – einander näher zu bringen.

So sind die Wege unseres Gottes. Wingate verlor sein Leben auf einem längst vergessenen Schlachtfeld in Afrika, und sein Name ist aus dem Gedächtnis seines eigenen Landes verschwunden. Aber aus den Geschichtsbüchern Gottes, die das Vorangehen dieses Geistes der Liebe und der Treue zu Gunsten Israels festhalten, wird er nie ausgelöscht werden.

Kapitel 25
Ruth – der prophetische Mutterleib

Das Alte Testament gebraucht wunderbare prophetische Bilder, um uns geistliche Wahrheiten zu vermitteln. Bezüglich der Bündnisse Gottes heisst es: «Der Neue ist verborgen in dem Alten und der Alte ist offenbart in dem Neuen.» So beschreiben viele Texte des Alten Testamentes ein sehr reales Geschehen und weisen gleichzeitig prophetisch auf die «grosse Erfüllung» hin, die durch den Messias im Köngreich Gottes kommen wird. Die Geschichte von Ruth ist solch ein prophetisches Bild. Sie spiegelt die entscheidende Rolle wider, die die Gemeinde bei der Wiederherstellung Israels in der Endzeit spielen wird.

Diese alte Geschichte spielt sich in den Tagen der Richter ab. Dies war eine Zeit, in der grosses Durcheinander und Aufruhr in Israel herrschten. Nur zeitweise gab es Perioden von Frieden und Wohlstand. Als eine Hungersnot das Land Juda plagte, machte sich eine Familie aus Bethlehem – Bethlehem heisst auf Hebräisch ironischerweise «Haus des Brotes» – auf die Reise in das Land Moab in eine völlig heidnische Gesellschaft.

Das mosaische Gesetz brechend, verliess diese jüdische Familie ihr Erbe, um bei diesen Heiden für ihren Lebensunterhalt zu sorgen. Das Oberhaupt der Familie, Elimelech, was auf Deutsch «Mein Gott ist König» heisst, starb. Die beiden Söhne starben ebenfalls und erfüllten so ihre eigenen prophetischen Namen, Machlon und Chilion, die «kränklich» und «dahinkümmern» bedeuten. Dies waren zwei der

Flüche, die Mose als Strafe über die Israeliten ausgesprochen hatte, falls sie sich unter die heidnischen Nationen mischen sollten.

Noomi, die Mutter, ist unsere Schlüsselperson. Sie steht prophetisch für die Nation Israel: Obwohl dies geistlichen Hunger und geistliche Dürre für sie bedeutete, verliess sie ihr Land, um bei den Heiden zu wohnen. Abgeschnitten von ihrem Heimatland, ohne den Schutz Gottes, ohne ihren Mann (Elimelech) und ohne die Verheissung und den Schutz für die Zukunft, die ihre Nachkommen (Machlon und Chilion) ihr geboten hätten, bleibt Noomi allein zurück mit ihren beiden heidnischen Schwiegertöchtern.

Die eine heisst Orpa, was soviel wie «die Rückseite von jemandes Nacken» bedeutet. Die andere heisst Ruth, was «Kameradin und Freund» bedeutet. Diese beiden Frauen stehen prophetisch für zwei Arten von Gemeinden – die eine, die dem alten, verzweifelten Israel den Rücken zukehrt, und die andere, die sein Freund sein wird. Beide heirateten in das Bundesvolk, aber nur eine hielt ihre Versprechen!

«Hingabe-Test»

Gute Nachrichten verbreiteten sich schnell, und Noomi erfuhr, dass der Hunger in Juda zu Ende war. Da es nun keinen Grund mehr gab, länger in Moab zu bleiben, bereitete sie sich auf die Rückkehr in ihre Heimat vor. Jetzt war der Zeitpunkt gekommen, an dem sich die prophetischen Namen ihrer beiden Schwiegertöchter erfüllen sollten.

Obwohl Orpa noch ein Stück weit mit ihrer Schwiegermutter mitging, drehte sie Noomi doch bald den Rücken zu. Ruth hingegen ging weiter mit und klammerte sich an ihre Schwiegermutter. Dreimal forderte Noomi die beiden auf, sie zu verlassen und zu ihrem eigenen Volk und in ihre eigene Kultur zurückzukehren. Dreimal widerstand Ruth der Versuchung, zurückzugehen, und bestand so den «Hingabe-Test».

Ruth brachte ihre Verpflichtung gegenüber der alten und hilflosen Noomi mit den Worten zum Ausdruck: *«Dränge mich nicht, dich zu verlassen und umzukehren. Wohin du gehst, dahin gehe auch ich, und wo du bleibst, da bleibe auch ich. Dein Volk ist mein Volk, und dein*

Gott ist mein Gott.» (Ruth 1,16). Im Gegensatz zu ihrer Schwägerin, die *«zu ihrem Volk und zu ihrem GOTT heimkehrt»* (Ruth 1,15), bekannte Ruth sich ganz klar zu Noomis Volk und zu Noomis Gott. Die nüchterne Ermahnung dieser alttestamentlichen Allegorie weist auf die Gefahr hin, auf jene zu warten, die keinerlei Loyalität gegenüber dem Volk und dem Gott Israels in ihren Herzen haben. In diesem Gleichnis erkennen wir, dass solche Personen oder Menschengruppen mit Sicherheit nicht nur zu ihren eigenen Leuten, sondern auch zu ihren früheren Göttern umkehren werden, so wie es Orpa tat. Auch wenn die Wirklichkeit des Neuen Bundes viel weiter und gnadenvoller ist, als die Vorbilder des Alten Bundes es waren, so müssen wir dennoch ehrliche Schlussfolgerungen ziehen. Denn: *«Das aber geschah an ihnen, damit es uns als Beispiel dient; uns zur Warnung wurde es aufgeschrieben, uns, die das Ende der Zeiten erreicht hat.»* (1. Kor. 10,11).

Ausserdem müssen wir uns bewusst machen, dass durch die Jahrhunderte hindurch unzählige Christen voller Freude ihre Hingabe gegenüber dem Gott Israels zum Ausdruck gebracht haben und trotzdem Sein altes Volk verachteten und ablehnten. Aus dieser Schriftstelle schliessen wir, dass die Anerkennung des einen auch jeweils das andere miteinschliesst! Weil Ruth sich an das Volk hängte, konnte sie sich auch an dessen Gott hängen.

Ruth bekräftigte ihre Hingabe noch weiterhin und sagte: *«Wo du stirbst, da sterbe auch ich, da will ich begraben sein. Der Herr soll mir dies und das antun – nur der Tod wird mich von dir scheiden.»* (Ruth 1,17). Heute gebrauchen wir diese Worte bei Trauzeremonien und bringen damit die Tiefe der Hingabe zwischen Mann und Frau zum Ausdruck. Ursprünglich sind diese Worte zwischen zwei Frauen gesprochen worden. Die eine war in den Bund Gottes hineingeboren worden, die andere kam durch ihre Heirat dazu.

Wieder zuhause

Als die beiden müden Reisenden das Gebiet von Juda erreichten, war gerade der *«Beginn der Gerstenernte»* (Ruth 1,22). Dieser bedeutsame Zeitpunkt der natürlichen Ernte weist auf die grössere geistliche Ernte hin. Diese geistliche Ernte wird eingebracht, wenn Juden und Nichtjuden sich in dem Dienst und mit dem Ziel eins machen, das grösste Wirken Gottes hier auf der Erde noch vor dem Ende dieses Zeitalters zu sehen.

Der Status jener beiden Frauen war der von Flüchtlingen, denn Noomis ganzer Besitz und ihr Eigentum waren verloren, und ihr einziger Lebensunterhalt bestand darin, auf den Feldern die Ähren aufzulesen. Die alte und enttäuschte Frau änderte nun ihren Namen Noomi, was «angenehm» bedeutet, in Mara, was auf Hebräisch «bitter» heisst. Den erstaunten Frauen, die sie in Bethlehem willkommen hiessen, gab Noomi zur Antwort: *«Nennt mich nicht mehr Noomi (Liebliche), sondern Mara (Bittere); denn viel Bitteres hat der Allmächtige mir getan. ... Warum nennt ihr mich noch Noomi, da doch der Herr gegen mich gesprochen und der Allmächtige mir Schlimmes angetan hat?»* (Ruth 1,20.21).

Ja, diese Bitterkeit der Seele und diese Enttäuschung des Herzens kennzeichneten auch den Zustand Israels, als es aus dem Exil in die Verwüstungen seines alten Heimatlandes zurückkehrte. Die harte Realität der gegenwärtigen Umstände, der grosse Verlust, die Isolation und das Leiden überwältigten seine Seele, auch wenn die Heimkehr süss war.

Gottes Rückkauf

Die Geschichte geht weiter, und – als ein prophetischer Akt gesehen – findet Ruth sich beim Ährenlesen auf dem Feld von Boas. Der Name Boas bedeutet «in ihm ist Kraft». Er war der Löser der Verwandten, das heisst, nach dem Gesetz Israels war er der einzige Mann, der das Recht hatte, den Namen und den Besitz von Verstorbenen auszulösen. Als unverheirateter Mann rief Boas auch die Hoffnung auf zukünftige Nachkommen wieder wach, da er die Witwe des Verstorbenen heiraten konnte, was er später ja auch tatsächlich getan hat. Ruths Demut und Treue zogen die Aufmerksamkeit von Boas auf sich, und er erklärte: *«Mir wurde alles berichtet, was du nach dem Tod*

deines Mannes für deine Schwiegermutter getan hast.» (Ruth 2,11).
Der Löser fing an, sie wegen ihrer Freundlichkeit und Dienstbereitschaft gegenüber dieser alten, verbitterten Noomi, welche Ruth keinen Lohn für ihre Hingabe geben konnte, zu lieben.

Dieses prophetische Szenario erreichte seinen Höhepunkt dort, wo Ruth das Herz des Lösers eroberte und er sie zur Braut nahm. In dem Prozess der gegenseitigen Annäherung war es interessanterweise Noomi, die Ruth sowohl Beratung als auch Anweisung zukommen liess. Sie sagte: *«Wasch dich, salbe dich, und zieh dein Obergewand an, dann geh zur Tenne! ... Geh dann hin, deck den Platz zu seinen Füssen auf, und leg dich dorthin! Er wird dir dann sagen, was du tun sollst.»* (Ruth 3,3.4). Wie müde und verbittert das alte Israel auch sein mag, es kann die junge und lebensprühende zukünftige Braut immer noch mit Weisheit beraten, wenn sie sich ihrem Geliebten nähert!

Die Bibel bezeugt: *«So nahm Boas Ruth zur Frau und ging zu ihr. Der Herr liess sie schwanger werden, und sie gebar einen Sohn.»* (Ruth 4,13). Es war Gottes strategische Absicht, dass Ruths Mutterleib erst zu diesem Zeitpunkt geöffnet wurde, denn sie war ja keine Jungfrau mehr. Sie war vielmehr eine Witwe, die schon einen Mann gehabt, aber noch keine Kinder geboren hatte. Ihr Mutterleib war verschlossen worden, bis zu ihrer Ehe mit dem ihr bestimmten Mann, dem Löser. Gleicherweise wird auch die wahre Gemeinde keine geistlichen Nachkommen gebären, solange sie nicht auf ganz intime Weise mit ihrem Herrn eins wird. Die ganze Geschichte hindurch hat die Gemeinde mit anderen Herren geflirtet und Ehebruch begangen, nun aber beginnt sie, am Ende dieses Zeitalters, sich auf den wahren Bräutigam vorzubereiten, den grossen Löser.

Der verheissene Same

Wer war der Sohn, den Ruth geboren hatte? Wer war dieses männliche Kind, von welchem die Nachbarinnen sagten: *«Der Noomi ist ein Sohn geboren.»* (Ruth 4,17)? Wie konnten sie behaupten, dass die alte und leblose Noomi ein Kind geboren habe? Boas war nicht Noomis Ehemann, und es war auch nicht ihr Mutterleib, der diesen Jungen zur Welt gebracht hatte. Dennoch lautet die prophetische Aussage, dass Noomi dieses Kind geboren hat!

Die prophetische Tatsache ist folgende: Die junge und verliebte Ruth gab ihren jungen und fruchtbaren Mutterleib her, damit die alte und leblose Noomi ein letztes Mal einen Sohn haben konnte. Nun gab es einen Sohn, der den Familiennamen und die Blutlinie wiedererweckte und aufrechterhielt!

Die Frauen sagten zu Noomi: *«Gepriesen sei der Herr, der es dir heute nicht an einem Löser hat fehlen lassen. .... Du wirst jemand haben, der dein Herz erfreut und dich im Alter versorgt, denn deine Schwiegertochter, die dich liebt, hat ihn geboren, sie, die mehr wert ist als sieben Söhne.»* (Ruth 4,14.15). Es ist sehr bedeutsam, dass die Bibel bezeugt: *«Noomi nahm das Kind, drückte es an ihre Brust und wurde seine Wärterin (Amme).»* (Ruth 4,16). Die Schrift besagt damit, dass Noomi das Kind zu stillen begann, eine Art der Versorgung, die in ihrer Kultur nicht ungewöhnlich war.

Wer war dieser Sohn? Und welchen Namen gaben sie ihm? *«Und sie gaben ihm den Namen Obed. Er ist der Vater Isais, des Vaters Davids.»* (Ruth 4,17). Obed bedeutet «Arbeiter, Diener», einer, der den Willen dessen, der ihn sendet, vollkommen erfüllt.

Das wirkliche Wunder war, dass Noomi, die ihren von Gott geschenkten Enkel auf dem Schoss hielt, nun noch einmal Verantwortung und die Rolle der Mutterschaft übernahm, indem sie für ihren Nachwuchs sorgte. Ein anderes Wunder fand in Ruths Herzen statt, als sie ihre eigenen Rechte und natürlichen Instinkte in Bezug auf ihren Erstgeborenen zu Gunsten ihrer Schwiegermutter aufgab.

Vom Typus zur Realität

In diesen Tagen ruft Gott die junge und liebende Gemeinde dazu auf, ihren «Mutterleib» als «Geburtsraum» zur Verfügung zu stellen. Das alte und erschöpfte Israel muss noch einmal fruchtbar werden und einen Sohn zur Welt bringen, hat aber selber kein Leben mehr in sich, um dies zu schaffen.

Wenn wir der prophetischen Aussage dieser Geschichte nachgehen, erkennen wir, dass Noomis Sohn, Obed, der vollkommene Diener, die Tugend und die Qualität jenes Charakters widerspiegelt, der die letzte Generation Israels auszeichnen wird. Diese Nation hat die Aufgabe, am Ende des Zeitalters noch einmal zu gebären. Und so, wie der Messias, den sie im ersten Jahrhundert gebar, die Welt veränderte, so wird es auch im letzten Jahrhundert wieder sein.

Hört diesen Schrei: *«Wir waren schwanger und lagen in Wehen; doch als wir gebaren, war es ein Wind. Wir brachten dem Land keine Rettung, kein Erdenbewohner wurde geboren.»* (Jes. 26,18). Dies ist das historische Trauma Israels und sein tiefer Schrei. Die Nation, die dazu berufen war, Gott zu repräsentieren, den anderen Völkern Befreiung zu bringen und ein Segen für alle Familien dieser Erde zu sein, schreit nun vor Verzweiflung laut auf. All ihre jahrhundertelangen Mühen, ihre Opfer und ihre Leiden haben absolut nichts hervorgebracht. Die sechs Millionen Juden, die im Holocaust umkamen, haben der Erde keine Befreiung gebracht, und fünfundvierzig Jahre nationaler Leiden und Schwierigkeiten seit 1948 haben höchstens *«Wind geboren»*!

Von Israels Auftrag an den übrigen Völkern wurde nichts erreicht, was dem natürlichen Auge sichtbar wäre. Dem unverständigen Herzen gebar seine historische Geschichte von Qual und endlosen Verfolgungen keinerlei Frucht. Nun fährt aber die gleiche Schriftstelle mit der Verheissung fort: *«Deine Toten werden leben, die Leichen stehen wieder auf: wer in der Erde liegt, wird erwachen und jubeln. Denn der Tau, den du sendest, ist ein Tau des Lichts; die Erde gibt die Toten heraus.»* (Jes. 26,19). Für und durch das «alte leblose Gefäss» gibt es also tatsächlich eine Hoffnung und eine Verheissung für ein Auferstehungsleben. – Aber nicht ohne einen fruchtbaren Mutterleib!

Sei eine Ruth!

Bete, dass der Geist von den vier Enden der Erde kommt und das alte Volk wieder belebt. Bete für die Gemeinde, dass sie zu Israel steht und es in Liebe und Fürbitte treu unterstützt. Und vergiss nicht, dass die junge Ruth in dieser prophetischen Geschichte ihren Liebhaber und Ehemann nur deshalb finden konnte, weil sie bei Noomi blieb und sich so mit dem alten Volk und dessen Bestimmung verbündete. So wird die Braut Christi ihren verheissenen Bräutigam erst dann finden und sich mit ihm vereinen, wenn sie bereit ist, Israel zu dienen und auf den Feldern Bethlehems Ähren zu lesen.

Jesaja beschreibt die Verwunderung Israels, als es erkennt, wie sich seine Endzeitkinder bei ihm versammeln: *«Dann wirst du dich in deinem Herzen fragen: Wer hat mir diese (Kinder) geboren? Ich war doch kinderlos und unfruchtbar, war verbannt und verstossen. Wer hat mir die Kinder herangezogen? Ich war doch allein übriggeblieben. Wo kommen sie her?»* (Jes. 49,21).

Das Wunder sowohl der natürlichen als auch der geistlichen Erweckung findet dann statt, wenn die liebende, demütige Gemeinde wie Ruth eine aufopfernde Haltung der Arbeit einnimmt und sich darauf vorbereitet, «Noomis letzten Sohn» zu gebären. So wird Gottes letztes Ziel für dieses Zeitalter eintreffen.

Israel braucht einen Mutterleib – einen lebendigen, liebenden, lebenspendenden Mutterleib. Wird die Gemeinde «Orpa» oder «Ruth» sein? Ist deine Gemeinde dabei, eine «Verlassende» oder eine «Anhangende» zu werden? Haben wir das Herz eines Menschen, der abtreibt oder das einer Hebamme?

Kompromisse und Trittbrettfahren werden in dieser Angelegenheit nicht mehr länger geduldet werden, denn es geht um zu viel; und die Konsequenzen heissen entweder ewige Ehre oder ewige Schande.

So sieht unsere prophetische Umgebung heute aus: Noomi kehrt nach Bethlehem zurück, wobei sie sich auf Ruths starken Arm stützt. Die Felder sind reif zur Ernte, und Boas wartet mitten drin. Wenn Juden und Nichtjuden, Boas und Ruth sich in einer Ehe vereinigen und in Gottes ewigem Vorsatz zusammenfinden, werden sie die Generation des einen neuen Menschen gebären.

KAPITEL 26
ESTER – DIE BRAUT IN DER FÜRBITTE

Eine Vorbemerkung

Die Geschichte von Ester ist ein eindrückliches Bild, das uns in verschiedenen Typen die Fürbitte der Braut Christi für Israel und das jüdische Volk vor Augen malt. Für das Verstehen der prophetischen Bedeutung ist es hilfreich, zuerst das Buch Ester zu lesen, bevor der Leser mit diesem Kapitel fortfährt.

In den alttestamentlichen Geschichten finden wir erstaunliche prophetische Typen: Ahasveros, der mächtige König, ein Abbild unseres mächtigen Gottes, regiert über sein grosses Königreich von vielen Völkern. Unter diesen Völkern befindet sich ein Rest des Volkes Israel, so wie es auch heutzutage der Fall ist. Wasti, die Königin, repräsentiert eine stolze und ungehorsame Gemeinde, die aus ihrer hohen Position fällt. Mordechai sehen wir in der Rolle des Heiligen Geistes, der die Fürbitter anleitet, ausbildet und ermahnt. Haman mit seinem Plan, die Juden auszulöschen, steht für die allgegenwärtigen teuflischen antisemitischen und antiisraelischen Machenschaften. Ester schliesslich, die wunderschöne und bereitwillige Schönheit, ist ein Typus für die Braut Christi: sie steht für die herrliche Gemeinde, die Fürbitte tut.

Abgesehen vom Fürbittedienst unseres Herrn Jesus selber finden wir in der ganzen Bibel keine dramatischere, gefährlichere und erfolgreichere Fürbitte als diejenige von Ester. Niemand unter den grossen Fürbittern der Bibel gibt uns ein so klares und lebendiges Bild davon, welche Stellung und welchen Dienst vor Gott die wahre Gemeinde für das jüdische Volk hat.

Die Wegbereitung

Zur Zeit dieser Geschichte herrschte König Ahasveros von Persien fast über die ganze damals bekannte Welt. Er hatte die höchste Autorität über 127 Staaten. Diese nicht teilbare Zahl spricht von der totalen, strengen und alles umfassenden Natur seines Reiches. Das war in der Tat ein mächtiger Thron!

Wasti, die Königin, war zweifellos eine eindrückliche Figur. Ihr Name bedeutet in der alten persischen Sprache «wunderschöne Frau», und ihre Position gab ihr grosse Privilegien und grosse Autorität gegenüber dem mächtigen König. Wasti erinnert an einen besonderen Teil der Gemeinde – an jenen Teil voller Pomp, Stolz und erhabener Erscheinung. Allerdings nützte ihr der ganze äussere Glanz und ihre hohe Position an jenem Tag, an dem sie ihrem Mann, dem König, ungehorsam war, überhaupt nichts.

Während eines rauschenden königlichen Festes sandte Ahasveros sieben Eunuchen mit der dringenden Einladung zu seiner Königin, sie solle vor ihm erscheinen, damit er seinem Hofstaat ihre Schönheit präsentieren könne. Diese sieben Eunuchen symbolisieren den dringenden göttlichen Ruf, in die Gegenwart Gottes zu kommen!

«Aber die Königin Wasti weigerte sich.» (Ester 1,12). Weil sie den Befehl des Königs lächerlich gemacht und sich seinem ausdrücklichen Willen widersetzt hatte, wurde die Königin abgesetzt, geschieden und schliesslich ersetzt. Es wurde ein königliches Edikt mit folgendem Inhalt erlassen: *«Wasti darf dem König nicht mehr unter die Augen treten. Der König aber verleihe den Rang der Königin einer anderen, die würdiger ist als sie.»* (Ester 1,19).

Im ganzen Königreich startete man eine Suche nach einer Jungfrau, die würdig war, die Braut des Königs zu werden; dies war eine sehr ernsthafte und sorgfältige Suche. Schliesslich fand man eine Braut für den mächtigen König. Ester wurde dazu auserwählt, in den Harem des Königs zu kommen. Zuerst verbrachte sie eine Zeit der Vorbereitung und der Schönheitspflege, bevor sie ihm vorgeführt werden konnte.

Diese wunderschöne jüdische Jungfrau, die keine irdischen Eltern mehr hatte, war von ihrem Onkel Mordechai in niedrigen und demütigen Umständen aufgezogen worden. Obwohl sie unter Heiden lebte, sind ihre Wurzeln und ihre wahre Identität beim Volk Israel geblieben. Ihr Name bedeutet «Stern» und spricht von ihrer hohen Berufung, ja von ihrer Bestimmung für himmlische Absichten. Sie erinnert uns an eine andere Art der Gemeinde – jene Gemeinde, die verborgene Qualitäten, Demut und einen edlen Geist besitzt.

Ihr exzellenter Charakter und ihre innere Schönheit, eingehüllt in ein reizendes Gefäss, fanden schnell die Gunst der anderen Mädchen und der Eunuchen im Harem des Königs. Esters Demut war ihre Stärke, denn wir sehen, dass sie in der Zeit ihrer Vorbereitung *«nichts mitnehmen wollte, ausser was der königliche Kämmerer Hegai, der Aufseher der Frauen, ihr nahelegte.»* (Ester 2,15).

Auf Mordechais Geheiss hielt sie auch ihre wahre Identität geheim, und gerne ordnete sie sich ihm unter. Ihr Herz war ruhig, sie hatte es nicht nötig, sich selber in den Vordergrund zu schieben oder für eine Position zu kämpfen. Ja: *«Ester gefiel allen, die sie sahen.»* (Ester 2,15).

Betrachten wir die Rolle Mordechais, der als Typus für den Heiligen Geist steht, dann erkennen wir, dass er einen gerechten, heiligen und selbstlosen Einfluss auf Esters Leben ausübte. Er bemüht sich um die Ernährung und die Ausbildung der Braut, die sich auf ihre hohe Berufung vorbereitet. Trotz Esters zunehmender Macht im königlichen Harem und trotz aller vorhandener Versuchungen ihrer neu erreichten und privilegierten Position *«hielt sich Ester an die Worte Mordechais, wie früher, als sie noch seine Pflegetochter war».* (Ester 2,20). Auch hier sind Demut und Unterordnung wieder das Geheimnis, das ihr zu grosser Gunst und zu ihrem Aufstieg verhalf.

Nachdem die damals gebräuchliche Zeit der Schönheitspflege vorbei war (sechs Monate mit Myrrhenöl und sechs Monate mit Kräutern und Kosmetika, die die Salbung Gottes und die verschiedenen Gaben symbolisieren, die er in ein ergebenes Gefäss hineingiesst), wurde das junge Mädchen dem mächtigen König vorgeführt. *«Und der König liebte Ester mehr als alle Frauen zuvor, und sie gewann seine Gunst und Zuneigung mehr als alle anderen Mädchen. Er setzt ihr das königliche Diadem auf und machte sie anstelle Wastis zur Königin.»* (Ester 2,17).

Jetzt war die Bühne fertig inszeniert. Die Hauptdarsteller waren an ihrem Platz, um ihre prophetischen Rollen zu übernehmen – als das Unheil eintraf! Angestachelt von Eifersucht und unbändigem Hass, wurde im Regierungsgebiet des Königs ein teuflischer Plan gegen das jüdische Volk ausgeheckt. Der antijüdische Geist der Ablehnung und des Mordes kam einmal mehr zu seiner vollen Entfaltung gegen Israel, als Haman in die Offensive ging, weil *«Mordechai nicht niederfiel und ihm nicht huldigte»*. (Ester 3,2).

So hatte sich Haman in dem teuflischen Plan, die jüdische Bevölkerung auszurotten, selber zum Hauptinstrument der Bosheit gemacht. Der mächtige König selber liess dieses Übel zu und legalisierte es auch noch, indem er das Dekret erliess, das jüdische Volk zu zerstören.

Welch schreckliches Schicksal kam von heute auf morgen über dieses Volk, als sich wieder einmal die dunklen Wolken der Finsternis und der Verzweiflung über die Juden legten. Wie sehr mögen sie sich gewünscht haben, schon früher mit Serubbabel in das verlassene Land Juda zurückgekehrt zu sein. Wie mögen sie sich gefragt haben: «Warum schon wieder wir?» Einmal mehr in der Geschichte schien es, als hätte sich die ganze Welt in ein Monster verwandelt, um den Samen Israels zu verschlingen und zu zerstören. Weltmächte beschlossen seine Vernichtung, und es gab keinen Ausweg.

Der Kampf ging um die grundsätzliche Existenz des jüdischen Volkes, um den Bund, den Gott mit ihren Vätern geschlossen hatte, und um die Verheissungen an ihre Nachkommen. Zwischen Haman und Mordechai wurden Schläge ausgetauscht, als es darum ging, wer von ihnen den Thron mehr beeinflussen würde. Haman war der Ankläger, Ester das Instrument der Fürbitte. König Ahasveros war der oberste und souveräne Richter, der das Schlussresultat zu bestimmen hatte.

Der immerwährende Kampf

Es ist bemerkenswert, dass Haman ein Nachkomme der Agagiter war (vgl. Ester 3,1). Dieser Vorfahre von ihm war kein anderer als Agag, der König von Amalek, Israels alter und erbitterter Feind. Mordechais Abstammung wird, wie wir in Ester 2,5 sehen, auf Kis, den Benjaminiter, zurückgeführt, von dem auch König Saul von Israel abstammte.

Gegenüber den Amalekitern, die den Israeliten seit den ersten Jahren ihres Auszugs aus Ägypten feindlich gesinnt waren, erhielt König Saul von Gott den Befehl: *«Ich habe beobachtet, was Amalek Israel angetan hat: Es hat sich ihm in den Weg gestellt, als Israel aus Ägypten heraufzog. Darum zieh jetzt in den Kampf, und schlag Amalek! Weihe alles, was ihm gehört, dem Untergang! Schone es nicht, sondern töte Männer und Frauen, Kinder und Säuglinge, Rinder und Schafe, Kamele und Esel!»* (1. Sam. 15,2.3).

Saul aber ging einen Kompromiss ein und zerstörte seinen Feind nicht vollständig. Er hörte nicht auf Gottes Wort, sondern behielt die Kriegsbeute, und verschonte sowohl das Vieh als auch den König Agag selber. Als Resultat dessen wurde nicht nur Saul vom Thron verstossen (vgl. 1. Sam. 15,22.23), sondern dem Volk Amalek wurde auch erlaubt, Nachkommen zu haben, selbst wenn sein König Agag dann vom Propheten Samuel getötet wurde.

So wurde auf Grund von Sauls Ungehorsam kein Ende gemacht mit Amalek. Spätere Generationen der Amalekiter wurden weiterhin von diesem diabolischen Hass genährt, und der Feldzug gegen das Volk Gottes ging weiter. Nun, in der Zeit von Ester, finden wir Mordechai und Haman, echte Verwandte von Saul und Agag, die wiederum in diesen immerwährenden Kampf verwickelt sind.

«Für einen Zeitpunkt wie diesen»

Aufgrund der hohen Stellung Hamans gab es nur eine Person im Königreich, die in den Riss treten konnte, um Fürbitte zu leisten. Sollte sich Ester dafür entscheiden, könnte sie diese Person sein, denn sie war die Braut, die hervorragendste unter allen Mädchen, die vom König geliebte Königin. Sie war die einzige, die sowohl zu den Gemächern als auch zum Herzen des Königs Zutritt hatte, und weil sie selber jüdischer Abstammung war, war sie die einzige Hoffnung ihres Volkes.

Mordechai, Typus für den Heiligen Geist, war höchst betrübt. Als er von diesem bösartigen Plan hörte, *«zerriss er seine Kleider, hüllte sich in Sack und Asche, ging in die Stadt und erhob ein lautes Klagegeschrei»* (Ester 4,1). Der Schmerz des Heiligen Geistes ist oftmals gross und wird als Last auf ein mitfühlendes Volk gelegt. Gott kommt durch die Wahrheit niemals in Verlegenheit, im Gegenteil: Er offenbart sie, damit die Tatsachen ans Licht kommen und Fürbitte getan werden kann.

Mordechai weigerte sich, oberflächlich getröstet und von seinem Vorhaben abgebracht zu werden, und fuhr fort, Ester in der richtigen Kampfstrategie zu unterweisen. Ja, er fuhr fort, indem er sagte: *«... ihn (den Erlass) sollte Hatach Ester zeigen, ihr alles erzählen und sie dringend bitten, zum König zu gehen und ihn inständig um Gnade für ihr Volk anzuflehen.»* (Ester 4,8).

Diese Fürbitte war ein Akt der totalen Preisgabe, denn niemand durfte uneingeladen in die Gegenwart des Königs treten, ohne dabei sein Leben zu riskieren – nicht einmal die Königin! Denn: *«Für jeden, Mann oder Frau, der zum König in den inneren Hof geht, ohne gerufen worden zu sein, gilt das gleiche Gesetz: Man tötet ihn. Nur wenn der König ihm das goldene Zepter entgegenstreckt, bleibt er am Leben.»* (Ester 4,11).

Obwohl Esters Herz furchtsam und unsicher war, gewann der Befehl des Heiligen Geistes die Oberhand, als Mordechai sie in strengem Ton warnte: *«Glaub ja nicht, weil du im Königspalast lebst, könntest du dich als einzige von allen Juden retten. Wenn du in*

diesen Tagen schweigst, dann wird den Juden anderswoher Hilfe
und Rettung kommen. Du aber und das Haus deines Vaters werden
untergehen.» (Ester 4,13.14).

Diese Fürbitte konnte der Braut das Leben kosten, denn sie würde ja nicht nur uneingeladen die Gemächer des Königs betreten, sondern sich auch offen mit denen identifizieren, deren Vernichtung gerade beschlossen worden war! Die Königin musste sich von ihrer erhobenen und geschützten Position tief erniedrigen; sie musste Anteil nehmen am Kummer und an der Verzweiflung der leidenden Juden und ihre eigenen Wurzeln und ihre Identität als eine von ihnen preisgeben.

Entweder würde die Braut von der bösen und mörderischen Flut mit weggeschwemmt werden, die bereits daran war, die Juden zu verschlingen, oder sie würden alle gerettet werden und aufgrund von Esters Mitgliedschaft in der königlichen Familie Gnade, Gunst und Befreiung erleben. Welches von beiden würde eintreffen?

Ester, die in diesem prophetischen Bild für die Braut Christi steht, wurde an ihre Berufung erinnert. Der Geist sprach: *«Wer weiss, ob du nicht gerade dafür in dieser Zeit Königin geworden bist?»* (Ester 4,14).

Die Braut in Aktion

In der Vorbereitung für ihren Kampf rief Ester zu Gebet und Fasten auf: *«Geh und ruf alle Juden zusammen, die in Susa leben. Fastet für mich! Esst und trinkt drei Tage und Nächte lang nichts! Auch ich und meine Dienerinnen wollen ebenso fasten. Dann will ich zum König gehen, obwohl es gegen das Gesetz verstösst. Wenn ich umkomme, komme ich eben um.»* (Ester 4,16). Nun, wo die Braut sich im Willen Gottes befand und sich Seinen Absichten unterstellt hatte, hatte sie auch die Autorität, ein nationales Fasten auszurufen, das ihren Weg vorbereiten sollte.

Es ist bedeutsam, dass Esters Zugang zum König *«gegen das Gesetz verstösst»*! Dieser Akt mutiger und selbstloser Fürbitte, der ihr Leben gefährdete, hatte weder legale Rechte noch politische Intrigen zur Grundlage. Ihr Zutritt zu den Gemächern des Königs findet seine Berechtigung allein in ihrer Beziehung zu ihm! Ohne wahre Hingabe, gegenseitigen Respekt und Liebe würde sie ihre Position und ihren Kopf verlieren!

Nachdem die Tage des Fastens vorbei waren, zog Ester ihre königlichen Kleider an und ging zum König hinein. *«Als der König die Königin Ester im Hof stehen sah, fand sie Gnade vor seinen Augen. Der König streckte ihr das goldene Zepter entgegen, das er in der Hand hielt. Ester trat näher und berührte die Spitze des Zepters.»* (Ester 5,2). Nachdem sie nun den Zutritt zu seinen Gemächern und zu seinem Herz gefunden hatte, begann die Braut mit ihrer mächtigen Fürbitte.

Aus dieser Position der Annahme führte Ester den Plan aus, den sie während der Zeit ihres Fastens erhalten hatte. Mit grosser Zuversicht ging sie daran, den Feind zu benennen, seine Motive darzulegen und ihn dann zum Schweigen zu bringen. Tatsächlich kam die Verwerflichkeit Hamans in der Gegenwart des mächtigen Königs ans volle Licht, und die Gemeinheit seiner Absichten lag bloss. Haman wurde für schuldig befunden und dazu verurteilt, an jenem Galgen erhängt zu werden, den er für Mordechai hatte vorbereiten lassen.

Daraufhin erliess der König ein zweites Dekret, welches das erste, das die Auslöschung des jüdischen Volkes angeordnet hatte, ablöste. Dieses zweite Dekret bevollmächtigte nun im Gegenzug die Opfer, sich zu erheben, zu versammeln und ihre Feinde zu verfolgen und zu zerstören (vgl. Ester 8,11).

Letztlich entlarvte das erste Dekret des Königs die Feinde der Juden und brachte sie ans Licht, damit sie durch das zweite Dekret von ihren Opfern selber zerstört werden konnten! Der Beute wurde sozusagen die Bevollmächtigung verliehen, selber zum Raubtier zu werden!

Durch die Fürbitte wurde nicht nur der böse Plan der Feinde zunichte gemacht, sondern Mordechai (der Geist) wurde endlich auch in seine eigentliche Position eingesetzt *«Als Mordechai den König verliess, trug er ein königliches Gewand aus violettem Pur-*

pur und weissem Leinen, eine grosse goldene Krone und einen Mantel aus kostbarem Leinen und rotem Purpur, und die Stadt Susa war voll Jubel und Freude. Die Juden waren glücklich, sie jauchzten vor Freude und waren wieder angesehen. ... *In allen Völkern der Erde BEKANNTEN SICH VIELE ZUM JUDENTUM; denn ein Schrecken vor den Juden hatte sie befallen.»* (Ester 8,15–17).

Ja, dort, wo die betende Gemeinde ihre Stellung opferbereit und mutig einnimmt, wird der Heilige Geist geehrt und geheiligt, und die Menschen erfahren Freiheit, grosse Freude und Licht. Dann werden viele im Netz der grossen Ernte gefangen werden, indem sie sich der Familie Gottes anschliessen und in der Furcht und der Freude des Herrn leben.

Somit nähert sich die Geschichte ihrem Ende – mit grossem Sieg und grosser Befreiung. Wir sehen, dass der König die Bitte und das Anliegen der Braut gewährte. Wir sehen, wie alle diese Dinge denen zum Besten gedient haben, die Gott liebten und Seinen Plänen treu blieben. Nun wartet dieser grosse Auftrag der Fürbitte noch einmal darauf, ein letztes Mal erfüllt zu werden.

Eine Braut, die hervorragendste unter allen Jungfrauen, vorbereitet und vollkommen gemacht für ein königliches Leben, muss mutig in der Gegenwart der höchsten Autorität stehen und mächtige, alles abverlangende Fürbitte für die verfolgten Juden leisten! Einmal mehr liegt das Schicksal des Volkes in der Hand der Braut.

Lasst uns, ermutigt durch den Schluss der Geschichte – den Sieg der Juden, die völlige Zerstörung der Feinde, die Ehre, die Ester zuteil wird, und die hohe Stellung, in die Mordechai nun eingesetzt wird – weiterhin mit dem Herrn vorwärtsdrängen, da Er selber es ist, der über Seinem Wort wacht, um es zu erfüllen!

KAPITEL 27
WEINT NICHT UM RAHEL

Wie ich am Anfang schon erwähnt habe, ist unsere Tochter Rahel am Freitag, dem 22. März 1991, im Alter von fünf Wochen zu ihrem himmlischen Vater zurückgekehrt. Rahels Leben war und bleibt ein einziges Gebet. Rahel wurde im Frühsommer 1990 gezeugt, als wir zu Besuch in unserer Heimat waren. Sie wurde im Mutterleib voll ausgetragen, so wie Israel im Mutterleib der Fürbitte derjenigen ausgetragen wird, die es lieben. Wir erhielten vor ihrer Geburt eine Reihe von prophetischen Träumen und Worten der Erkenntnis, die Eindrücke über den Sinn ihres Lebens enthielten. Einige haben wir verstanden, andere erhellten sich erst, als wir zurückschauten.

Die Wehen und die Geburt fanden während des persischen Golfkrieges von 1991 statt, mitten in dieser traumatischen Zeit mit all ihren seelischen Belastungen. Rahel wurde geboren, als Raketen auf die Zivilbevölkerung Israels fielen, einige davon sogar auf die Nachbarschaft meiner Eltern ausserhalb von Tel Aviv. Wir wussten, dass dieses Kind für Israel stand, dieses Volk, das nun einmal mehr aus dem Sorgenbecher trank und von Hass und Ablehnung umgeben war. Aber das Kind war geboren!

Rahel kam in den letzten und heftigsten Winterstürmen zur Welt, als die Temperaturen über Nacht auf zwanzig Grad minus absanken und Eiseskälte herrschte. Wie es uns der Geist schon vorher gesagt hatte, kam sie während eines schrecklichen Sturmes, als die Elemente heftig krachten und der Wind draussen heulte. Aber wie versprochen, war unser Haus während der Wehen und der Geburt von einem wunderbaren und spürbaren Frieden erfüllt.

Wäre das Kind ein Junge gewesen, hätte es Israel geheissen. Aber es war ein Mädchen, und der Herr nannte sie Rahel. Ein Lamm. Obwohl sie noch ein ganz kleines Baby war, wurde uns immer deutlicher, dass ihr Herz fortwährend zu Gott schrie. Und obwohl sie ein normales und gesundes Baby war, fand sie beim Anblick dieser Welt keine Ruhe für ihre Seele. Sogar an der Brust ihrer Mutter war da dieses Suchen und Verlangen nach einer besseren Welt, und ihr reines und feines Klagen klingt noch heute in unseren Herzen.

Rahel kam im März 1991 mit uns nach Kansas City, wo wir in unserer Gemeinde eine unserer Fürbittekonferenzen für Israel leiteten. Es schien, als würde ihr Kummer immer grösser werden, als wir uns der Stadt näherten. Nichts beschreibt den Zustand ihrer Seele besser als der wachsende Kummer und der Schmerz unseres Herrn, als er sich zum letzten Mal Jerusalem näherte. Hier in Kansas City sollte sich ihre Bestimmung erfüllen.

Als ich über das Herzstück der Offenbarung sprach, dass die nichtjüdische Gemeinde durch ihr Gebet Israel sozusagen zur Welt bringt, deutete ich auf Rahel. «Ihre Seele», sagte ich, «sucht so verzweifelt nach Gott, dass es uns in unserer Fürbitte an einen Punkt gebracht hat, wie wir es vorher bei keinem unserer Kinder gekannt haben. Sie ist wie Israel», sagte ich zu den Konferenzteilnehmern, «das ohne die Mühen der Gemeinde und ohne die freigesetzte Kraft Gottes in seiner verzweifelten Not weder Heilung noch göttliches Leben finden kann.»

Zu diesem Zeitpunkt hatten wir erkannt, dass auf Rahels Leben eine prophetische Last lag, die die heikle Geburt Israels vor dem Herrn widerspiegelte. Ich hatte allerdings keine Ahnung, wie schmerzlich wahr und geistgeführt meine Worte waren. In jener Nacht nahm der Herr Rahel zu sich zurück.

Bei Tagesanbruch kam der Engel des Herrn leise herab, holte ihre kleine Seele und nahm sie heim; ihr Kampf war beendet, ihre

232

Seele hatte Frieden. Der Friede, der ihr Bettlein umgab, und das Lächeln auf ihren Lippen, als wir am Morgen ihren kalten Leib fanden, waren von einer anderen Welt.

Wir wussten, dass Rahel gestorben war, aber noch durch die üblichen medizinischen Untersuchungen zu gehen hatte. Nach rund einer Stunde intensiver Versuche, ihren kleinen Körper wiederzubeleben, gab das Krankenhauspersonal auf und legte sie in meine Arme. Ein letztes Mal baten mein Freund Mike Bickle und ich unter Tränen den Vater um eine Auferstehung, dann gaben wir sie Ihm zurück. Sein Wille für ihr Leben war erfüllt, und Er rief sie zu Sich zurück.

Am Abend davor hatten wir aus dem Buch Ruth gelehrt und erkannt, dass Noomis nichtjüdische Schwiegertochter Ruth eigentlich ein Typus für die Gemeinde ist. Und als wir an diesem Morgen das Krankenhaus verliessen, liessen wir Rahels Körper in den Armen einer wunderbaren schwarzen Krankenschwester zurück, deren Tränen sich mit den unseren vermischten. Ihr Name war Noomi. Die Güte des Herrn und Seine freundliche Hand deckten unseren Schmerz zu.

Als wir mit leeren Armen zu unseren wartenden Mädchen und zur schmerzerfüllten Gemeinde in Cedar Rapids, Iowa, zurückkehrten, wurde im Sonntagmorgengottesdienst ein Lied für uns gesungen; fünf Wochen zuvor, am Tag von Rahels Geburt, war unseren Musikern dieses Lied durch Offenbarung geschenkt worden.

Sie sangen: *«So spricht der Herr: Ein Geschrei ist in Rama zu hören, bitteres Klagen und Weinen. Rahel weint um ihre Kinder und will sich nicht trösten lassen, um ihre Kinder, denn sie sind dahin. So spricht der Herr: Verwehre deiner Stimme die Klage und deinen Augen die Tränen! Denn es gibt einen Lohn für deine Mühe – Spruch des Herrn: Sie werden zurückkehren aus dem Feindesland. Es gibt Hoffnung für deine Nachkommen – Spruch des Herrn: Die Söhne werden zurückkehren in ihre Heimat.»* (Jer. 31,15–17).

So legte der Herr selber durch Seinen Geist Sein Siegel auf ihr Leben. Die siegreiche Aussage dieses Liedes über Rahel war, dass ihr Weinen und ihre Schmerzen nicht mehr sein werden und dass ihre Mühe belohnt werden wird. Die wertvolle Fürbitte und die aufopfernde Arbeit, die andauernd vor dem Thron unseres Gottes aufsteigt, wird Frucht tragen! Und jeder Same, der in den reichen Boden von Gottes Verheissungen gesät wird, wird ganz bestimmt aufgehen!

Weint nicht um Rahel, denn es heisst: *«Aus dem Mund der Kinder und Säuglinge schaffst Du Dir Lob, Deinen Gegnern zum Trotz; Deine Feinde und Widersacher müssen verstummen.»* (Ps. 8,3).

Rahels Leben war ihr geistlicher Kampf; ihr Sterben war das Reden Gottes. So erschütternd und ernüchternd Sein Reden auch war, so erhaben war Sein Handeln.

Somit bringen wir unserem Gott, der alles wohlmacht, unser Lob und unsere Dankbarkeit dar. Wir sind dankbar, dass wir Rahel die ganze Zeit im Mutterleib und anschliessend noch fünf Wochen lang in unseren Armen tragen durften. Ihren Kampf und ihre Fürbitte bringen wir als Brandopfer auf den alten, aus Steinen errichteten Altar Israels; und wir sehen unserer Wiedervereinigung mit ihr in der Gegenwart des Herrn mit Freude entgegen.

ABSCHLIESSENDER AUFRUF

Wir wissen nicht, welchen Preis Gott für die Heilung Israels zahlen muss. Wir wissen nur, dass es nicht billig sein wird. Unsere Tochter fiel im Kampf als ein Same in den Boden und starb, um hundertfältige Frucht zu bringen. Unser Gebet und unser Glaube ist, dass das Opfer dieses kleinen Lammes dazu dient, im Herzen der Gemeinde eine heilige und mächtige Fürbitte für Israel zu entfachen.

Wie unvollkommen dieses Buch auch sein mag, so hat der Leser nun doch mehr Einblick gewonnen als vorher: das sich entfaltende Geheimnis Gottes in Christus über das Einswerden von Juden und Nichtjuden sowie über *Gottes einen neuen Menschen* ist nun klarer geworden. Es ist unser Anliegen, mit diesem Buch nicht nur Lehre und Information weiterzugeben, sondern durch diese Offenbarung auch die Herzen anzurühren.

Wir möchten nicht nur den Verstand und die Gefühle des Lesers ansprechen, sondern wir möchten durch diese Wahrheiten auch seinen Geist aufwecken:

Willst du Gott suchen? Willst du Fürbitte tun? Bist du bereit, Zeit zu investieren und um der Errettung Israels willen keine Mühe zu scheuen? Möchtest du dich ganz dafür einsetzen, dass *Gottes neuer Mensch* in Existenz kommt? Kannst du deine Vision erweitern und eine Last auf dich nehmen, die scheinbar nicht die deine ist?

Es wird dich etwas kosten, aber die Belohnung ist von Gott selber deutlich formuliert worden:

«Hätte ich ihr etwa den Schoss öffnen sollen, ohne sie gebären zu lassen?, spricht der Herr. Sollte ich, der die Frauen gebären lässt, ihnen den Schoss verschliessen?, spricht dein Gott. Freut euch mit Jerusalem! Jubelt in der Stadt, alle, die ihr sie liebt. Seid fröhlich mit ihr, alle, die ihr über sie traurig wart. Saugt euch satt an ihrer tröstenden Brust, trinkt und labt euch an ihrem mütterlichen Reichtum! Denn so spricht der Herr: Seht her: Wie einen Strom leite ich den Frieden zu ihr und den Reichtum der Völker wie einen rauschenden Bach. Ihre Kinder wird man auf den Armen tragen und auf den Knien schaukeln. Wie eine Mutter ihren Sohn tröstet, so tröste ich euch; in Jerusalem findet ihr Trost.» (Jes. 66,9–13).

ANHANG

Was ist der «Embrace Israel»-Dienst?
(wörtl. Übersetzung: «Umarmt Israel»-Dienst)

Unser Auftrag

Der «Embrace-Israel»-Dienst hat die Aufgabe im Leib Christi, sich für die Bestimmung und die Nöte Israels einzusetzen. Dazu ermutigt er Christen aus allen Nationen, die Gläubigen in Israel durch Gebet und finanzielle Hilfe zu unterstützen und sich somit an diesem Auftrag zu beteiligen. Dieses Ziel versuchen wir durch folgende Punkte zu erreichen:

Verbreitung von Schriften. Unser Rundbrief erreicht Hunderte von Gemeinden und Tausende von Häusern, wobei die Artikel zum Teil auch in anderen Veröffentlichungen und Büchern erscheinen.

Verwaltung unseres Israel-Fonds, wodurch die ständige finanzielle Unterstützung von Christen aus der ganzen Welt an zahlreiche fruchtbringende und treue lokale Dienste in Israel weitergeleitet wird. Dieser Fonds ermöglicht auch den Aufbau eines weltweiten Fürbittedienstes für den Frieden Jerusalems.

Erstellung regelmässiger Gebetsaufrufe per E-Mail und Fax an Fürbittegruppen überall auf der Welt. Diese Aufrufe geben aktuelle Dankes- und Gebetsanliegen von Israel weiter.

Lehren und Dienen auf Konferenzen und internationalen Veranstaltungen.

Durchführung von Gebetstouren und Konferenzen in Israel. Unsere Gebets-Teams reisen mehrmals im Jahr durch Israel und beten an Orten, die eine biblische oder strategische Schlüsselfunktion besitzen. Zudem treffen sie sich mit Gemeinden und anderen Diensten vor Ort zu gemeinsamer Anbetung und zum Gebet.

Zur-Verfügung-Stellen verschiedener Mittel wie Videos, Audio-Kassetten und schriftliches Material.

Gottes Liebe und Sein Plan für Israel

Es sind drei Dinge auf dem Herzen Gottes, die all Sein Tun beeinflussen: Seine Leidenschaft für die Braut, Sein Eifer für die letzte Ernte und Seine Liebe und Sein Plan für Israel. Die Gemeinde, Sein Leib, ist dazu berufen, mit Ihm zusammenzuarbeiten, wenn Er Sein altes Volk wiederherstellt und Sich in ihm verherrlicht. Wir finden fünf klare biblische Aufträge, die jeden Christen betreffen, der das Wunder Israels verstehen und daran teilhaben möchte:

MACHE SIE EIFERSÜCHTIG

Als der Apostel Paulus das Drama von Israels Erwählung, Verwerfung und Wiederherstellung beschrieb, rief er aus: «Wenn ich nur irgendwie die Angehörigen meines Volkes zur Eifersucht bewegen und einige von ihnen retten könnte!» (Röm. 11,14). Es ist eine der höchsten Berufungen und der grössten Herausforderungen für die Gemeinde, die Juden eifersüchtig zu machen, nämlich die Schönheit und Herrlichkeit Gottes so widerzuspiegeln, dass die Juden zu Gott hingezogen werden, Ihn kennenlernen und Ihn von ganzem Herzen lieben. Das wird geschehen, wenn die Gemeinde sich weiterhin ihrem Herrn zur Verfügung stellt und zum feurigen Tempel des Heiligen Geistes und Seiner Gegenwart wird.

ERWEISE IHNEN BARMHERZIGKEIT

Nachdem Paulus am Ende seiner Offenbarung über Israel eine nationale Erweckung vorausgesagt hat (Röm. 11,26), legt er dar, wie die nichtjüdischen Nationen aufgrund von Israels Ungehorsam Barmherzigkeit erfahren haben. Dann sagt er: «Wegen der Barmherzigkeit, die ihr (Nichtjuden) erfahren habt, sollen sie (Juden) nun auch Barmherzigkeit erfahren.» (Röm. 11,31).

Es ist nahezu unmöglich, den tiefen Schmerz und das Trauma zu verstehen, das dem jüdischen Herzen gemeinsam ist. Jahrhunderte von andauernder Misshandlung,

Schande und Unterdrückung in einem Land nach dem anderen haben tiefe Wunden hinterlassen. Ständiges Umherwandern und tiefste Demütigungen durch feindlich gesinnte fremdländische Herrscher haben die nationale Seele zerrissen. Und Wellen der Verfolgung durch fehlgeleitete Christen zu allen Zeiten bewirkten, dass ihnen ihr Messias als ein weit entfernter, kaltherziger, nichtjüdischer Gott erschien.

Allein in diesem Jahrhundert kamen 6 000 000 Juden im Holocaust des National-sozialismus um. Ein Drittel der gesamten jüdischen Bevölkerung der Erde wurde gewaltsam vernichtet, und nur sehr wenige standen auf, um sie zu verteidigen. Es ist also kein Wunder, dass der Apostel die nichtjüdischen Jünger dazu aufruft, den Juden Barmherzigkeit zu erweisen. Das Herz Israels ist zutiefst verwundet und nicht anders zu retten als durch ein souveränes Wunder der Heilung und der Auferstehung!

GEBET

Die Schrift fordert uns auf, für zwei Städte zu beten. Wir können auch für hundert beten, aber wir sind nur aufgefordert, für zwei zu beten. Jeremia ermahnt die im Exil lebenden Juden in Babylon mit den Worten: «Bemüht euch um das Wohl der Stadt, in die ich euch weggeführt habe, und betet für sie zum Herrn; denn in ihrem Wohl liegt auch euer Wohl.» (Jer. 29,7). Da wir letztlich alle im Exil leben und auf dieser Erde nur Pilger sind, müssen wir für die jeweilige Stadt, in die Gott uns hineingepflanzt hat, kontinuierlich Fürbitte leisten.

Gleichzeitig werden wir von David aufgefordert: «Betet für den Frieden Jerusa-lems!» (Ps. 122,6a). Diese Stadt ist der irdische Ort, an dem sich die Offenbarung vom Königreich Gottes entfaltet. Hier starb unser Herr und stand von den Toten auf, hier fuhr Er gen Himmel, und hier wird Er am Ende der Zeit auch wiederkommen. Gott nannte sie «Stadt des Friedens», aber der Feind versucht alles, sie in eine «Stadt des Krieges» zu verwandeln! Kein Wunder, dass Gott denen, die ihr Leben hingeben, um für Jerusalem zu beten, Segen versprochen hat: «Möge es denen wohlgehen, die dich lieben.» (Ps. 122,6b).

GEBEN

Zusätzlich zum Gebet und zum Erweis christlicher Liebe und Barmherzigkeit gibt der Apostel Paulus den Christen in Rom (und uns) eine sehr praktische Anwei-sung. In Bezug auf das finanzielle Opfer, das in Mazedonien und Achaia für die bedürftigen Heiligen in Jerusalem gesammelt worden war, sagte er: «Sie haben das beschlossen, weil sie ihre Schuldner sind. Denn wenn die Heiden an ihren geistlichen Gütern Anteil erhalten haben, so sind sie auch verpflichtet, ihnen mit irdischen Gütern zu dienen.» (Röm. 15,27). Es besteht tatsächlich eine Liebes- und Dankesschuld der Nichtjuden gegenüber den Juden.

Bei dieser finanziellen Gabe, von der Paulus sprach, handelte es sich nicht nur um ein einmaliges Opfer, sondern um eine feste apostolische Tradition, nämlich die messianischen Juden in Israel zu unterstützen. Diese Praxis wurde treu weitergeführt, bis sie im zweiten Jahrhundert von dem zweiten römischen Bischof im Rahmen des Machtkampfes zwischen Rom und Jerusalem abgeschafft wurde. Tragischerweise begann die Gemeinde kurze Zeit darauf, in eine fast tausendjährige Dunkelheit zu verfallen.

So wie die frühe Gemeinde durch die jüdischen Wurzeln genährt und von den jüdischen Aposteln aufgebaut wurde, so ist es heute Gottes Absicht, dass die jungen messianischen Gemeinden in Israel durch die etablierten nichtjüdischen Gemeinden Stärkung und Unterstützung erfahren.

FREUDE

Während Paulus den Dienst Christi an Juden und Nichtjuden ausführt, ruft er aus: «Freut euch ihr Heiden mit seinem Volk!» (Röm. 15,10). Dabei zitiert er aus dem bekannten Lied des Mose: «Freut euch, ihr Völker, zusammen mit seinem Volk; denn Er wird das Blut Seiner Knechte rächen, und Er wird Rache üben an Seinen Feinden, und Er wird Sein Land und Sein Volk entsündigen.» (Deut. 32,43).

Weshalb sollen sich die Nationen mit Israel freuen? Warum sollen die Christen fröhlich sein? Weil Gott in Seiner Kraft und in Seiner Majestät aufsteht, um Sein Wort für Abrahams natürliche Nachkommen zu erfüllen. Selbst wenn noch Notzeiten und Leiden über Israel kommen sollten, wisssen wir, dass Gott über allem souverän herrscht und dass Er das jüdische Volk zu Sich zurückzieht, um Sich – wie es geschrieben steht – mit ihnen und ihrem Land zu versöhnen. Wenn wir sehen, wie Gottes Hand sich noch einmal mit Barmherzigkeit und Gnade nach Israel ausstreckt, und wenn wir sehen, wie der Feigenbaum auf wunderbare Weise blüht, dann wissen wir, dass der Sommer nahe ist und dass der Herr vor der Tür steht.